国家社科基金重大项目研究成果　　　"十三五"国家重点图书出版规划项目
教育部哲学社会科学研究重大课题攻关项目研究成果　工商管理理论与中国道路研究书系

中国特色社会主义国家审计理论研究

（第一卷）
国家审计理论框架论

蔡春　张筱　郑伟宏　等　著

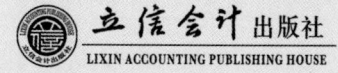

图书在版编目(CIP)数据

中国特色社会主义国家审计理论研究. 第一卷, 国家审计理论框架论 / 蔡春等著. —上海：立信会计出版社, 2022.12
工商管理理论与中国道路研究书系
ISBN 978-7-5429-7277-4

Ⅰ. ①中… Ⅱ. ①蔡… Ⅲ. ①政府审计－研究－中国 Ⅳ. ①F239.44

中国版本图书馆CIP数据核字(2022)第257374号

策划编辑	孙　勇
责任编辑	孙　勇
助理编辑	胡蒙娜
封面设计	北京任燕飞工作室

中国特色社会主义国家审计理论研究（第一卷）：国家审计理论框架论
ZHONGGUO TESE SHEHUIZHUYI GUOJIA SHENJI LILUN YANJIU DI-YI JUAN GUOJIA SHENJI LILUN KUANGJIALUN

出版发行	立信会计出版社
地　　址	上海市中山西路2230号　　邮政编码　200235
电　　话	(021)64411389　　传　真　(021)64411325
网　　址	www.lixinph.com　　电子邮箱　lixinaph2019@126.com
网上书店	http://lixin.jd.com　　http://lxkjcbs.tmall.com
经　　销	各地新华书店
印　　刷	上海盛通时代印刷有限公司
开　　本	710毫米×1000毫米　　1/16
印　　张	17.75　　插　页　6
字　　数	345千字
版　　次	2022年12月第1版
印　　次	2022年12月第1次
书　　号	ISBN 978-7-5429-7277-4/F
定　　价	58.00元

如有印订差错，请与本社联系调换

蔡 春

西南财经大学教授（1994）、二级教授（2008）、经济学（审计学）博士（1991）、博士生导师。中国审计学会副会长、中国政府审计研究中心主任、全国先进会计工作者、财政部会计名家（2018）、中国内部审计协会学术委员、中国成本研究会常务理事。美国伊利诺大学国际会计教育与研究中心高级访问学者（1996-1997）。中国CFO好导师（2016）。被学术界誉为我国"审计领域系统研究审计理论结构第一人"。世界银行贷款资助项目、教育部哲学社会科学研究重大课题攻关项目和国家社科基金重大项目首席专家，享受国务院政府特殊津贴专家。中央军委审计署咨询专家、中央军委装备发展部财务与价格专家、审计署国家审计准则咨询专家、国务院学位委员会全国审计专业学位研究生教指委委员、中国会计学会审计专业委员会副主任委员、四川省学术和技术带头人、四川省有突出贡献的优秀专家、四川省审计学会副会长、四川省科研管理专家。教育部霍英东青年教师奖励基金经济学最高资助获得者（1996）、教育部会计学国家级教学团队负责人。担任《审计研究》《会计研究》《中国会计与财务研究》等期刊编委和《中国会计评论》理事会理事等学术职务。在《经济研究》《会计研究》《审计研究》《经济学家》和 Accounting Horizons，Managerial Auditing Journal 等期刊发表学术论文多篇。曾任西南财经大学会计学院院长和西南财经大学科研处处长等行政职务。长期致力于推动审计理论创新发展，传播审计文化。

张　筱

云南民族大学管理学院副教授、硕士生导师。西南财经大学管理学博士（审计学专业），审计署审计科研所与中国人民银行金融研究所联合培养博士后，中国政府审计研究中心特约研究员。入选云南省"兴滇英才支持计划"（青年专项）。主要从事国家审计、金融审计和社会审计等方面研究。先后主持国家社科基金一般项目、教育部人文社会科学研究青年项目、云南省哲学社会科学规划项目等多项科研项目。曾获中国博士后科学基金面上资助。在《审计研究》等期刊发表学术论文多篇。

四川师范大学商学院副教授、硕士生导师。西南财经大学管理学博士（会计学专业）、应用经济学博士后，中国政府审计研究中心特约研究员，中国注册会计师。主要从事审计理论与实务、财务会计理论与实务等方面的研究。主持国家社科基金项目并作为主研人员参与了国家社科基金重大项目、国家自然科学基金项目、审计署重点科研课题等多项科研项目。在《会计研究》《审计研究》《中国经济问题》《财经研究》等期刊发表多篇学术论文。

郑伟宏

编写委员会

主　任

蔡　春　西南财经大学
　　　　中国政府审计研究中心

成　员

(以姓氏汉语拼音为序)

鲍瑞雪(西南财经大学)	孙　勇(立信会计出版社)
蔡　利(西南财经大学)	唐嘉尉(重庆工商大学)
陈　晔(西南财经大学)	唐凯桃(重庆理工大学)
崔　云(贵州财经大学)	王　朋(西南财经大学)
方涵若(中国建设银行乐山分行)	谢柳芳(西南政法大学)
韩梅芳(重庆理工大学)	徐　藩(西南财经大学)
何　雨(西南石油大学)	杨惠雁(西南财经大学)
黄　昊(西南财经大学)	张　筱(云南民族大学)
李江涛(中国政府审计研究中心)	张翼凌(西南财经大学)
李　明(中国政府审计研究中心)	郑开放(四川农业大学)
刘　静(四川师范大学)	郑倩雯(四川大学)
刘　雷(重庆理工大学)	郑伟宏(四川师范大学)
刘玉玉(山东财经大学)	朱　磊(西南财经大学)
马　晴(西南财经大学)	朱　荣(贵州大学)
马荔丽(西南财经大学)	周　微(成都大学)

序

蔡春同志于1988—1991年在天津财经学院攻读博士学位,师从我国著名会计审计大师李宝震教授,他是我国本土院校培养的最早毕业的审计方向的博士之一。我有幸成为蔡春同志博士学位论文的评审人之一,也见证了他从博士到著名学者的蜕变。他的博士学位论文《审计理论结构研究》于1994年和2001年由西南财经大学出版社和东北财经大学出版社分别出版,影响重大且深远,他也因此获得我国"审计领域系统研究审计理论结构第一人"的赞誉。从1988年至今的30多年时间里,蔡春同志持之以恒地坚守在推进审计理论创新发展的学术探索领域,成果丰硕卓著,堪称审计理论创新研究的大胆追求者和卓越探索者。因其在审计理论创新研究领域的突出重要贡献,蔡春同志于2014年入选财政部会计名家培养工程,2018年荣获财政部颁发的"会计名家"证书。蔡春同志已经成长为我国具有重要影响的会计审计学家。

即将呈现在读者们面前的"中国特色社会主义国家审计理论研究"是一套六卷本著作,包括《中国特色社会主义国家审计理论研究(第一卷):国家审计理论框架论》《中国特色社会主义国家审计理论研究(第二卷):公共经济权力审计论》《中国特色社会主义国家审计理论研究(第三卷):经济安全审计论》《中国特色社会主义国家审计理论研究(第四卷):民主政治审计论》《中国特色社会主义国家审计理论研究(第五卷):国家治理审计论》和《中国特色社会主义国家审计理论研究(第六卷):经济责任审计论》,共计200余万字,可谓鸿篇巨制,是系统探讨国家审计理论的创新之作和扛鼎之作。

该六卷本理论著作是蔡春同志作为首席专家承担的两个国家级重大课题——国家社科基金重大项目(13&ZD146)和教育部哲学社会科学研究重大课题攻关项目(07JZD0018)的系统化研究成果,集中展示了蔡春同志及其团队于2005—

2021年围绕推进审计理论创新研究所做的重要工作。本套著作以公共受托经济责任观和服务国家治理为研究视角,理念新颖,特色鲜明。

第一卷是对其《审计理论结构研究》的拓展,构建了包含"一个原点、四个圈层"的圈层结构式国家审计理论框架。"一个原点"是指公共受托经济责任。蔡春同志开展的国家审计理论研究是以公共受托经济责任为原点的,他认为国家审计理论研究应以公共受托经济责任为内在依据,促进和保障公共受托经济责任的全面有效履行。"四个圈层"包含"十大要素",是指:第一圈层,国家审计本质理论、国家审计假设理论、国家审计目标理论;第二圈层,国家审计行为理论、国家审计功能理论、国家审计组织理论;第三圈层,国家审计规范理论、国家审计信息理论、国家审计方法理论;第四圈层,国家审计环境理论。这种构思新颖奇妙,把国家审计理论框架的各个部分有机地联系起来。本卷的出版无疑是对国家审计基础研究的重大贡献。

第二卷深入系统地讨论分析了公共经济权力审计的内在机理与实现路径,构建了权力监督导向的审计监控体系。本卷深入地讨论了国家审计与腐败治理、权力清单审计、公共经济权力特殊领域(包括预算执行、政府采购、税收制度与政策执行、指标审批)审计问题。蔡春同志认为,经济责任的履行和经济权力的行使是一个问题的两个方面,经济责任履行与经济权力行使直接关联。自2005年以来,蔡春同志带领其团队开展"公共经济权力审计"这一新领域问题的研究,先后有多位他指导的博士生围绕"公共经济权力审计"选择研究方向并完成了博士学位论文,其本人也通过申请国家基金项目来推进这方面的研究。本卷的出版标志着蔡春同志提出并推动的"公共经济权力审计"这一审计理论创新研究的新领域正式确立,同时也为党的十六大以来党中央特别强调审计对权力制约和监督发挥重要作用,提供了重要的审计学理论解释和理论支撑。

第三卷深入系统地讨论分析了关于审计维护经济安全的一系列重要理论与实践问题,包括国家审计维护经济安全的作用机理与内在逻辑问题,金融安全审计、财政安全审计和产业安全审计问题,重大风险防控中的关键审计问题,经济安全审计监测与预警机制构建问题等。蔡春同志从2009年开始带领其团队推进"审计维护经济安全与服务风险防控问题"的研究,先后申请到多项国家级基金项目和省部级重大、重点项目支撑该项研究。他指导的几位博士生分别重点研究了审计维护金融安全、审计维护财政安全和审计维护资本市场安全的问题。本卷是对蔡春同志及其团队10余年创新研究成果的进一步系统化和升华,对学者们在新时代按照习近平总书记提出的总体国家安全观要求,研究国家审计如何服务重大风险防控、构建完善的重大风险防控机制和体系,具有特别重要的理论创新意义和实践指导价值。

第四卷深入系统地讨论分析了民主政治审计的系列理论与实践问题。"国家审计是民主政治的重要内容和推动民主政治发展的重要方式"几乎是审计学术界的共识性观点。但从理论上对审计服务民主政治的内在机理与实现方式进行探讨的研究在国内外都是缺乏的。蔡春同志带领其团队从2009年开始对这一问题的研究进行了大胆创新与深入探讨,第四卷便是研究成果之一。本卷基于中国情境,探讨国家审计如何服务中国特色社会主义民主政治的发展与完善这一重大课题。本卷基于马克思主义民主政治理论和公共受托经济责任观,系统深入地研究和探讨了国家审计服务社会主义民主政治的作用机理、内在逻辑与实现方式等重大理论与实践问题。聚焦于"维护与保障公民权利"与"制约和监督公共权力"两个维度,本卷提出并探讨了审计参与听证制度、制度合理性审计、民生审计和构建以审计为核心的问责机制等问题。我认为,本卷的出版具有特别重大的理论创新价值和实践指导作用,具有填补这一领域审计学术研究空白的意义。

第五卷全面分析了国家审计如何服务国家治理。党的十八届三中全会提出推进国家治理体系与能力现代化的总体改革目标,推动了审计学术界对国家审计服务国家治理的理论与实践问题的全面系统研究。党的十九大以来,国家治理的要求进一步提高,国家审计跃升到了国家治理体系的更高层次。新时代赋予了国家审计在国家治理中的新使命。审计学术界围绕国家审计服务国家治理的机理、机制和实现路径等重大问题的研究,推陈出新、成果丰硕。蔡春同志从2011年开始带领其团队对这一重大问题开展了大量的研究,提出了很多极具特色的思想和观点。第五卷是蔡春同志及其团队10余年研究成果的集成和深化。本卷基于公共受托经济责任观,深入系统地分析和探讨国家审计服务国家治理的机理、机制、内在逻辑和实现方式,形成了"无审计,不治理"这一核心思想和观点。区别于现有的研究,本卷主要从国家审计与依法治国、国家审计与政策措施执行、国家审计与环境治理、国家审计与责任政府建设、国家审计与经济高质量发展、国家审计与国企治理等方面探讨国家审计服务国家治理、提高治理效率的实现方式和路径等。本卷的出版有利于丰富和拓展国家审计服务国家治理这一重大研究领域的研究,具有重要的理论与实践意义。

第六卷深入讨论分析了经济责任审计的相关理论与实践问题。经济责任审计是一项极具中国特色的经济监督制度,是现代审计理论、方法、制度与中国实际相结合的重大创新,现已成为国家审计服务国家治理、领导干部考核评价、权力制约和监督、追责问责机制假设的一种必不可少的审计类型与方式。从20世纪80年代中后期算起,我国经济责任审计的实践探索、制度建设已有30多年。围绕经济责任审计理论与方法的研究成果可谓汗牛充栋。但其中一些重要的基本理论问题,包括经济责任审计的基本理论依据、领导干部经济责任履行与特定组织管理层治理层的责任履行的关系、领导干部经济责任的内涵和外延、经济责任审计运行机制、经济责任审计与其他类型审计的关系、经济责任审计评价体系的构建等一直是没有解决好的问题。蔡春同志带领其团队从2005年开始关注和推动经济责任审计问题的探索与研究,发表了多篇有影响力的论文,承担了与之相关的教育部哲学社会科学研究重大课题攻关项目和多项国家级、省部级项目。他指导的多位博士生围绕经济责任审计进行了博士学位论文选题和写作。第六卷是蔡春同志及其团队近16年的研究成果的集成与升华,主要研究了经济责任审计的功能与目标、经济责任审计的运行机制、目标经济责任确定与经济责任履行报告构建、经济责任审计评价方法与指标体系、经济责任审计报告模式与公告制度、经济责任审计与组织治理和经济责任导向审计模式等重大理论与实践问题。本卷的出版是对该研究领域的重大贡献。

据悉,本套著作还获得了国家出版基金的资助,也是"十三五"国家重点图书出版规划项目,同时还是西南财经大学"工商管理理论与中国道路研究书系"的重要成果,实在是可喜可贺!

党的二十大明确了新时代新征程中国共产党的使命任务:中国共产党的中心任务就是团结带领全国各族人民全面建成社会主义现代化强国、实现第二个百年奋斗目标,以中国式现代化全面推进中华民族伟大复兴。会计审计研究应更加聚焦于构建服务中国式现代化建设的会计审计理论与方法体系。国家审计已经成为国家治理结构中独具特色、不可或缺的重要机制,在服务中国式现代化的建设中无疑具有独特的优势。蔡春同志领衔撰写的这套著作的成功出版,必将对推动构建服务中国式现代化建设的审计理论与方法体系的研究产生重大积极的影响。在我看来,这套著作的出版本身,就代表着蔡春同志及其团队对构建服务中国式现代化建设的国家审计理论创新研究作出的重要贡献。我期待着蔡春同志为审计理论创新发展不断作出更大的贡献!

是为序!

中南财经政法大学

2022年12月于武汉

丛书自序

我们正处于一个需要创新理论、能够创新理论的新时代,国家审计领域的理论创新研究尤其重要、独具魅力!

一、国内外审计研究现状

我们团队以 The Accounting Review(TAR)、Journal of Accounting Research(JAR)、Journal of Accounting and Economics(JAE)、Contemporary Accounting Research(CAR)、Review of Accounting Studies(RAST)、Journal of Accounting,Auditing & Finance(JAAF)、Journal of Accounting and Public Policy(JAPP)、Journal of Business Finance & Accounting(JBFA)、Accounting Horizons(AH)、Auditing:A Journal of Practice & Theory(AJPT)等国际十大代表性会计、审计期刊为考察对象,统计发现,2016—2020年国际十大期刊发表论文2 896篇,其中,审计领域的论文有303篇,占比为10.46%,相较以前呈现增长趋势。但以国家审计或者政府审计为主题的论文只有49篇,按发表年度算,历年发表量分别为2016年12篇、2017年7篇、2018年15篇、2019年6篇、2020年9篇。总体来看,与国家审计相关的论文数量较小,说明国家审计领域的研究在国际上仍不被重视。

我们团队对国内审计研究现状的调研分析发现,国内学术界对审计的研究也存在不少问题,主要表现在三个方面。

(1) 学术研究水平不够高,有待大力提升。我们基于中国知网对"十三五"时期审计领域的论文发表情况做了统计,统计发现,发文总量为42 931篇,其中,中文核心期刊和CSSCI期刊两类核心期刊共发表审计论文3 744篇,占比只有8.72%[①]。这一结果说明高质量审计研究确实有待进一步提升。

---

① 中文核心期刊与CSSCI期刊有交叉,对同一篇论文,我们只统计一次。

从我们以往调研收集的意见来看,论文质量上存在的问题主要有:研究具体细节性问题的偏多,研究我国重大现实需求问题的偏少;跟随性研究偏多,实质性创新研究偏少。在国家审计方面,部分论文理论深度不够,存在偏重政策解读、描述经验做法的现象。

(2) 从以审计为主题的基金立项分布看,明显存在"名校"与"非名校"严重不均衡的现象。"十三五"时期,以审计为主题的国家社科基金年度项目和青年项目共53项。其中,属于"名校"科研人员的只有6项,占比为11.32%;属于"非名校"科研人员的有41项,占比为77.36%;属于其他机构科研人员的有6项,占比为11.32%。77.36%这个数据说明"非名校"具有不甘示弱、勇于争先,不断提高自身审计科研水平和研究能力的精神品质。11.32%表明一些"名校"的审计学科对国家社科基金年度项目和青年项目的投入不够,重视程度不够高。"名校"相对集聚更多优质师资,如果能有更多的教师和学者参与国家社科基金审计主题类项目的申报并获得立项,必将更有利于带动整个国家社科基金项目中审计研究水平的提高。

(3) 在国家级基金的重大项目中,审计学科的项目严重偏少。"十三五"时期,国家社科基金重大项目招标公告中没有审计立项。教育部哲学社会科学研究重大课题攻关项目中,以审计为主题的项目只有2项。这说明关于审计问题的研究确实严重偏少,与国家重大现实需求不相适应。

国内外国家审计研究现状表明,在国家审计领域,尤其是中国特色国家审计领域的创新研究存在巨大空间和机会。

即将由立信会计出版社出版的"中国特色社会主义国家审计理论研究"(六卷本)是我作为首席专家承担的两个国家级重大课题——国家社科基金重大项目(13&ZD146)和教育部哲学社会科学研究重大课题攻关项目(07JZD0018)的研究成果的总结和升华,集中展现了我带领团队在2005—2021年的16年间围绕国家审计理论创新研究所做的思考和探索。

二、本套著作的研究视角

本套著作是基于公共受托经济责任观和服务国家治理的视角展开研究的。

(1) 基于公共受托经济责任观的视角。公共受托经济责任观是贯穿本套著作的主线。公共受托经济责任观是本套著作依托的重要审计动因学说。国家审计理论框架的构建以公共受托经济责任为理论原点,公共经济权力审计研究、经济安全审计研究、民主政治审计研究、国家治理审计研究和经济责任审计研究的基本理论逻辑都基于公共受托经济责任观。

（2）基于服务国家治理的视角。从广义的视角来看，服务国家治理是公共受托经济责任内涵拓展的要求。国家治理基于公共受托经济责任关系而开展，其核心是监控公共权力的阳光运行，促进公共资源合理有效配置，妥善处理或均衡各方的利益诉求，保证公共受托经济责任的全面有效履行。以保障和促进公共受托经济责任的全面有效履行为本质目标的国家审计是国家治理的主要机制之一。

从狭义的视角来看，服务国家治理是国家审计功能拓展后的最终目标。公共经济权力审计监控体系的重心在于关注公共经济权力的运行，公共经济权力运行所涉及的国家治理的各个领域是国家审计发挥功能的主要阵地。经济责任审计是公共经济权力审计监控体系的有效手段或方法；维护经济安全和推进社会主义民主政治发展是国家治理的两项重要内容，也是国家审计服务国家治理的两条重要实现路径。

三、本套著作的总体研究目标

本套著作的总体研究目标是：基于我国的基本国情，结合中国特色社会主义的基本特征，以国家审计功能拓展为逻辑主线，为实现国家审计服务国家治理的目标，深入研究国家审计领域的若干重要问题，以推动国家审计理论创新，同时为国家审计促进社会主义善治国家的建设提供政策参考。

《中国特色社会主义国家审计理论研究（第一卷）：国家审计理论框架论》以公共受托经济责任为理论原点，国家审计功能拓展为基础，探讨构建中国特色社会主义国家审计理论框架。

《中国特色社会主义国家审计理论研究（第二卷）：公共经济权力审计论》探讨公共经济权力审计监控机理、机制与实现方式，尝试构建公共经济权力审计监控体系。

《中国特色社会主义国家审计理论研究（第三卷）：经济安全审计论》以风险监控为基本出发点，以金融安全、财政安全和产业安全为切入点，探讨国家审计维护经济安全的内在机理、作用路径与实现方式。

《中国特色社会主义国家审计理论研究（第四卷）：民主政治审计论》基于社会主义民主政治的内涵，探讨国家审计推进社会主义民主政治发展的内在机理、作用路径及实现方式。

《中国特色社会主义国家审计理论研究(第五卷):国家治理审计论》讨论国家审计服务国家治理的内在机理与作用路径,探讨国家审计促进社会主义善治国家建设的实现方式。

《中国特色社会主义国家审计理论研究(第六卷):经济责任审计论》探讨经济责任审计的功能与目标、经济责任审计的运行机制、目标经济责任确定与经济责任履行报告构建、经济责任审计评价方法与指标体系、经济责任审计报告模式与公告制度、经济责任审计与组织治理和经济责任导向审计模式等重大理论与实践问题。

四、本套著作的研究思路

本套著作围绕公共受托经济责任内涵的拓展,按照"从国家审计功能拓展的基础(中国特色社会主义国家审计理论框架)到国家审计功能拓展的内容(经济责任审计体系、公共经济权力审计监控体系、国家审计维护经济安全、国家审计推进社会主义民主政治发展、国家审计服务国家治理)"的逻辑主线,以服务国家治理为国家审计目标,结合中国特色社会主义的基本特征,研究有关国家审计功能发挥的若干重要问题。

本套著作按如下研究思路逐层展开:

第一,探讨国家审计功能拓展的基础,构建中国特色社会主义国家审计理论框架。以公共受托经济责任观为理论基础,从国家审计理论框架的内涵及特点、构建模式、理论原点、构成要素等方面探讨并构建中国特色社会主义国家审计理论框架。

第二,围绕国家审计功能拓展的内容,分别探讨和研究公共经济权力审计监控问题、国家审计维护经济安全问题、国家审计推进社会主义民主政治发展问题、国家审计服务国家治理问题和经济责任审计问题。

五、本套著作的核心观点和主要创新贡献

在世界范围内,公认的审计基础理论及其体系尚未形成。国家审计理论研究更是非常缺乏,甚至有很多空白无人探索。现有审计教科书上的审计理论根本无法解释丰富多彩的中国特色的审计实践与制度创新。因此,推进和创新具有中国特色的审计理论特别是国家审计理论研究,构建中国特色社会主义国家审计理论体系,具有特别重大的理论和现实意义。

本套著作形成如下核心观点和原创性成果。

第一卷提出了"以公共受托经济责任为理论原点构建圈层结构式国家审计理

论框架"的原创性观点。国家审计理论框架的理论原点是公共受托经济责任。四个圈层分别是:第一圈层,国家审计本质理论、国家审计假设理论、国家审计目标理论;第二圈层,国家审计行为理论、国家审计功能理论、国家审计组织理论;第三圈层,国家审计规范理论、国家审计信息理论、国家审计方法理论;第四圈层,国家审计环境理论。本卷的研究对推进中国特色社会主义国家审计理论体系的构建具有重大意义。

第二卷原创性地提出了"公共经济权力审计"的概念并对公共经济权力审计的内在机理进行了深入讨论,重点研究了公共经济权力审计的实现路径与体系构建,包括国家审计与腐败治理、权力清单审计、公共经济权力特殊领域审计和权力导向审计监控体系的构建等。本卷的研究对党的十六大以来党中央特别强调审计对权力制约和监督发挥重要作用,提供了重要的审计学理论解释和理论支撑。

第三卷在创新性地讨论国家审计维护国家经济安全的机理和内在逻辑的基础上,重点探讨了金融安全审计、财政安全审计和产业安全审计中的关键审计问题,进一步提出了构建经济安全审计监测与预警机制的设想。本卷的研究对国家审计助力"三大攻坚战"中的"重大风险防控",探索构建完善的重大风险防控机制具有重大理论创新意义和实践指导价值。

第四卷提出了"审计特别是国家审计是民主政治的重要内容和推动民主政治发展的重要方式""健全完善的民主政治体制机制必然要求完善的国家审计体制机制与之协调配合"的鲜明观点,讨论了国家审计服务和推动民主政治发展的内在机理与内在逻辑,提出并重点讨论了国家审计服务和推动民主政治发展的实现路径,包括审计参与听证制度、制度合理性审计、民生审计和构建以审计为核心的问责机制等问题。本卷的研究对推进中国特色社会主义民主政治制度的完善具有重大的理论意义和实践价值,具有理论上的原创性。

第五卷提出了"国家审计是国家治理结构和体系中内生的必不可少的组成部分,是国家治理机制中不可或缺的一种治理机制",即"无审计,不治理"的核心观点,探讨了国家审计服务国家治理的内在机理和内在逻辑,重点讨论了国家审计服务国家治理的实现路径问题,包括国家审计与责任政府建设、政策执行效果审计、国家审计服务环境治理、国家审计服务经济高质量发展以及国家审计服务国家治理的其他特别问题。本卷的研究对从国家审计的视角推进国家治理体系和治理能力现代化,具有重大的理论意义和实践参考价值。

第六卷提出了"经济责任审计是一项具有中国特色的经济监督制度,是现代审计制度在中国的一种创新",探讨了经济责任审计的基本理论依据、目标经济责任与责任履行报告、领导干部经济责任履行与特定组织管理层治理层的责任履行的关系、领导干部经济责任的内涵和外延、经济责任审计运行机制、经济责任审计与其他类型审计的关系、经济责任审计评价体系的构建等问题。本卷总结了经济责任审计推动的十大审计理论创新,较为全面、系统地研究了经济责任审计推动审计理论创新的若干问题,对丰富和发展中国特色社会主义国家审计理论体系,指导经济责任审计实践,推进国家治理体系和治理能力现代化,均具有极其重要的理论价值与现实意义。

本套著作在立信会计出版社的大力支持下,获得了国家出版基金资助,也被新闻出版署列为"十三五"国家重点图书出版规划项目,在此,对立信会计出版社致以特别感谢。同时也要感谢西南财经大学将本套著作纳入其"工商管理理论与中国道路研究书系"中。

本套著作是以我所主持的两个国家级重大课题的研究为基础的,没有两个重大课题的支撑,就不会有本套著作的成功出版。

我要诚挚地感谢在2007年教育部哲学社会科学研究重大课题攻关项目申报和研究中给予过我大力支持的教授和专家,他们是:审计署原党组成员、副审计长孙宝厚研究员,北京大学王立彦教授,清华大学郝振平教授,审计署审计科研所原所长崔振龙研究员,审计署法规司原司长王秀明,中南财经政法大学张龙平教授,四川大学干胜道教授,西南财经大学党委书记赵德武教授,西南财经大学会计学院原院长彭韶兵教授,西南财经大学统计学院原院长(现西南财经大学党委常委、副校长)史代敏教授,西南交通大学经管学院原副院长黄登仕教授,英国赖皮尔大学高善生教授,纽约城市大学巴鲁学院叶建民教授,香港城市大学邹宏教授。在项目的申报和研究工作中作出过卓越贡献的团队成员包括:张勇博士、李江涛博士、徐荣华博士、刘更新博士、陈晓媛博士、赵莎博士、杨晓磊博士、谢赞春博士、朱荣博士、李明博士、刘雷博士、朱磊博士和博士研究生杨惠雁。在此表示衷心感谢!

特别感谢在我申报2013年国家社科基金重大项目过程中,武汉大学王永海教授、南开大学张继勋教授、西南财经大学会计学院院长马永强教授、西南财经大学会计学院副院长唐雪松教授和西南财经大学公共管理学院原院长唐兴霖教授的大力支持!该项目的研究工作历时8年之久,先后有多名团队成员参与其中并作出了卓越的贡献,他们是:蔡利博士、谢柳芳博士、张筱博士、刘静博士、唐凯桃博士、李江涛博士、李明博士、刘雷博士、田秋蓉博士、陈孝博士、董延安博士、车宣呈博士、饶翠华博士、苗连琦博士、毕铭悦博士、马可哪呐博士、郑伟宏博士、韩梅芳博士、刘玉玉博士、崔云博士、黄昊博士、郑开放博士、何雨博士、唐嘉尉博士、郑倩雯博士、周微博士、张翼凌博士、博士研究生鲍瑞雪、博士研究生陈晔、博士研究生王朋、博士研究生徐藩、博士研究生马晴、硕士研究生方涵若、硕士研究生马荔丽。他们的接续奋斗，保障了国家社科基金重大项目得以顺利完成！在此一并致以特别的敬意和万分感谢！

  我还要特别感谢国际著名会计史学大师、著名会计审计学家、中南财经政法大学郭道扬教授，他欣然接受邀请为本套著作作序并给予本套著作极高的评价！

  党的二十大吹响了以中国式现代化推进中华民族伟大复兴新征程的新号角！审计领域的创新研究应聚焦推动服务中国式现代化建设的审计理论与方法体系研究。中国的国家审计在全世界范围内都独具特色，在国家治理的最高层次和全过程都发挥着不可或缺、不可替代的重要作用。探讨和研究服务中国式现代化建设的国家审计理论，进一步推动国家审计理论创新研究，应当成为新时代审计学者的重大使命。本套著作的出版，既代表着我们团队对服务中国式现代化建设作出的部分审计学术贡献，也为我们继续大力推动服务中国式现代化建设的审计理论创新研究奠定了雄厚的基础。我们唯有踔厉奋发，勇毅前行，方能不负伟大时代！

西南财经大学/中国政府审计研究中心

2022 年 12 月于成都

本 卷 前 言

《中国特色社会主义国家审计理论研究（第一卷）：国家审计理论框架论》是对蔡春所著的、1994年由西南财经大学出版社出版、2001年又由东北财经大学出版社出版的《审计理论结构研究》一书的新拓展。在本卷中，我们构建了包含"一个原点、四个圈层"的圈层结构式国家审计理论框架。"一个原点"是指公共受托经济责任。我们主张的国家审计理论研究是以公共受托经济责任为原点的，我们认为国家审计理论研究应以公共受托经济责任为内在依据，保障和促进公共受托经济责任的全面有效履行。因此，公共受托经济责任是国家审计理论研究的核心，是贯穿国家审计理论研究始终的主线。"四个圈层"包含"十大要素"，具体是指：第一圈层，国家审计本质理论、国家审计假设理论、国家审计目标理论；第二圈层，国家审计行为理论、国家审计功能理论、国家审计组织理论；第三圈层，国家审计规范理论、国家审计信息理论、国家审计方法理论；第四圈层，国家审计环境理论。在这种独特新颖构思下，国家审计理论框架的各个部分环环相扣，有机地、互动地联系起来。此乃本卷在理论思维方面的一大特色。

本卷由14章和相关附录构成。

第1章是导论，主要说明研究背景与意义、研究目标与研究内容、研究思路与框架、研究方法和研究的主要观点与贡献。

第2章是构建国家审计理论框架的理论原点，提出了以公共受托经济责任为理论原点构建国家审计理论框架的核心观点。

第3章是国家审计理论框架的构成要素与圈层结构，提出了国家审计理论框架的"四个圈层"及其包含的"十大要素"。

第4章至第14章分别专章讨论国家审计本质理论、国家审计假设理论、国家审计目标理论、国家审计行为理论、国家审计功能理论、国家审计组织理论、国家审计规范理论、国家审计信息理论、国家审计方法理论、国家审计环境理论和国家审计理论框架的中国特色等内容。

附录1至附录3是相关政策文件及资料。

本卷整体框架由蔡春、张筱和郑伟宏设计。各章责任分工为：第1章、第12章、第13章和附录由张筱负责；第2章、第3章、第7章、第8章由郑伟宏负责；第4章由陈晔和王朋负责；第5章、第6章由陈晔负责；第9章、第10章由郑伟宏、周微和张筱负责；第11章由王朋负责；第14章由郑伟宏、张筱负责；附录由张筱和郑伟宏负责。全书由蔡春负责统稿和审定。

理论研究的复杂性和挑战性决定了本卷研究可能存在一定瑕疵和问题。敬请读者们不吝赐教、批评指正！

作者

2022年12月

目　录

1 导论 ·· 1
　1.1 国家审计理论框架的研究背景与意义 ···························· 2
　1.2 国家审计理论框架的研究目标与内容 ···························· 6
　1.3 国家审计理论框架的研究思路与框架 ···························· 8
　1.4 国家审计理论框架的研究方法 ···································· 10
　1.5 国家审计理论框架论的主要观点与贡献 ······················· 15

2 构建国家审计理论框架的理论原点 ································ 17
　2.1 国家审计理论原点与理论起点 ···································· 17
　2.2 关于国家审计理论框架原点选择的观点述评 ·················· 20
　2.3 国家审计理论框架原点之公共受托经济责任的确立 ········· 39

3 国家审计理论框架的构成要素与圈层结构 ······················ 43
　3.1 关于审计理论框架构成要素的主要观点 ······················· 43
　3.2 国家审计理论框架构成要素的选择 ····························· 47
　3.3 圈层结构式国家审计理论框架 ···································· 51

4 国家审计本质理论 ·· 57
　4.1 国家审计本质的内涵 ·· 57
　4.2 关于国家审计本质的主要观点 ···································· 58
　4.3 经济控制论的确立 ··· 59

5 国家审计假设理论 ······ 65
- 5.1 国家审计假设的内涵 ······ 65
- 5.2 国家审计假设的性质 ······ 66
- 5.3 国家审计假设的特征 ······ 67
- 5.4 几种具有代表性的审计假设 ······ 68
- 5.5 国家审计假设的内容 ······ 69
- 5.6 国家审计假设的验证 ······ 71

6 国家审计目标理论 ······ 75
- 6.1 国家审计目标的内涵 ······ 75
- 6.2 国家审计目标的构成体系 ······ 77
- 6.3 国家审计目标实现的条件与机制 ······ 81

7 国家审计行为理论 ······ 88
- 7.1 国家审计行为的内涵 ······ 88
- 7.2 国家审计行为产生的动机与主要特征 ······ 88
- 7.3 国家审计行为的构成与作用方式 ······ 93
- 7.4 国家审计行为的影响因素 ······ 105

8 国家审计功能理论 ······ 108
- 8.1 国家审计功能的内涵 ······ 108
- 8.2 国家审计功能拓展 ······ 110
- 8.3 国家审计功能发挥的方式与功能之间的相互关系 ······ 118
- 8.4 影响国家审计功能发挥的因素 ······ 120

9 国家审计组织理论 ······ 122
- 9.1 国家审计组织的内涵 ······ 122
- 9.2 国家审计组织的组织模式 ······ 124
- 9.3 国家审计组织的内在机制 ······ 133

9.4 国家审计组织理论与国家审计行为理论、国家审计功能理论的关系 ………………………………………………………………… 134

10 国家审计规范理论 ……………………………………………… 136
10.1 国家审计规范的内涵 ………………………………………… 136
10.2 国家审计规范的内在逻辑结构与作用方式 ………………… 137
10.3 国家审计规范的效力范围 …………………………………… 143
10.4 国家审计规范的内部协调机制 ……………………………… 146
10.5 国家审计规范的变革与影响 ………………………………… 150

11 国家审计信息理论 ……………………………………………… 155
11.1 国家审计信息的内涵 ………………………………………… 155
11.2 国家审计信息的分类 ………………………………………… 158
11.3 国家审计信息的获取方式 …………………………………… 159
11.4 国家审计信息的质量特征 …………………………………… 161
11.5 国家审计信息的披露载体及形式 …………………………… 165
11.6 国家审计信息的报告模式与公告制度 ……………………… 166

12 国家审计方法理论 ……………………………………………… 175
12.1 国家审计方法的内涵 ………………………………………… 175
12.2 国家审计方法的步骤 ………………………………………… 177
12.3 国家审计方法创新的内在逻辑 ……………………………… 179
12.4 国家审计方法的分类 ………………………………………… 180
12.5 国家审计方法的选用 ………………………………………… 182
12.6 国家审计方法的发展 ………………………………………… 183

13 国家审计环境理论 ……………………………………………… 185
13.1 国家审计环境的内涵 ………………………………………… 185
13.2 国家审计环境及其影响因素 ………………………………… 187

  13.3 国家审计环境的变迁及其对国家审计的影响 ·············· 189

14 国家审计理论框架的中国特色 ·············· 199
  14.1 国家审计本质理论的中国特色 ·············· 199
  14.2 国家审计假设理论的中国特色 ·············· 200
  14.3 国家审计目标理论的中国特色 ·············· 201
  14.4 国家审计行为理论的中国特色 ·············· 202
  14.5 国家审计功能理论的中国特色 ·············· 203
  14.6 国家审计组织理论的中国特色 ·············· 204
  14.7 国家审计规范理论的中国特色 ·············· 205
  14.8 国家审计信息理论的中国特色 ·············· 206
  14.9 国家审计方法理论的中国特色 ·············· 207
  14.10 国家审计环境理论的中国特色 ·············· 208

附录 ·············· 210
  附录1 国家审计理论基本概念 ·············· 210
  附录2 利马宣言——审计规则指南 ·············· 216
  附录3 西南财经大学中国政府审计研究中心历年发布的审计理论研究指南 ·············· 223

参考文献 ·············· 257

1 导　论

国家审计到底是什么,如何定义它?对这个问题的回答是探讨国家审计理论的基础。本研究从四个角度出发,梳理了四种国家审计定义方式。

一种高度抽象凝练的定义是:国家审计是一种保障和促进公共受托经济责任全面有效履行的独特控制机制。

根据最高审计机关国际组织(International Organization of Supreme Audit Institutions,INTOSAI)发布的"利马宣言——审计规则指南"(1977)对国家审计的描述方式,国家审计是国家治理体系必不可少的有机组成部分,旨在通过独特的监控机制保障公共受托经济责任全面有效履行,提高国家治理效率和水平,促进国家实现良政善治。

根据美国会计学会《基本审计概念研究报告》(1973)对国家审计的定义方式,国家审计是国家审计人员客观地收集和评价政府在履行公共受托经济责任过程的相关事项和信息的证据,据以确定相关事项和信息编报与既定标准的相符程度,并将其结果报告传递给相关利益关系人的系统监控过程。

根据工作属性定义,国家审计是由国家审计机关依法独立实施的旨在保障和促进公共受托经济责任全面有效履行的独特经济监控活动。国家审计的对象范围涵盖与公共受托经济责任履行相关的所有重要方面,主要包括国家重大政策措施执行效果,公共资金、国有资产、国有资源的管理、分配、使用责任的履行状况,领导干部经济责任,以及自然资源资产管理和生态环境保护责任的履行状况等内容。

梳理国家审计的定义,有利于我们开展有关国家审计理论框架的研究。

理论是实践的指引,实践是理论的来源。随着我国经济社会的逐步发展,国家治理的内容日益丰富,治理需求不断变化,作为重要治理手段之一的国家审计,需要不断推陈出新,延展审计内容,创新审计形式,拓展审计功能,为完善国家治理提供有效保障。

1.1 国家审计理论框架的研究背景与意义

1.1.1 国家审计理论框架的研究背景

随着经济社会的不断发展、国家治理内容的不断变化,在"财政资金运用到哪里,审计就跟进到哪里"理念的推动下,国家审计监督的范围亦不断拓展。

审计全覆盖背景下的审计功能拓展。2015年12月8日,中共中央办公厅、国务院办公厅印发《关于完善审计制度若干重大问题的框架意见》(以下简称《框架意见》)及与之配套的《关于实行审计全覆盖的实施意见》等相关文件,这标志着我国的国家审计正式进入全覆盖的新时代。《框架意见》及相关配套文件提出完善审计制度的总体目标是:健全有利于依法独立行使审计监督权的审计管理体制,建立具有审计职业特点的审计人员管理制度,对公共资金、国有资产、国有资源和领导干部履行经济责任情况实行审计全覆盖;到2020年,基本形成与国家治理体系和治理能力现代化相适应的审计监督机制,更好地发挥审计在保障国家重大决策部署贯彻落实、维护国家经济安全、推动深化改革、促进依法治国、推进廉政建设中的重要作用。由此可见,国家审计被赋予了明确的任务和艰巨的使命。作为国家治理的重要手段,国家审计的功能应不断拓展。

审计全覆盖指导下的审计内容延伸。现阶段,国家审计的内容已经不仅仅局限于财务支出审计。2016年1月12日公布的《2015年11月稳增长促改革调结构惠民生防风险政策措施贯彻落实情况跟踪审计结果》(审计署2016年第1号公告),公布了审计署2015年11月继续组织的对31个省、自治区、直辖市和29个中央部门、7户中央企业落实稳增长、促改革、调结构、惠民生、防风险政策措施情况的跟踪审计结果。这些跟踪审计切实实施了绩效审计、政策执行效果审计等较为新颖的审计模式,其审计内容是国家治理迫切需要的,其针对稳增长、促改革、调结构、惠民生、防风险政策措施情况开展的是全方位、全覆盖的跟踪审计。

在国家治理需求的推动下,国家审计实践日新月异,而理论研究却迟迟无大的进展。2009年12月30日召开的中国审计学会第六届会员代表大会曾提出:"当前审计理论研究的目标,就是逐步构建并不断完善中国特色社会主义审计理论体系。这既是时代赋予广大审计理论研究工作者的历史使命,也是审计事业科学发展的迫切需要。"在2011年全国审计工作会议上,时任审计署审计长刘家义提出了"十二五"期间审计工作要实现的四大目标,其中之一就是"使符合我国国情、与社会主义市场经济体制相适应的审计理论、审计文化、审计方法和审计模式的研究与建设迈上新台阶,健全完善中国特色社会主义审计监督制度"。在2012年全国审计工作会议上,刘家义进一步强调:"要总结和提炼中国特色社会主义审计理论、审计制度、审计精神,使审计工作更好地遵循规律、科学发展。"在2021年全国审计工作会议上,审计署审计长侯凯提出"我们必须把研究工作作为谋事之基、成事之道,精准把握各类审计事项的改革方向、目标、路径和政策意图"。这一系列发言引发了学术界和实务界对中国特色社会主义审计理论体系的广泛关注和思考。

在实践和理论研究的双重呼唤下,建立能够在宏观上全面指导国家审计实务,不断引导国家审计功能拓展的理论框架迫在眉睫。

本研究从构建国家审计理论框架的目标出发,对国家审计本质理论、国家审计假设理论、国家审计目标理论、国家审计行为理论、国家审计功能理论、国家审计组织理论、国家审计规范理论、国家审计信息理论、国家审计方法理论和国家审计环境理论进行了系统分析,构建以公共受托经济责任为理论原点的圈层结构式国家审计理论框架,并在中国背景下展开深入探讨,形成国家审计促进公共经济权力监控、国家审计维护经济安全、国家审计推进民主政治、国家审计服务国家治理的理论基础。

1.1.2 国家审计理论框架的研究意义

自1983年中华人民共和国审计署成立以来,国家审计在强化公共权力制约与监督、推进民主政治发展、维护国家经济安全、提高政府透明度等方面发挥了重要作用,是我国建立廉洁、高效、民主、法治、责任政府,实现善治政府目标的重要工具,其治理功能受到世界各国的高度重视及充分肯定。中国的政治体制、经济结构、传统文化与世界上其他国家和地区差异巨大,具有鲜明的中国特色,极具特殊性;同时,中国政治、经济、文化的发展对国际社会有着深刻的影响,中国特色社会主义国家审计理论是世界审计基础理论领域的一大创新理论。然而,中国特色社会主义国家审计理论研究却远远滞后于实践,一系列基本理论问题还没有得到学术界深入的探索和研究。在此背景下,本研究以贯彻党中央的方针路线为契机,围绕审计署的审计工作发展规划,系统总结和深入研究中国特色社会主义国家审计的特点与功能,用规范分析与实证检验相结合的方法,较为全面、系统地深入研究并构建中国特色社会主义国家审计理论体系,进行国家审计理论创新。这对丰富和发展国家审计理论,推进我国审计事业科学发展,促进社会主义民主政治建设和经济社会发展,实现国家治理善治目标,无疑具有极其重要的理论与现实意义。

1. 理论意义

研究中国特色社会主义国家审计理论,是适应中国特色社会主义政治、经济、文化发展的要求。中国特色社会主义国家审计的理论与实践同西方资本主义国家及其他社会主义国家有着显著的差异,具有鲜明的中国特色。本研究在学术上具有前沿性与先进性。本研究的理论意义主要体现在以下四个方面。

1) 系统科学地研究中国特色社会主义国家审计理论框架

如今,国家审计领域依然缺少一个完整的中国特色社会主义国家审计理论框架。20世纪90年代,实证研究方法被引入我国,并在历经十余年后日益盛行,但是实证研究方法更多地是被视为一种分析工具,若要深入剖析问题,仍需采用系统科学的方法。系统科学方法的基本特征是注重整体性、综合性,其分析问题的基本程序是"综合—分析—综合",亦即分析路径是"整体结构—组成部分—整体结构"。

现阶段出版的系列国家审计领域成果基本是对国家审计实务的总结,或者是对某一细分国家审计领域的介绍,缺乏对国家审计理论的系统分析;但国家审计作为一门科学,需要系统的理论框架。系统、科学地研究中国特色社会主义国家审计理论框架以指导国家审计活动正是本研究的理论意义所在。

2) 丰富审计理论结构研究

有关审计理论框架的研究,国内外现有的研究文献主要集中在理论框架的逻辑起点和组成要素方面,缺少对审计行为活动原本作用对象的关注,即缺少对理论原点的研究;目前的审计理论结构研究多以财务报表审计为对象,不能适应国家审计和内部审计的发展需求。本研究以公共受托经济责任为理论原点构建圈层结构式国家审计理论框架,考虑了中国特有的政治、经济、文化等因素,为从理论上研究中国特色社会主义国家审计的本质、目标、功能奠定坚实的基础,从而丰富并推动审计理论结构研究的创新。

3) 满足国家审计功能拓展的需求

现阶段,为了适应国家治理的外部环境,国家审计的功能随着公共受托经济责任关系的深化而不断变化、调整。因此,基于公共受托经济责任,全面、深入、系统地研究中国特色社会主义国家审计理论框架,探讨国家审计与维护经济安全、国家审计与公共经济权力监控、国家审计与推进民主政治方面的理论问题,有利于实现国家审计功能的拓展,进而推动审计理论的创新。

4) 推动审计理论发展

为了进一步深化审计理论研究,更好地推动审计事业科学发展,中国审计学会在《中国审计学会2010年至2014年审计理论研究规划》中提出:"紧紧围绕构建中国特色社会主义审计理论体系这个中心,在认真总结我国审计实践创新的基础上,与时俱进,进一步深化和发展审计基本理论;围绕新形势下审计实践面临的重点问题,积极探索应对措施,进一步创新和发展审计应用理论;适应审计工作发展需要,深入研究审计工作的新方式、新方法,进一步完善和发展审计方式方法。"《中国审计学会 2015 至 2019 年审计理论研究规划》指出:"加强理论研究成果的宣传推广和转化利用,丰富和发展中国特色社会主义审计理论,为审计事业科学发展提供理论支撑,为充分发挥国家审计在国家治理中的基石和重要保障作用提供智力支持。"

因此,为了深入探讨中国特色社会主义国家审计理论,本研究结合党的十八大提出的"五位一体"总体布局,对中国特色社会主义国家审计理论框架进行系统性研究。这些研究成果必将进一步丰富和发展中国特色社会主义国家审计理论,进而推动审计理论的创新与发展。

2. 现实意义

本研究的现实意义主要体现在以下三个方面。

1) 推动国家审计职业发展

任何职业的发展,均需要以理论为基石。《蒙氏审计学》指出,某种活动成为一种职业需要具备五个特征,第一个就是具有"专门的知识体系,通常通过正规教育途径获得"(Reilly,1990)。系统完整的理论框架是某项活动职业化的基础,是职业培训的支撑。只有建立起一套系统的理论体系,国家审计才能有效职业化,培养高素质的专业审计人才,建立强大的审计队伍。

2015 年 12 月 8 日,中共中央办公厅、国务院办公厅印发的《关于完善审计制度若干重大问题的框架意见》强调,需要"推进审计职业化建设。根据审计职业特点,建立分类科学、权责一致的审计人员管理制度和职业保障机制,确保审计队伍的专业化水平"。因此,为了进一步支撑审计职业化的构建和发展,建立系统完整的国家审计理论框架迫在眉睫。

2) 指导我国审计实务科学发展

任何科学均需要有理论结构支撑,从而建立起统一的逻辑推理体系(陈今池,1989)。有了合理的理论结构,人们才能对一个领域中复杂的客观事物进行抽象,从而更深刻地理解客观事物,促进教学与科研的发展,进而推动科学自身的发展。因而,从促进国家审计实务发展的角度讲,我们也应加强审计理论研究。

审计署印发的《审计署"十二五"审计工作发展规划》指出,"审计工作的指导思想是:以中国特色社会主义理论体系为指导,以科学发展观为灵魂和指南,紧紧围绕科学发展这一主题和加快转变经济发展方式这一主线,牢固树立科学的审计理念,坚持'依法审计、服务大局、围绕中心、突出重点、求真务实'的审计工作方针",围绕这一指导思想,审计署在《审计署关于进一步加强审计理论研究工作的意见》中指明:"要大力推进审计理论创新,进一步增强审计理论研究的针对性、前瞻性、建设性和有效性……不断提升审计理论研究层次和水平,为审计工作科学发展提供理论支撑,紧密结合我国国情,加强审计学科理论建设,不断完善中国特色社会主义审计理论体系……着力解决审计事业发展中遇到的重大问题,增强审计理论研究的针对性、有效性……拓展审计理论研究的深度和广度……不断丰富和发展中国特色社会主义审计理论。"审计署发布的《"十四五"国家审计工作发展规划》进一步指出,"根据审计实践需要,强化审计理论研究,推动审计理论、审计实践和审计制度创新","在审计理念、审计手段、审计管理的改革创新上下功夫,不断完善审计制度,使中国特色社会主义审计制度更加成熟、更加定型"。

中国的国家审计是一项具有中国特色的经济监督制度。系统研究中国特色社会主义国家审计理论框架,从理论上深入探寻国家审计有效监控公共经济权力、有力维护国家经济安全、有序推进民主政治发展、充分发挥国家治理功能的途径及方式,有利于促进各级审计机关牢固树立科学审计理念,把握审计发展规律,提高审计工作服务经济社会发展大局的主动性和自觉性,从而有效解决国家审计工作中的战略性重点问题,进而推动审计事业的发展。因此,以公共受托经济责任和国家治理为考察视角,系统、深入地研究中国特色社会主义国家审计理论的系列问题,对我国完善社会主义民主制度,增强可持续发展能力,深化经济体制、政治体制和行政管理体制改革,加强对权力的制约和监督,实现国家治理善治目标等,具有重要的意义。

1.2 国家审计理论框架的研究目标与内容

无论是国家治理内容变化背景下审计功能拓展的需要,还是审计功能拓展背景下审计学科发展的需要,都对中国特色社会主义国家审计理论研究提出了要求。当实践走在了理论的前面,实践的理论指导便会缺失,国家审计人员在实践中就无法清晰地辨别国家审计的边界在何方。在国家法制不断完善、简政放权的环境下,这一问题愈加严重。因此,本研究更具现实意义。整体而言,本研究的目标和内容如下。

1.2.1 国家审计理论框架研究的目标

推动审计学科的发展,是每一个审计人的职责和义务。现阶段,国家审计理论的发展遇到了一定的瓶颈,面对不断发展变化的新形势,国家审计实践与理论发展不同步的矛盾逐渐凸显出来。

在审计实践不断推陈出新的环境下,本研究总体目标是:基于中国特色社会主义制度,结合中国特色社会主义的基本特征,以国家审计功能拓展为逻辑主线,为实现国家审计服务国家治理的目标,深入研究国家审计理论框架的重要问题,一方面推动国家审计理论创新,另一方面为国家审计工作促进社会主义善治国家的建设提供政策参考。

遵循该总体目标,本研究的具体目标为以下三个。

一是推动国家审计理论的发展。在人类文明的历史长河中,审计活动源远流长,其中,国家审计一直占据着重要的地位。我国自1983年成立审计署以来,在审计实践方面积累了丰富的经验。然而,与之相反的是,国家审计理论框架一直缺乏系统性。实践与理论的矛盾,伴随实务的不断发展,愈加严重。2001年,蔡春的《审计理论结构》一书出版,该书在国内首次系统梳理了社会审计的理论结构,这在一定程度上奠定了之后审计理论探讨的基础,但是在审计理论研究中,国家审计理论框架研究一直是缺失的。据此,本研究的目的之一便是:以搭建中国特色社会主义国家审计理论框架为主线,推动国家审计理论的发展。

二是推动国家审计学科的繁荣。国家审计作为审计学科的一个重要分支,与社会审计和内部审计一起构成了审计学科的体系。在长久的学科发展历程中,出于学科体系建设的历史原因以及由于社会对审计学科的认识存在局限,社会审计一枝独秀,并在注册会计师考试的推动下,得到了更多的社会认可;作为审计学科重要组成部分的国家审计,在学科发展中一直以来没有得到充分的重视:开设国家审计课程的学校远远少于开设社会审计的学校,审计学科也以教授社会审计知识为主。据此,本研究的目的之二在于:通过对国家审计理论的研究,形成系统的国家审计理论体系,引起各界学者和实务工作者对国家审计学科的广泛关注,继而推动国家审计学科的繁荣。

三是助力国家审计实践的进步。作为国家治理重要手段之一的国家审计,被赋予了重要的职能。随着国家治理内容不断丰富,国家治理实践对国家审计的要求也在不断提高。从最初的经济责任审计、绩效审计、预结算审计,到后来的工程审计、金融审计、资源环境审计,再到如今的政策执行效果审计等,国家审计的内容在不断拓展,审计形式在不断变化。然而,国家审计理论的发展却远远无法满足实践的需求,可以说,国家审计实务走在了国家审计理论的前面。缺乏国家审计理论的指导,国家审计实务会面临诸多问题。例如,国家审计边界不清,审计人员难以判断什么该审,什么不该审。本研究的目的之三便是:搭建国家审计理论框架,明确新形势下国家审计本质、国家审计假设、国家审计目标、国家审计行为、国家审计功能、国家审计组织、国家审计规范、国家审计信息、国家审计方法和国家审计环境相关理论中的基础问题,明确国家审计功能拓展的依据,辨析国家审计内容的边界,划定国家审计执行的责任,进而指导国家审计实践的进步。

1.2.2 国家审计理论框架研究的内容

本研究的主要内容是中国特色社会主义国家审计理论框架:首先,分析国家审计理论研究的理论原点;其次,探讨国家审计理论框架的构成要素(四个圈层、十个要素);最后,论证国家审计理论框架构成要素之间的关系。本研究还结合国家审计理论框架的环境理论具体探析国家审计理论框架的中国特色。

具体而言,研究内容有三:一是清晰地找准构建国家审计理论框架的理论原点,即国家审计理论的基础理论是什么,这是本卷的理论依据和论证基础;二是详尽地分析国家审计理论框架的构成要素,在蔡春等(2013)构建的以审计本质理论、审计假设理论、审计目标理论等十大理论板块为构成要素的圈层结构式国家审计理论框架的基础上,进一步论证国家审计理论框架究竟由哪些因素构成,剖析每个构成要素的深层次内涵;三是严谨地论证国家审计理论框架构成要素之间的关系,即在阐述十大构成要素理论内涵的基础上,进一步论证它们之间作用与反作用的关系,并基于我国国情,分析国家审计理论框架的中国特色,以指导不断变化的国家审计实践。研究内容的逻辑关系如图1-1所示。

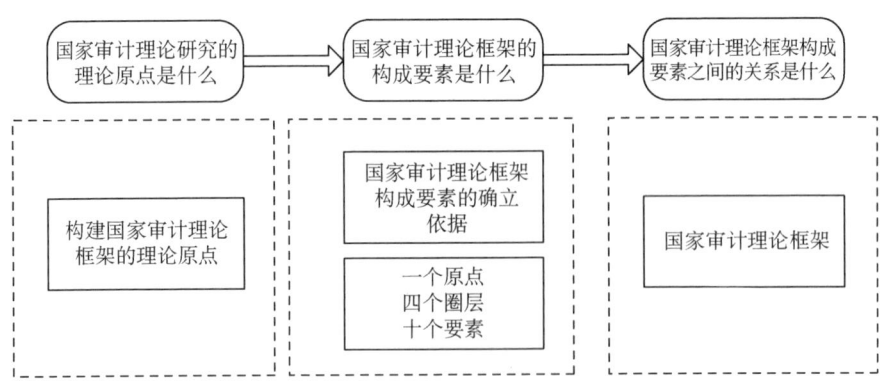

图1-1 研究内容的逻辑关系

1.3 国家审计理论框架的研究思路与框架

本研究先从国内外国家审计理论研究的沿革和述评开始,在分析比较中确立国家审计理论框架的理论原点;然后以公共受托经济责任为理论基础,论述国家审计理论框架的构成要素及构成要素之间的关系;最后总结国家审计理论框架的中国特色。研究思路与框架如图1-2所示。

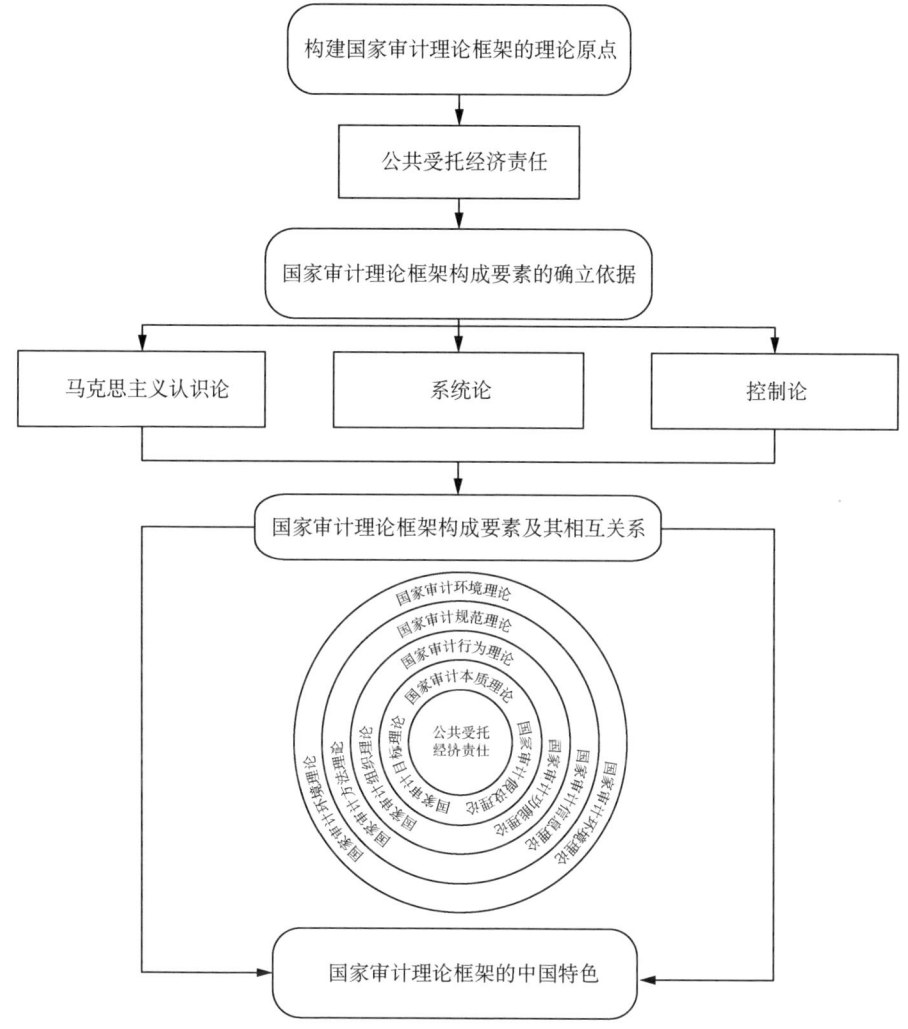

图1-2 研究思路与框架

具体而言,首先,本研究从选择国家审计理论框架的原点开始,明确国家审计理论研究的理论原点;其次,通过理论原点明确国家审计理论框架构成要素的确立依据,并进一步结合马克思主义认识论、系统论和控制论的理论思想,论证"十要素论";再次,通过分别论证国家审计理论框架的构成模块,进一步确立国家审计本质理论、国家审计假设理论、国家审计目标理论、国家审计行为理论、国家审计功能理论、国家审计组织理论、国家审计规范理论、国家审计信息理论、国家审计方法理论、国家审计环境理论;最后,总结国家审计理论框架的中国特色。

1.4 国家审计理论框架的研究方法

方法论是关于认识世界和改造世界的方法的理论,其按不同层次有一般科学方法论和具体科学方法论之分。由于各学科迅猛发展,学科之间不断相互渗透和交融,自然科学和社会科学互相利用彼此的研究成果,不断提升人们认识世界、改造世界的能力。关于方法论的研究也伴随学科交叉而不断发展变化,不少新的研究方式应运而生。

1.4.1 国家审计理论框架研究的规范研究方法论

1. 归纳和演绎方法论的运用

英国著名哲学家弗兰西斯·培根是归纳主义的奠基人,他坚持经验主义认识论,把科学知识的发现建立在感觉和经验基础之上。之后,归纳主义受到了许多西方哲学家的追捧,并得到了进一步发展。归纳法是研究的基本方法,是从许多同类的个别事物中找出它们共同点的方法,既包括由单称判断、特称判断推出全称判断的推理方法(归纳推理),也包括从观察经验资料出发得到理论原理的方法。狭义地说,归纳法就是归纳推理的简称。归纳法强调了感觉和经验在认知客观事物过程中的作用,但同时也忽视了人的理性思维在人认知客观事物过程中的巨大能动作用。

演绎主义方法论思想来源于17世纪法国伟大的数学家和哲学家笛卡尔。笛卡尔主张使用演绎逻辑推理的方法和数学的方法,通过演绎逻辑达到对客观事物的认识。归纳是从认识个别到认识一般的过程,而演绎在于从一般到个别的延伸。演绎推理是从全称判断导出特称判断或单称判断的过程。从一般性到特殊性的思维过程和推理方法都属于演绎法。演绎法特别强调理性思维在人们认知客观事物过程中的能动作用,坚持只要前提正确,通过严密的演绎逻辑推理而得出的结论也必然是正确的。然而,逻辑之真并不等于事实之真。过分夸大理性思维的作用,认为思维规律就是客观存在的规律,在缺乏大量经验资料支撑的情况下,容易造成理论与客观事实相脱节。

从审计学的发展来看,归纳法和演绎法也是最基本的理论研究方法。运用归纳法和演绎法,研究者可以从长期大量的审计实务中观察审计实务的具体方法,归纳其一般性特征,构建审计理论结构框架。同时,研究者又可以依据演绎推理思维,将审计假设、审计概念、审计目标等概念与审计实务相融合,通过进一步的分析、阐述得出审计理论的特征。因此,归纳法和演绎法这两种方法论在实际中是相辅相成的。

2. 历史主义方法论的运用

历史主义方法论是有关如何看待科学发展模式的方法论,其代表人物是库恩和拉卡托斯。库恩认为,科学发展过程就是从一个范式向另一个范式不断转变的过程。范式确定了某一科学领域的研究方向、研究方法、原则、评价标准等内容。拉卡托斯将科学理论看作一个由硬核和保护带共同构成的科学研究纲领。拉卡托斯认为,在某一科学领域内会存在着多个研究纲领,科学革命是在多个研究纲领的长期竞争中得以实现的,科学发展过程就是进步的研究纲领战胜并替代停滞的研究纲领或退化的研究纲领的过程。会计学科发展的本质是以一种类似于拉卡托斯的方式开始的(鲍勃·瑞安等,2004)。

审计学科的发展也离不开历史主义方法论。一方面,这体现在政策规范研究中:在历史发展的长河中,审计学科经历了政策规范的不断变迁,部分研究以此为出发点,深入探讨制度变迁的背景、原因、效果等,为审计相关政策规范的制定提供依据。另一方面,这也体现在长期的审计学科发展中:学者依据历史特征,不断发展完善对审计目标、审计假设等重要内容的认识,构建并完善审计理论结构。

3. 比较研究方法论的运用

早在20世纪,人们就将比较研究方法广泛应用于文学艺术的评论和研究中。西方会计学界也早已采用此种方法对西方各国的会计理论和方法进行比较研究。

在审计学发展中,这一方法不断被应用于横向、纵向比较中。比较研究方法跨越了时空、社会制度、经济体制和价值观念的界限,研究者运用比较研究方法一方面从横向对国内不同省份、同一省份不同城市或是国内不同行业、不同产权性质企业的审计展开比较;另一方面也对同一主体不同时期的状态进行比较,致力于从中探求一般的具有普遍意义的结论,促进审计研究进一步发展。

4. 行为研究方法论的运用

行为研究方法运用行为科学的研究成果,把人的行为和心理因素纳入会计研究的范围,将人们的关注从会计准则、规范、概念、技术转移到制订、执行这些准则、规范、概念和技术的人的行为上。由于审计在某种意义上属于经验科学,审计人员的主观意识、直觉判断及其对信息的处理,不可避免会对审计结果产生直接的或间接的影响,同时这些信息又会反过来影响被审计单位利益相关者的决策。立足行为研究方法展开对审计学的探讨也是不可或缺的。

1.4.2 国家审计理论框架研究的实证研究方法论

实证主义产生于 19 世纪 30 年代的法国,流行于 40 年代的英国。实证主义源于自然科学的发展。在 20 世纪六七十年代,实证主义经济学逐渐被引入会计学,实证会计研究大量涌现,并在 20 世纪 80 年代成为会计研究的主流。实证会计研究在研究成果的经验检验环节采纳了证伪主义。

广义的实证研究方法包括档案式研究、实验研究、实地研究、案例研究等,狭义的实证研究方法仅指档案式研究。本研究不对这一概念进行严格界定,我们认为,有利于为国家审计理论研究服务的研究方法都应该被纳入研究系统。

1. 档案式研究方法论的运用

档案式研究是对档案文本(如会计报表、信息公告、内部文件或记录)中包含的数据展开分析,并将分析的结果作为其研究结论的支撑的一种研究方法。一方面,伴随专业数据库的发展,数据的可获取性在逐步提高;另一方面,专业的统计分析软件逐步完善,数据分析的难度逐步降低。这为档案式研究的发展提供了基础,促使其自身成为主流的经验研究方法之一。

档案式研究涉及理论(theory)、假设(hypothesis)和事实(fact)三个方面。"事实"是一系列现实世界中可以观测的事项或状态;"理论"提供了对不同系列事实之间潜在关系的一种可能的解释;"假设"是根据现有理论对某些事实发生的可能性作出预测。研究者通过观察假设和事实之间的一致性来验证理论的正确性(吴溪,2012)。档案式研究一般遵循一定的研究范式,按照发现问题、提出假设、研究设计、实证验证、结果分析的顺序展开。

2. 实验研究方法论的运用

实验研究方法来源于自然科学,是自然科学的基础研究方法之一。实验研究是"一种在有控制的条件下可重复的观察",其中一个或更多的独立变量受到控制,使建立起来的假设或者假说所确定的因果关系有可能在不同情境中得到检验(风笑天,2001)。实验研究所关注的焦点是,在控制某些要素后,实验产生了怎样的结果。这种研究方法对科学的贡献之一在于:实验结果可以证实理论,也能够纠正错误的理论。

审计过程中的审计师个人和组织的判断与决策行为是审计理论和实务界共同关心的话题,而这一领域特别适合用实验的方法进行研究。自 20 世纪 60 年代至今,实验研究方法一直被用于这一领域的研究,并涌现了大量的研究成果,应该说,实验研究方法在审计研究中运用得最为普遍和有效(张继勋等,2008)。

实验研究方法一般遵循以下研究步骤:确定研究问题,提出假设,设计实验,执行实验,分析数据,等等。同时,作为自然科学的基础研究方法,实验研究方法依赖于一定的设计方法(如组间设计、组内设计)以及设计原则(随机、重复和分组)。

3. 实地研究方法论的运用

实地研究是会计学研究中一种重要的研究方法,特别是在管理会计领域和审计领域,实地研究方法有较多的应用,这主要是因为有些数据具有不可获得性。在数据公开、可获取的财务会计领域,基于数据更易展开档案式研究,而在管理会计和审计领域,由于企业管理过程和审计实施过程中的数据无法衡量,且数据较多因实施主体的心理特征不同而不同,采取实地研究更易对某些问题进行探讨,有利于深入了解审计实践活动特征。

根据吴溪(2012)的总结,对实地研究的界定主要分为三类。第一类从实地研究的研究对象出发,认为实地研究区别于其他研究的一个重要特点是,实地研究人员必须与研究对象(如某组织)的成员保持紧密和深度的联系,实地研究项目来自实地研究者与组织之间的持续接触,访谈(interview)和直接观察(observation)是实地数据的主要来源(Ferreira 和 Merchant,1992)。第二类从实地研究与案例研究的区别出发定义实地研究,认为当一项研究所包含的组织数量较多时,属于实地研究;反之,则是案例研究。第三类从方法论的角度对实地研究进行界定。一个被广泛接受的观点认为,实地研究方法对发展假设和构建理论是非常关键的,而其他的方法论对检验理论更有效。Ferreira 和 Merchant(1992)发现,从已经发表的管理会计领域的实地研究论文来看,研究者应用实地研究方法最主要的目的是发展理论。

实地研究方法遵循一定的研究步骤,包括确定研究问题、界定研究范围、明确研究方法、提出研究假设、数据搜集、数据分析等。实地研究方法包括观察法、访谈法、问卷调查法等。

4. 案例研究方法论的运用

案例研究方法最早应用于管理学学科源于 Ernest Dale 在 1960 年撰写的《伟大的组织者》(*The Great Organizers*)一书,其以杜邦和通用等公司为案例,系统分析了公司的先进管理经验,为其他企业提供了可参考的管理理论和依据。案例研究方法在会计审计领域也得到广泛运用,尤其是在研究和教学中。

Yin(1994)为案例研究给出了一个经典定义,即案例研究是一种经验主义的探究(empirical inquiry),它研究现实生活背景下的现象。在研究情境中,现象本身与其背景之间的界限不明显,研究者只能运用大量事例证据来展开研究。

根据研究任务的不同,案例研究方法有着不同的分类。案例研究方法可分为五种类型(Scapens,1990；Hussey和Hussey,1997),即探索型(exploratory)、描述型(descriptive)、例证型(illustrative)、实验型(experimental)及解释型(explanatory),称为"五分类法"。有学者在探索型、描述型和解释型基础上增加了评价型(evaluation),构成了"四分类法"。

1.4.3　国家审计理论框架研究的方法论结合

传统会计研究(规范会计研究)始于20世纪二三十年代的美国,在20世纪60年代达到黄金时期；实证会计研究产生于20世纪六七十年代,并在20世纪80年代成为主流。在研究方法论的领域中,关于规范会计研究与实证会计研究的探讨一直在持续。本研究认为,无论是规范会计研究,还是实证会计研究,都各具特色,我们应该各取所长并结合运用。

本研究认为,关于国家审计理论框架的研究可以在研究范式上实行三个结合：一是理论逻辑演绎与实证检验相结合；二是历史、现状与推论相结合；三是现象、观点归纳与一般的理论抽象相结合,即遵循从问题的提出到揭示隐藏在问题背后的经济学逻辑,再到对策研究的基本范式。

1.4.4　国家审计理论框架的一般性与特殊性

1. 国家审计理论框架的一般性

国家审计理论框架的一般性是指国家审计理论框架一般都包括国家审计本质理论、国家审计假设理论、国家审计目标理论等基本理论要素。

国家审计理论框架的一般性源于矛盾的普遍性,国家审计理论框架的一般性在于,国家审计本质理论、国家审计假设理论、国家审计目标理论等基本理论要素,是审计理论构成的基本要素,是审计理论所固有的,无论是社会审计理论还是内部审计理论,都存在这些基本的理论要素。我们需要承认其一般性,在审计理论框架下对其进行论述和分析。后续章节将具体介绍国家审计理论框架一般性的构成要素。

2. 国家审计理论框架的特殊性

国家审计理论框架的特殊性是指国家审计理论框架构成要素的内涵及其表征均会受环境因素的影响,进而表现出一定的特色。

国家审计理论框架的特殊性源于矛盾的特殊性。国家审计理论在审计理论框架下具备鲜明的特殊性。系统地分析这一问题也对充分认识国家审计理论、指导国家审计实务工作有着重要意义。后续章节将具体介绍国家审计理论框架特殊性的构成要素。

3. 国家审计理论框架的一般性与特殊性之间的关系

国家审计理论框架的一般性与特殊性之间的关系源于矛盾的普遍性和特殊性的辩证关系,即源于一种共性与个性之间的对立统一的辩证关系。其具体表现在:第一,国家审计理论框架的一般性存在于特殊性之中,并通过特殊性表现出来。因为个体的共性离不开个性,没有个性就没有共性。第二,国家审计理论框架的特殊性包含和表现着一般性。因为个体的个性也离不开共性,离开共性的个性会丧失它原有的特征,而具有另一类事物的特征。第三,国家审计理论框架的一般性和特殊性在一定条件下可以相互转化。因为国家审计实务的边界会随经济的发展而不断延展,在一定范围、一定过程中,原先的个性可能在另一范围和过程中变为共性特征;反之,亦然。

"……特殊的事物是和普遍的事物联结的,每一个事物内部不但包含了矛盾的特殊性,而且包含了矛盾的普遍性,普遍性即存在于特殊性之中,所以,当我们研究一定事物的时候,就应当去发现这两方面及其互相联结,发现事物内部的特殊性和普遍性的两方面及其互相联结,发现事物和它以外的许多事物的互相联结。"①因此,辩证地论证国家审计理论的一般性和特殊性是全面认识国家审计理论的基础,本卷的后续章节也以此为线索展开。

1.5 国家审计理论框架论的主要观点与贡献

世界范围内公认的审计基础理论及其体系尚未形成,国家审计的理论研究更是非常缺乏,甚至存在很多无人探索的空白。现有审计教科书上的审计理论根本无法解释丰富多彩的中国特色的审计实践与制度创新。推进和创新中国特色社会主义审计理论,特别是国家审计理论研究,构建中国特色社会主义国家审计理论体系,具有重大的理论和现实意义。

本研究提出了"以公共受托经济责任为理论原点构建圈层结构式国家审计理论框架"的原创性观点。具体而言,国家审计理论研究应以公共受托经济责任为理论原点。国家审计理论框架的四个圈层分别是:第一圈层,国家审计本质理论、国

---

① 《毛泽东选集》第1卷,人民出版社1991年版,第318页。

家审计假设理论和国家审计目标理论;第二圈层,国家审计行为理论、国家审计功能理论和国家审计组织理论;第三圈层,国家审计规范理论、国家审计信息理论和国家审计方法理论;第四圈层,国家审计环境理论(图 1-3)。在此基础上,本研究对这一理论框架的中国特色进行总结,这对推进中国特色社会主义审计理论体系的形成和发展具有重大意义。

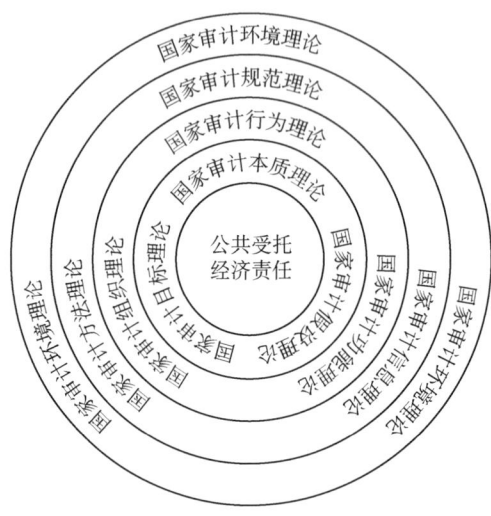

图 1-3　圈层结构式国家审计理论框架

2 构建国家审计理论框架的理论原点

理论原点的确立对构建完整的理论框架有至关重要的作用,它是相关理论范围内最基本的一点。确立了理论原点,就确定了整个框架的中心,理论框架内各理论要素的内涵、外延和各理论要素间的联系都将围绕这个中心展开。依据不同观点,可得出不同的理论原点,从而形成不同的理论框架。本章在系统辨析理论原点与理论起点的基础上,对信息风险观、产权保护观、国家经济安全观、国家治理观、民主政治观、公共受托经济责任观等理论观点进行剖析,明确提出公共受托经济责任为国家审计理论框架的理论原点。

2.1 国家审计理论原点与理论起点

2.1.1 理论原点与理论起点的基本含义

在选择构建国家审计理论框架的理论原点时,我们首先要明确"原点"和"起点"的区别,混淆两者不利于对整个理论结构的理解。蔡春等(2013)在对原点和起点进行区分的基础上,指出关于构建审计理论框架之理论原点的思想,他们认为,原点是指目标区域的一个明显点。起点的定义为"开始的地方或者时间"。起点与原点是两个相似但不同的概念。起点的侧重点在于"开始",是事物或者现象的开端,在起点之后会出现一系列的后续现象。而原点概念未强调时间或者顺序的先后,其侧重点在于"明显点",可以理解为着眼点、落脚点。

辨析了原点和起点的基本含义后,就可以结合国家审计理论框架来理解理论原点和理论起点。国家审计理论框架是指国家审计理论系统中各个构成要素之间相互联系、相互作用的方式或秩序(蔡春等,2013)。系统的存在源于系统中要素和要素间的相互关联,在系统中,"理论原点"是系统理论体系的着眼点,是系统最应该关注的对象,各要素的内涵和关联都围绕原点展开;而"理论起点"是逻辑关系推演的开始,一系列的逻辑关系基于该起点衍伸出来。

2.1.2 理论原点与理论起点的辨析

1. 两者间的映射关系

在一个理论体系中,原点是各构成要素围绕的中心点,而中心点需要有唯一性、动态发展性,并且有强大的理论解释力。因此,一个理论体系在确立原点后,不会再有第二个原点,但是原点的唯一性并不是指其内涵的唯一性,而是指其数量的唯一性。其内涵的不断更新完善更加巩固了其内在的理论力量,并且强化了其包容性和唯一性。理论起点是逻辑推演的开始,不同学者有不同的逻辑思维方法。例如,不同学者从审计假设(Mautz 和 Sharaf,1961)、审计目标(Anderson,1977)、审计本质(Tom Lee,1988)等要素出发就会产生多个理论起点,推演出不同的逻辑关系。因此,理论原点和理论起点会形成一对多的关系(图 2-1),从而推动理论体系的多样化和丰富性发展。

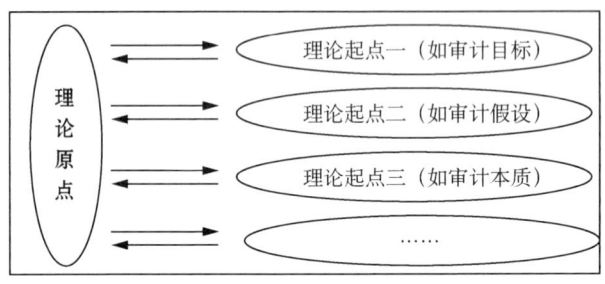

图 2-1 理论原点和理论起点的映射关系

2. 对其他要素的影响

理论起点重在强调开始,"起点"通常与"终点"相对应,反映时间或顺序的先后。因此,在构建理论结构时,理论起点的意义在于它是理论体系中最基本和简单的理论范畴,对其他要素的建立和发展有决定性作用(刘明辉,2003)。逻辑推演没有起点,就无法得到后续的逻辑关系,理论起点与其他要素都是系统的一部分,它们共同构成了理论体系。但是理论起点本身并不影响其他要素的内涵和外延。相反,对系统中其他要素的理解会受到理论原点的影响,理论原点是一个系统的基石,没有其支撑,理论起点也会无据可依,我们只有明确了理论分析的中心点,才能进行更清晰的逻辑推演,从而构建稳固的理论结构,该理论结构才能更好地解决理论原点所概括的问题。

3. 两者的作用

理论起点的作用仅仅是代表逻辑思维的开始,理论起点与其他要素一起构成系统,而理论原点是有指导和辐射作用的。理论原点指导着系统内各要素的发展,各要素只有围绕原点相互作用,才可以形成有机统一的体系。系统各部分、各层级都紧紧围绕理论原点发挥各自应有的作用,因此,理论原点的影响辐射在系统的各个角落,而理论起点只是系统的一部分。

为了更好地理解理论原点的含义,我们不妨以下军棋的视角看待这个问题。如果将军棋看成一个系统,其中每一个棋子,大到"军长",小到"工兵",都是构成系统的要素。下军棋制胜的关键是占领对方的大本营,这是每个玩家共同的目标。但在行动的过程中,不同玩家会有不同的策略。例如,可以先想方设法铲除对方的"军长"和"师长"等阻碍后续行动的棋子,也可以按部就班地让"工兵"一步步靠近军营,但是两种策略最终的目的地都是对方的大本营。国家审计理论框架与军棋系统类似,各个棋子就好比系统中的国家审计目标、国家审计假设以及国家审计本质等要素,不同的玩家首选的棋子不同,就好比不同学者选择的国家审计理论框架的理论起点不同。而军棋中的大本营正如国家审计理论框架的理论原点,是玩家和研究者最应该着眼的问题,如降低信息风险、维护经济安全、服务国家治理等。无论系统开始于哪个要素,最终都要回归到"原点"所指向的问题。

2.1.3 国家审计理论框架的原点

国家审计理论框架的原点代表国家审计最应当关注的问题,几乎所有的审计活动都作用于该原点,人们对国家审计理论框架内各要素的理解也依赖于该原点。原点不同于系统内的其他要素,它反映了国家审计首要和最根本的目的,也揭示了国家审计最本质的内涵。原点应该具有强大的理论解释力,它不能仅仅揭示事物的一个方面,或者仅仅解释事物的某一特征,其内涵应当随着环境的变化不断更新,从而推进国家审计功能的完善和拓展,以便国家审计更好地发挥应有的作用。关于国家审计理论框架原点的选择问题,当前可从信息风险观、产权保护观、国家经济安全观、国家治理观、民主政治观和公共受托经济责任观的角度入手。这六种观点都在一定程度上反映了国家审计的本质、目标、功能、方法、行为等,许多学者也基于不同的观点构建了不同的国家审计理论框架。

本研究选择的国家审计理论框架的原点是公共受托经济责任。公共受托经济责任是受托经济责任在公共管理领域的深化与拓展。受托经济责任是指受托人按照特定要求和原则经管受托经济资源并报告其责任履行状况的义务(蔡春等,2012)。本研究之所以选择公共受托经济责任作为国家审计理论框架的原点,是因为:首先,审计产生的一个重要原因和前提是受托经济责任的存在(David Flint,1988;Tom Lee,1988),这也是较多学者支持的一种审计动因学说,其内容的不断拓展也推动着审计的发展,而审计功能的完善也意味着审计可以更好地保证受托经济责任的全面有效履行;其次,公共受托经济责任与国家审计和国家治理有着紧密的联系,是后两者的理论基石(蔡春和蔡利,2012)。一方面,国家审计的根本目标是促进政府公共受托经济责任的全面履行;另一方面,国家治理主要涉及对公共权力运行和公共资源分配与利用的监督和控制,因而需要建立相应的治理结构。小到组织,大到国家,治理结构的基础都是公共受托经济责任。可以说,公共受托经济责任具有广泛的适用性,并且有强大的理论解释力。

2.2 关于国家审计理论框架原点选择的观点述评

2.2.1 信息风险观

在现代经济系统中,信息已成为一项重要的经济资源,然而在信息传递的各个环节会存在广泛的风险,具体包括信息获取数量不足、信息冗杂、信息失真和信息无效等。审计的信息理论分为信号传递理论(Signaling Theory)和信息系统理论(Information System Theory)。

对社会审计而言,基于信号传递理论,企业通过将信息传递给利益相关者,缓解信息不对称的问题,同时聘用高素质的审计师向市场传递财务信息可靠的信号,这种正面的信号会给企业带来积极影响;信息系统理论建立在会计信息决策有用观的基础上,认为审计的本质功效在于增进财务信息的可靠性和决策有用性。

对国家审计而言,各方也可以通过信息传递和信息支持来降低公共事务管理各主体间的信息风险。一方面,政府需要国家审计人员向公众传递其对公共事务管理的情况,包括管理的质量和效率。国家审计作为独立的第三方力量,以其专业的信息处理能力和信息获取权力来鉴定、判断政府工作的情况。另一方面,国家审计在为政府做出决策支持的同时,也为公众的判断做出信息支持,减少各主体间信息不对称的风险。

1. 主要观点概述

关于以信息风险观来解释国家审计,有学者从国家治理的角度认为国家审计是国家治理信息风险的控制机制(张立民和崔雯雯,2014),有学者从权力制衡的角度说明国家审计是权力制衡的信息支持系统(马志娟和刘世林,2012),他们的共同之处在于对国家审计的本质内涵做出了新的解释。他们认为国家审计作为独立的第三方,其所提供的信息,无论是在范围还是在质量方面都有独特的优势。还有学者从信息风险和国家审计之间的关系展开分析,认为信息不对称是国家审计产生的动因,也会造成审计风险(干胜道和王磊,2006)。

2. 观点确立的依据

信息风险观为何能够作为国家审计理论框架之原点?可以从国家审计信息需

求的天然自发性和国家审计强大的信息供给能力两个方面思考。

(1) 国家审计信息需求的天然自发性。不仅公众,而且国家的决策、执行和监督部门也对国家审计信息存在广泛需求(马志娟等,2015)。决策有用观和公共受托经济责任观解释了现实中公众和国家公共事务管理主体的信息需求具有天然自发性。他们是信息的创造者,更是信息的需求者,都需要依赖丰富的信息开展日常活动。然而信息传递的网络错综复杂,存在多方面的风险。首先,从决策有用观的角度来看,只有高质量、有价值的信息才能指导决策的制定。政府的决策和执行部门依赖国家审计对相关信息的分析,从而充分了解经济运行、政策实施情况,以便调整和进行改革。其次,从公共受托经济责任观的角度看,公众由于自身能力有限,将管理国家公共事务的权力交给政府,但是公众需要通过监督参与公共事务管理,而参与的重要基础就是国家审计提供的信息。国家审计作为二者之间的信息桥梁,传递数量充足、高质量的信息,一方面缓解了二者间的信息不对称,降低信息风险以帮助公众做出相关的决策,另一方面也解除了政府的公共受托经济责任。正是因为公众与国家公共事务管理的主体存在自发而又广泛的信息需求,国家审计无法忽视其自身在控制信息风险方面的责任,所以我们构建国家审计理论框架也不应忽略这一点。

(2) 国家审计强大的信息供给能力。国家审计之所以能提供高质量信息,在于其信息收集和传递的特殊优势以及信息加工的专业能力,是防范各种信息风险的"挡风板"。《中华人民共和国审计法》[①]和《中华人民共和国审计法实施条例》规定了审计机关拥有要求报送资料权、检察权、调查取证权、通报或公布审计结果权。法律赋予了国家审计获取信息的强制权力,使国家审计人员能够及时、充分地搜集相关信息,这是其开展鉴证工作的基础。同时,法律赋予审计机关公告权,使一切违背公众利益的不合法行为都无从隐瞒,从而保障了公众和国家公共事务管理主体的信息需求。国家审计信息加工的专业能力体现在:国家审计人员可以将收集的信息进行加工处理,鉴证相关部门对公共资源的分配、使用的真实性、可靠性、合法性和合规性,揭露政策执行中的问题,提供保障和促进公共受托经济责任有效履行的信息。

既然国家审计有满足各方广泛信息需求的强大信息供给能力、信息风险控制

---

① 本卷所引用的《中华人民共和国审计法》,是指根据 2021 年 10 月 23 日第十三届全国人民代表大会常务委员会第三十一次会议通过的《关于修改〈中华人民共和国审计法〉的决定》第二次修正的《中华人民共和国审计法》。

能力,那么以信息风险观为国家审计理论框架的原点,有助于人们对国家审计本质和目标有进一步的理解,从而指导国家审计完善信息支持和信息风险控制的功能。国家审计的工作聚焦在控制信息风险上,会对"道德风险"的防范、"逆向选择"问题的规避起到推动作用,从而优化公共资源配置。因此,以信息风险观为理论原点构建国家审计理论框架,对促进决策的正确性和有效性有重大意义,而这正是保障国家实现良治的基础。

3. 基于信息风险观构建国家审计理论框架

张立民和崔雯雯(2014)从信息风险观的角度对国家审计的本质提出了新的见解,他们认为国家审计是国家治理所依赖的信息风险控制机制,在明确究竟何为国家审计后,确立了国家审计的方法:通过监督政府对财政资源掌控的真实性、合法性、效果性降低经济治理风险;通过政府绩效审计、公开审计结果降低政治治理风险;通过搭建公众和政府间的信息桥梁降低社会治理风险,最终改善国家治理。

基于信息风险观构建的国家审计理论框架如图 2-2 所示。

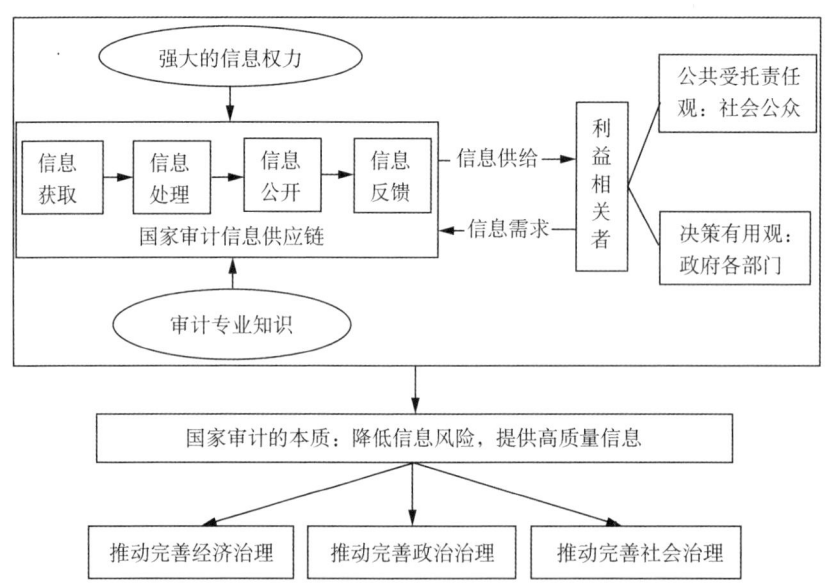

图 2-2 张立民和崔雯雯(2014)以信息风险观构建的国家审计理论框架

除了风险控制,马志娟和刘世林(2012)也以信息风险观指导认识审计本质,从而拓展出一系列对国家审计理论体系内其他要素的理解。他们认为国家审计是实现政府决策、执行和监督部门三权制衡的信息支持系统。由于存在信息风险,决策、执行和监督三个政府部门都有广泛的信息需求。国家审计作为信息支持系统，其功能是对党政机关、企业事业单位业务活动所需的信息进行采集、整理和发布，而具体的问责则交给了专门的监督机构。马志娟和刘世林(2012)以信息风险观构建的国家审计理论框架如图2-3所示。

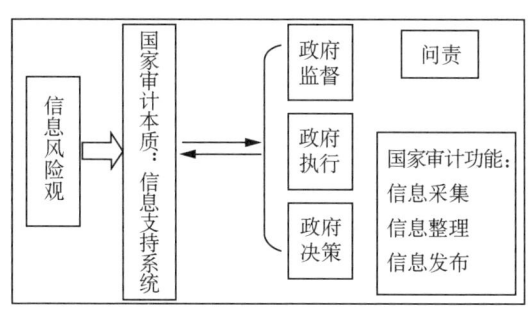

图2-3　马志娟和刘世林(2012)以信息风险观构建的国家审计理论框架

2.2.2　产权保护观

1937年11月，Coase(1937)在伦敦经济学院学报《经济学家》上发表《企业的性质》一文，文中对企业制度的探讨分析，引发了人们对产权问题的思考。他在1960年发表的《社会成本问题》一文中，从正面指出了产权的经济作用——降低社会成本，在制度上保证资源配置的有效性，该文章成为产权理论产生的重要标志。产权理论是西方的新制度经济学的一个流派，主要研究在一定制度框架下产权的界定问题、社会制度和经济秩序运行中的交易费用问题，以及产权如何对稀缺的社会资源配置产生影响。产权即财产权(property rights)，它是指民事权利主体所享有的经济权利，包括以所有权为主的物权、债权和知识产权等。新制度经济学家阿尔钦等认为，"界定和保护产权是推动自由交易并实现资源最佳配置的前提条件"，可见产权在公共资源管理和配置方面有其独特的意义。

1. 主要观点概述

研究国家审计与产权保护的学者，大多将产权保护与受托经济责任相联系，但是他们认为国家审计产生的前提是产权的裂变分离，受托经济责任是产权分离后的自然结果，而非国家审计产生的根本原因(雷光勇和崔文娟，2001；李孝林和李歆，2013；张毅，2009；张立民和郑军，2009)，即国家审计的本质关乎产权的界定和保护。产权主体的多样化决定了受托经济责任关系的多样化，产权关系的复杂化决定了受托经济责任的复杂化，同时决定了现代国家审计理论和实务的复杂化和多样化。而李孝林和李歆（2013）更直接地认为国家审计维护产权论是可以涵盖两权分离论、受托责任论和国家治理论的。

除了从产权保护的角度理解国家审计的动因和本质，也有学者从该角度认识国家审计的目标（张立民和郑军，2009），他们认为国家审计的目标会依据社会经济变化而不断调整。随着社会经济体制的变化和发展，产权保护越发重要，那么国家审计应该以产权保护为着眼点。与其他学者不同的是，他们紧密地联系了产权和人权，认为应当拓展国家审计的人权保护功能。

与上述学者都不同，章轲（2012）将国家审计的本质定义为国家治理的控制系统。正是因为国家审计因国家治理而生，当国家治理的本质目标是维护国家产权并实现国家产权最大化时，国家审计也应该服务于维护国家产权。也就是说，既然国家审计服务于国家治理，那么国家审计以维护国家产权最大化为中心在现阶段应当是适用的，国家治理目标和内容的变化会使国家审计的内容发生变化。

2. 观点确立的依据

以产权保护观为理论原点构建国家审计理论框架主要出于以下几点考虑。

（1）国家审计产生、发展的过程都伴随着产权结构的变化。小到企业组织，大到国家，都是建立在契约基础上的，契约的存在与两权分离密不可分。经济学的基本假设"经济人假设"认为人是自利的，人的一切行为都旨在追求自身利益最大化，因此，两权分离也意味着产权利益冲突的出现。一个被普遍认可的观点是，无论是社会审计，还是国家审计，都产生于两权分离，即所有权和经营管理权的分离。在国家事务管理中，公众将公共资源的管理权赋予国家，国家肩负着有效使用、公平分配公共资源的受托责任，因此，可以认为是产权结构的改变催生了受托责任。国家审计又是因各产权主体的委托而存在的，一方需要解除受托责任，另一方需要监督受托责任的履行。因此，更深层次地追溯国家审计的发展历程可以发现，产权的身影无处不在，产权裂变产生了公共受托责任并最终促进了国家审计的产生。产权主体的多样化、分散化也使受托经济责任主体呈现多样化，最终使受托责任变得复杂化，主体间的产权利益冲突更明显，各主体对国家审计的需求也愈发强烈。

那么以产权保护观为国家审计理论框架的原点，就突破了受托责任，而是从更深的层次去理解国家审计从产生到发展至今的动因，不仅国家审计，而且社会审计和内部审计的产生与发展也与产权密不可分。因此，以此为理论原点有助于理解其他理论因素，包括国家审计的假设、目标、功能和方法等。此外，产权保护和改善是随着社会经济体制的变化不断推进的（张立民和郑军，2009），随着经济业务的复杂化,产权结构愈发复杂,产权的界定愈发困难,以产权保护观为原点确立国家审计理论结构,有助于产生能够应对多元复杂的产权结构的国家审计制度。

(2) 国家审计在产权结构中具有独立性。国家审计是受各产权主体委托来界定和维护各产权主体利益的第三方。《中华人民共和国宪法》第九十一条规定:"审计机关在国务院总理领导下,依照法律规定独立行使审计监督权,不受其他行政机关、社会团体和个人的干涉。"这说明国家审计在协调公众和政府之间的经济利益时,独立于各产权主体,与各主体不存在依附关系。以产权保护观为国家审计理论框架的原点,将产权界定和维护作为中心,势必要先确立国家审计在产权结构中的独立性,从产权角度来理解独立性,是触及国家审计本质的,有利于明确国家审计的本质。独立性是国家审计工作的前提,如果我们构建国家审计理论框架时忽略这一点,会削弱理论对实践的指导作用。

3. 基于产权保护观构建国家审计理论框架

雷光勇和崔文娟(2001)认为,在围绕产权保护开展的国家审计工作中,审计的目标是产权变动与产权交易信息的审核与鉴证,审计的对象是产权与产权变动。国家审计肩负界定和保护产权、发展和完善产权、提高产权效率的责任。产权主体的托付促进了审计委托关系的产生,产权主体的多样化决定了审计理论发展的复杂化。

这些学者基于产权保护观来认识国家审计,由此构建了服务于保护产权的国家审计理论框架,如图2-4所示。

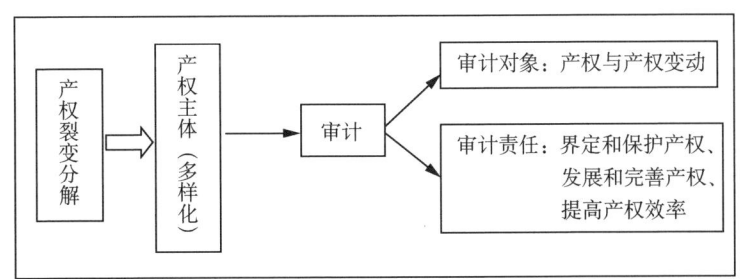

图2-4 雷光勇和崔文娟(2001)基于现代审计产权观构建的国家审计理论框架

与雷光勇和崔文娟(2001)不同的是,李孝林和李歆(2013)构建的国家审计理论框架中,国家审计的本质仍然是揭示受托责任的"免疫系统",审计的对象是受托责任,但是受托责任的本质是维护产权。他们虽然认同了受托责任在国家审计理论中的地位——审计的前提,但是认为"前提"不等同于"动因",国家审计的根本动因是保护产权。

与以上学者都不同的是,章轲(2012)所构建的国家审计理论框架虽然是从产权角度出发的,但在其框架下,国家审计最终还是为了服务国家治理,其本质仍然是国家治理的控制系统。国家审计作为国家治理的一部分,当国家治理的目标为维护国家产权安全并实现国家产权最大化时,国家审计也应该发挥相应功能:揭示、纠正国家产权制度偏差,预警和抵御产权遭受侵害。这说明国家审计工作最终还是围绕国家治理展开的,但是国家审计的目标和功能却与产权有着密不可分的联系。当然,在其框架中,产权保护并没融入系统的各个要素中(图2-5)。

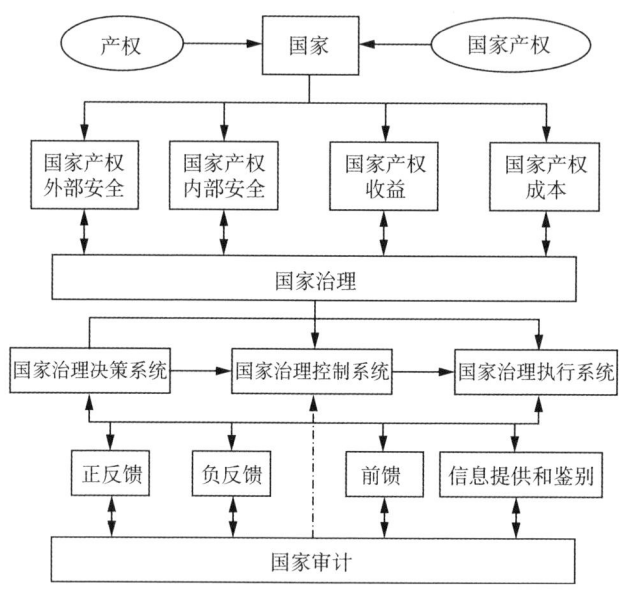

图2-5 章轲(2012)以产权观构建的国家审计理论框架

李孝林和李歆(2013)也有类似的观点,即国家审计的本质、对象、目标与功能既涉及产权保护,又涉及受托责任。

2.2.3 国家经济安全观

自1943年美国专栏作家李普曼明确提出"国家安全(national security)"概念以后,国家安全的内涵不断发展和完善。最初的国家安全概念侧重于国家领土主权方面,强调以军事力量维护国家安全。随着全球化进程的加速、各国经济联系的扩大,非军事因素对国家安全的影响日益扩大,国家经济安全和文化安全也逐渐受到关注。对国家经济安全,许多学者都进行了界定(张士铨,2003;雷家骕和朱嘉真,2001),但是基本都与经济发展、经济稳定相联系,认为所有威胁到国家经济的因素都属于国家经济安全范畴的问题。

顾海兵等(2007)结合我国的时代背景,丰富、完善了国家经济安全的内涵:"通过加强自身机制的建设,使我国经济具备抵御外来风险冲击的能力,以保证我国经济在面临外在因素冲击时能继续稳定运行、健康发展。"这一定义强调外部冲击对经济安全的威胁,认为我国政治制度、经济制度的内在缺陷会成为外部冲击威胁国家经济安全的传导途径。因此,我国现阶段要将重心转移到"传导过程"上去,完善我国政治与经济制度,这成了维护国家经济安全的可控途径。

2008年,时任审计署审计长刘家义在全国审计工作会议上提出"审计工作的首要任务是维护国家安全,保障国家利益,推进民主法治,促进全面协调可持续发展"。这意味着国家审计作为国家治理的基本工具,在维护国家经济安全方面肩负重要的责任。

1. 主要观点概述

回顾以往的研究,不少学者从公共受托经济责任的角度分析了国家审计维护国家经济安全的作用和途径(蔡春等,2009;唐建新等,2008;杨建荣,2009;张庆龙和谢志华,2009)。他们都认为公共受托经济责任是国家审计与维护国家经济安全的理论基础,即人民将管理国家的权力委托于政府,政府有履行并报告受托责任履行情况的义务,而国家审计要促进政府履行公共受托经济责任。不同的是,蔡春等(2009)和杨建荣等(2009)都认为国家审计会随着公共受托经济责任内容的丰富而不断完善,当政治、经济形势的变化使维护国家经济安全成为国家的应有责任时,国家审计也应当关注国家经济安全。唐建新等(2008)将国家经济安全看作一种"公共品",认为政府既然受人民委托去管理公共资源,便有责任提供这种"公共品"。同时,唐建新等(2008)认为,除了公共受托经济责任,社会契约论也是国家审计维护国家经济安全的理论基础。

此外,有学者从国家治理的角度阐述了国家审计维护国家经济安全的理论基础(左敏,2011),认为国家审计必须关注国家经济安全,这源于我国现阶段公共资源配置特点和国家治理对国家审计的职能要求。国家审计是国家治理的重要组成部分,而国家治理必然包含维护经济安全,因而国家审计自然而然就有义务维护国家经济安全。

2. 观点确立的依据

国家经济安全观可以作为国家审计理论框架之原点的原因和作用如下。

(1) 维护国家经济安全是国家公共事务管理主体对国家审计的现实要求。国家共同利益的实现建立在国家安全的基础上,而国家安全的含义早已不再局限于军事方面,它是一个体系,该体系包括国家政治安全、国家经济安全和国家文化安全(顾海兵等,2007),而经济安全是国家安全的基础。随着我国改革开放水平的提升,我国面临的外部冲击更加复杂和多样,而我国经济本身仍处于发展和转型的过程中,如果宏观调控功能不健全,国家经济安全的防线将更容易被突破。政府的受托责任要求其维护公众的共同利益,但是政府存在失效的情况,政府和公众间存在信息不对称的情况,国家审计就应在此时发挥作用,弥补我国政治、经济制度上的缺陷,抵御外在因素对国家经济安全的威胁。美国、澳大利亚、瑞典和英国等国家的最高审计机关在20世纪早期就已经注意到国家经济安全的问题。我国现阶段国情也需要国家审计着力维护国家经济安全,以国家经济安全观为理论原点构建的国家审计理论框架是符合现实需要的,有助于指导国家审计完成紧迫的经济治理目标,这一点也体现出国家审计体系的动态发展性。

(2) 拓展国家审计的原始职责。纵观审计的发展历程可知,其职责从早期开始就是"查错纠弊"——保证资产的安全完整,国家审计理所应当肩负保证国家资产安全完整的职责。2006年和2021年修订颁布的审计法第一章第一条立法的目的均提到"保障国民经济和社会健康发展"。2008年,时任审计署审计长刘家义提出了国家审计免疫系统论,指出国家审计要保障国家经济的健康运行,"有责任更早地感受风险,有责任更准确地发现问题,有责任提出调动国家资源和能力去解决问题、抵御'病害'"。这些都说明维护国家经济安全一直是国家审计的应有职责,国家审计从始至终都在关注国家的经济秩序。以国家经济安全为理论原点构建国家审计理论框架,更明确地界定了国家审计的职责,有利于促进其履行基本义务,从国家经济安全的范畴对国家审计原始的经济监督职责进行拓展,保证国家经济安全稳定运行。

3. 基于国家经济安全观构建国家审计理论框架

从维护国家经济安全的角度出发,许多学者主张以维护国家经济安全为工作重心来拓展国家审计的功能。

有学者认为国家审计应当在维护国家经济安全中发挥监测、预防、预警、纠偏及修复的作用(蔡春等,2009)。其中,监测是其他作用的基础,预防和预警是国家审计发挥事前作用的关键方法,而纠偏属于事中干预,修复则是事后作用的体现。这些作用源于公共受托经济责任对国家审计维护国家经济安全的要求,这些要求使国家审计的目标和对象随之变化,国家审计的方法也应随之改进。图 2-6 展示了蔡春等(2009)以维护国家经济安全为工作重心拓展国家审计功能的逻辑。

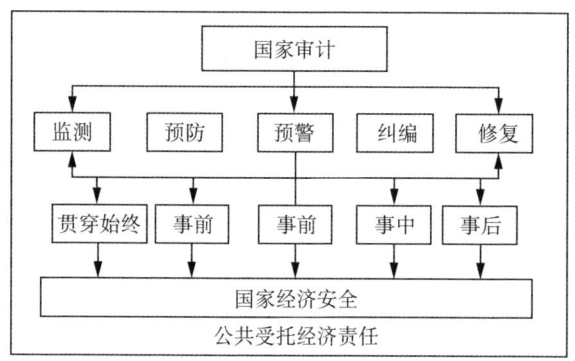

图 2-6　蔡春等(2009)以维护国家经济安全为工作重心拓展国家审计功能的逻辑

唐建新等(2008)也在受托责任的需求上对国家审计功能进行拓展,包括监督、评估、监测和预警(图 2-7)。首先,监督主要是指国家审计对经济安全政策制定活动、执行活动的监督,国家审计在监督的同时要纠正政府偏离经济安全政策的行为;其次,国家审计依据一定的标准和程序对经济安全政策进行评估,一般包括确立标准、衡量绩效和提出建议三个环节;最后,国家审计通过监督和评估及时发现和纠正偏差失误,起到预警作用。

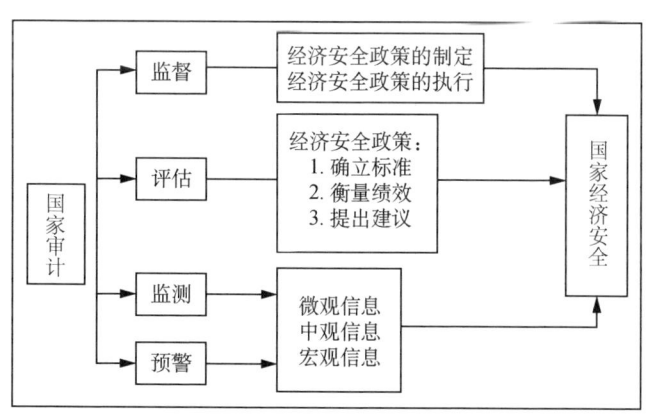

图 2-7　唐建新等(2008)从维护国家经济安全的角度拓展国家审计功能的逻辑

王世谊和刘颖(2009)提出国家审计具有排险、规范、促进、守护等功能(图 2-8):首先,国家审计的排险功能具体包括预测风险、识别风险、排查风险;其次,国家审计规范国家经济运行机制,包括规范经济发展秩序、经济运行规则、财务管理水平等;再次,国家审计提升国家经济运行质量,包括促进经济发展方式转变,优化经济结构布局,促进经济决策有效实施;从次,国家审计通过检疫、防疫和免疫三个步骤充分发挥在确保经济健康运行中的免疫功能;最后,国家审计守护国家经济运行成果,包括监督资产总量、存量和增量。

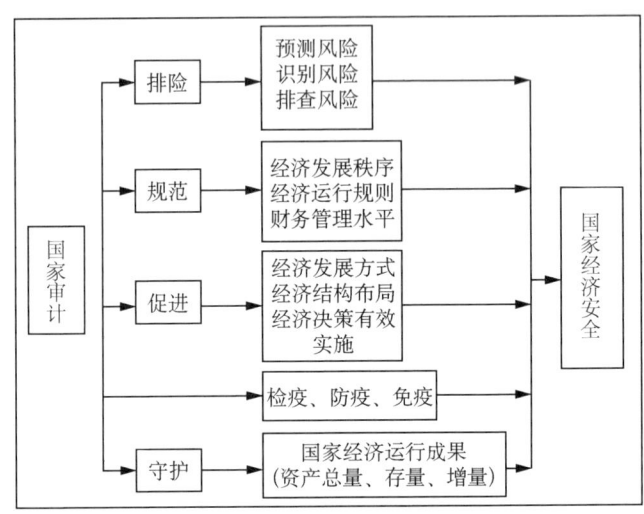

图2-8 王世谊和刘颖(2009)拓展的国家审计服务国家经济安全的功能

还有一种理论框架,即通过正确认识国家经济安全的内涵和外延,来进一步认识国家审计的职责、目标,从而完善审计制度与方法(张庆龙和谢志华,2009)。

前述基于信息风险观、产权保护观和国家经济安全观构建的国家审计理论框架都对国家审计的功能做了详细的说明,但它们对国家审计本质、假设、目标、对象等要素界定不明晰。一个系统的存在源于各要素的有机组合,如果能够以维护国家经济安全为原点构建完整的国家审计理论框架,从多要素的角度阐述会更加有理论意义。此外,基于信息风险观、产权保护观和国家经济安全观构建的国家审计理论框架大多以公共受托经济责任为支撑,单纯的维护国家经济安全不能成为一种理论基础,实质上审计工作还是围绕公共受托经济责任展开的,只是时代赋予了其维护经济安全的内涵。

2.2.4 国家治理观

国家治理是一个人为设计的主观能动过程,国家实现治理目标需要投入资源,而资源的稀缺性使对资源配置的监督成为必然,于是国家审计应运而生(王会金等,2012)。国家治理是指"通过配置和运行国家权力,对国家和社会事务进行控制、管理和提供服务,确保国家安全,捍卫国家权益,维护人民利益,保持社会稳定,推动科学发展"(刘家义,2012)。有效的国家治理可以防止国家权力被滥用,可以防止国家权力被异化为少数人谋取私利的工具,并且可以使权力在制衡中达到稳定的状态。无效的国家治理会造成腐败和混乱,无法确保公众利益的实现。国家审计虽然不是国家治理的主体,但是是国家治理的工具(李金华,2005)。当前,各国都在加强完善国家治理,我国也不例外,从计划经济时代的国家全能主义治理到改革开放后的效率优先治理以及科学发展观提出后的民主治理,再到新时代的国家治理体系和治理能力现代化。不同阶段国家治理的方式不同,国家审计满足国家治理所需提供的监督评价服务也不同。国家审计作为国家治理的途径之一,它的定位、功能、目标以及重点都会随着国家治理内涵的变化而变化。

1. 主要观点概述

对国家治理和国家审计,有学者认为国家审计是国家治理的重要组成部分(刘家义,2012;谭劲松和宋顺林,2012;王会金等,2012;杨肃昌和李敬道,2011),不同的是,刘家义(2012)将国家审计的本质定义为国家治理这个大系统内生的,具有预防、揭示和抵御等功能的"免疫系统",即国家审计是国家监督系统中的一部分,国家审计的职责主要是监督和制衡权力。而谭劲松和宋顺林(2012)更明确地指出,国家审计确实是国家治理的一部分,并非一般的第三方。免疫系统论下国家审计的理论基础是受托责任观。国家治理观下国家审计的理论基础是不完全契约下的代理理论,并且国家审计的目标是为国家治理服务。

此外,有学者基于公共受托经济责任观认识国家审计和国家治理(蔡春等,2012;蔡春和蔡利,2012),他们之所以从公共受托经济责任观的角度出发,是因为国家治理是基于公共受托经济责任关系而存在的,而国家审计也产生于此,二者存在相伴相生、相互依存、相互促进的关系。国家审计的目标是促进公共受托经济责任的全面履行,当公共受托经济责任的内容涉及国家治理时,国家审计自然要服务国家治理。

与上述学者不同的是,孙永军(2013)并没有从理论基础出发,他认为国家审计的最高目标是维护公共资源和公共利益,那么政府就必须向人民披露受托责任的履行情况,从而更好地服务国家治理。更具体地,可以将国家治理分为经济治理、政府治理和社会治理三个层次,国家审计在这三个层次发挥着不同的作用(张立民和许钊,2014)。

除此之外,许多学者将重点放在国家审计推动国家治理完善的路径上,对理论框架的构建并不多,现有的理论框架虽然着眼于国家治理,但是基本的理论依据并不统一。不同学者在设计国家审计的理论框架时,没有形成"理论原点"的概念,因此,没有围绕本质的问题去构建体系。

2. 观点确立的依据

选择国家治理观作为国家审计理论框架的原点,有如下几点原因。

(1) 国家审计是国家治理体系中不可缺少的一部分。国家审计从文化与社会、合法化基础、政治制度设计以及组织的设计与管理四个方面与国家治理体制关联互动(廖义刚和陈汉文,2012),为国家实现良治提供了重要途径。国家对公共资源的配置和管理是通过公共权力实施的,而公共权力是人民赋予政府行使的。国家审计是党和国家监督体系的重要组成部分。因此,公共权力是联系国家治理和国家审计的纽带。在国家治理的框架下,国家审计不再单纯是辅助治理的工具,而是国家治理的重要组成部分,国家治理的目标决定了国家审计的方向。国家审计的方向并不局限于监督和"免疫",而是随着国家治理目标的变化而不断发展,更好地服务国家治理。因此,以国家治理观为理论原点构建国家审计理论框架会促进国家审计适应国家治理的需要。

(2) 国家审计具有服务国家治理的能力。从古至今,国家审计都致力于服务国家治理,著名教授杨时展提出"天下未乱计先乱,天下欲治计乃治",这是对国家审计的治理国家能力的肯定,也是对二者关系的高度概括。不同时代下国家审计的使命不同,是由于国家治理的重点不同。从最初的查账到现今维护经济安全和揭示体制问题(刘家义,2012),国家审计都在制约权力,协调各方利益。国家审计之所以发展至今,是因为其对国家治理具有积极贡献,构建以国家治理观为原点的国家审计理论框架,是对国家审计能力的进一步肯定,有利于拓展和丰富国家审计功能,应对经济全球化、科技信息化和公众需求多样化带来的一系列挑战。

(3) 立足于现实与实践的需要。我国与其他国家的政治经济体制不同,当前国家治理具有鲜明的中国特色,也面临一系列挑战,立足于国家治理的需要来认识国家审计的本质和定位,构建的国家审计理论体系也会独具特色,与实践相适应,有利于指导国家审计科学发展。

3. 基于国家治理观构建国家审计理论框架

在国家治理视角下完整全面地构建国家审计理论框架的学者并不多,蔡春和蔡利(2012)提出应当基于国家治理视角创新国家审计理论研究,将国家审计的目标拓展至服务国家治理,创新国家审计的方式方法,提升审计人员的能力,改革国家审计体制,对国家审计和国家治理的理论创新研究抛出了新思路。

构建了较为完整的理论框架的是王会金(2012)。为促进国家审计充分发挥揭露、预防和抵御功能,他构建了国家治理视角下的国家审计理论体系(图2-9),该体系包括国家审计基本理论、国家审计应用理论和国家审计创新理论。国家审计基本理论主要研究国家审计的本质和发展规律。国家审计应用理论主要研究国家审计"做什么"。国家审计创新理论解释了国家审计"怎么做"才能更好地服务国家治理。

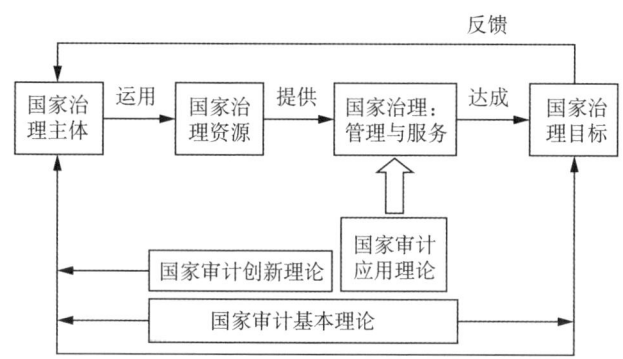

图 2-9　王会金(2012)构建的国家治理视角下的国家审计理论框架

除此之外,谭劲松和宋顺林(2012)、陈英姿(2012)、孙永军(2013)以及张立民和许钊(2014)对国家审计服务国家治理的主要路径进行了拓展,侧重国家审计方法或者国家审计功能的拓展,对其他因素涉及较少。

2.2.5　民主政治观

我国宪法规定:"中华人民共和国的一切权力属于人民。人民行使国家权力的机关是全国人民代表大会和地方各级人民代表大会。"那么什么是"民主"?"民主"一词源于希腊语 demos,即人民。最早的民主制度也诞生于古希腊。世界上存在着丰富多样的民主政体,每种民主政体都有着特定原则和运作方式。民主政治意味着国家的一切权力属于人民,国家主权掌握在人民手中。

民主政治的基本原则是不存在不受制衡的权力,即任何一个执行公共权力和使用公共资源的部门、个人,都应该受到公众的监督,而国家审计是保证公民更好地监督公共部门的独立第三方。一般而言,民主权利包括公民管理国家事务的权利和公民的基本权利,后者是公民自身可以直接行使的,前者一般由公民委托给政府公共部门,因此,国家审计的对象主要是前者,即公共权力。

1. 主要观点概述

国家审计与民主政治的关系是什么？我国著名的审计学家杨时展教授指出,"民主,是现代审计的实质,审计,是民主政治的表现;民主,是现代审计的目的,审计,是现代民主的手段。没有现代审计这一手段,就很难达到现代民主这个目的;而没有现代民主这个目的,现代审计也就失去其意义"。杨时展教授将国家审计的本质、目标和动因都归结于民主。与之相同的是,李金华(2003)在十届全国人大常委会第三次会议上谈到,"现代审计是民主和法治的产物,更是民主的工具,我国的审计应该用民主监督推动执政为民",也将审计产生的动因归结于民主,并且肯定了国家审计推进民主政治发展的能力。

也有学者将国家审计看作民主政治的一个组成部分(秦荣生,2003),认为国家审计与民主两者互相制约和影响着各自的发展：民主政治可以为国家审计现代化进程开辟道路,而国家审计可以为民主政治现代化进程清除障碍。刘家义(2012)以免疫系统论来认识国家审计,认为其发挥预防、揭示和抵御功能的核心是推动民主法治。还有学者从国家审计职能(孙永尧,2006)和作用(文硕,1990;冯均科,2003;刘秋明,2006)来阐述国家审计实现国家治理的途径。

纵观民主政治观下的国家审计研究,观点丰富,但形成完整理论框架的研究较少。大多数观点是对实践活动的建议,理论层面的归纳总结较少,理论的发展落后于实践。

2. 观点确立的依据

以民主政治观为理论原点构建国家审计理论框架的合理性在于以下两点。

(1) 公众追求民主政治是其对国家审计产生需求的前提。虽然公共受托经济责任观是被广泛接受的国家审计动因学说,但是对国家审计的需求也可以被看作对民主的追求。公众将管理公共事务的权力赋予政府,但同时也有参与公共管理的强烈意愿,这一意愿体现了公众对民主政治的追求。同样,我国一贯坚持一切权力属于人民,不断增强政府部门各项工作的透明程度,这是公共部门对民主政治的追求。公众对国家审计的需求愈发强烈,其作用就越不可忽略。倘若公众不存在对民主政治的渴望,将管理国家事务的权力委托政府后便不再需要了解公共资源使用、分配的情况,也就不需要了解政府公共受托经济责任的履行情况,国家审计便失去原本的价值,可以说,民主政治建设赋予了国家审计重要的使命和重要的意义。那么以民主政治观为理论原点构建国家审计理论框架,无疑是从源头确立国家审计理论框架内各要素的内涵和意义,围绕民主法治开展审计工作,可以更好地维护人民群众的权利,保证其享有知情权、监督权、表达权等基本权利。

(2) 国家审计对民主政治建设有强大的助推力,民主政治建设是国家审计的支柱。民主政治并不意味着所有人都直接进行国家公共事务的管理,但能保证公民管理国家事务权利的实现。在我国,代表人民行使国家权力的机关是全国人民代表大会和地方各级人民代表大会。既然公众将该权力委托于政府,政府履行责任的情况就需要国家审计来监督和评价。同时,国家审计还需要发挥其权力制衡、决策支持、信息传递和沟通的作用,保证公民管理国家事务的权利得以实现,此时,国家审计就在民主政治建设中发挥了其强大的助推力。李金华(2003)将民主、法治和科学看成国家审计的支柱,这说明国家审计在推动民主政治建设的同时,也肥沃了自身发展与完善的土壤。民主程度的提升,意味着国家审计独立第三方的地位将被强化,政府将会更加支持国家审计的工作,使其发挥应有的作用。因此,以民主政治观为理论原点构建国家审计理论框架,不仅会促使国家审计发挥其助推力,也会促进国家审计实现其功能,两者相得益彰。

3. 基于民主政治观构建国家审计理论框架

从民主政治观出发构建国家审计理论框架的学者不多,学者们大多致力于完善民主政治建设的实现路径,然而仍然有偏重理论层面的分析。田秋蓉(2012)提出了基于民主政治观的国家审计理论创新方法,将国家审计的产生动因界定为公共受托经济责任,在民主政治观下,公共受托责任从维护公共资源的安全和使用的经济性、效率性和效果性拓展至维护公民民主权利,因此,国家审计的目标也应包括为民主政治运行提供信息和专业支持。在明确审计目标后,就要相应调整国家审计的方法,构建公民民主"权利导向"的政府审计模式,并且将国家审计管理体制从行政模式逐步调整为"国家审计委员会+审计署"的模式。明确审计目标,确立审计模式后,鉴定、监督、评价、防范、完善和参与等审计功能才能顺利实现。除此之外,田秋蓉(2012)还重点研究了国家审计推进民主政治的实现路径。田秋蓉基于民主政治观推出的国家审计理论框架如图2-10所示。

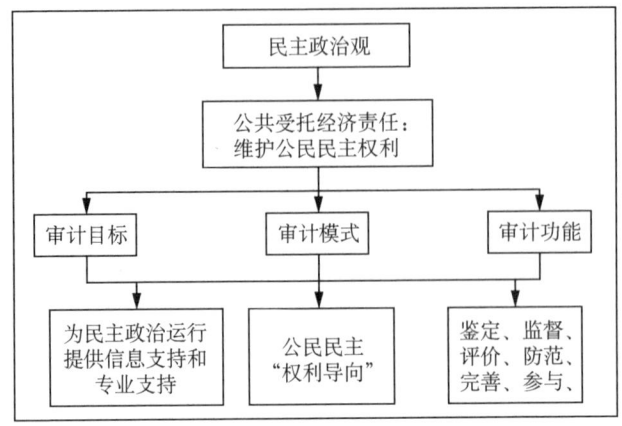

图2-10　田秋蓉(2012)基于民主政治观推出的国家审计理论框架

上述理论框架分析了理论层面的国家审计与民主政治建设之间的关系,具有理论创新性,也有实践可行性。

2.2.6　公共受托经济责任观

公共受托经济责任是当代政治学和经济学中最为重要的概念之一。20世纪六七十年代西方涌现了大量关于受托责任的研究,杨时展先生提出"审计因受托责任的发生而发生,又因受托责任的发展而发展"的论断,随后不断有学者开展这一领域的研究,并取得了显著成果。

对受托责任的研究主要集中在报告观、控制观、理性观和战略观四个层面。

报告观认为受托人有向委托人报告的义务,将受托责任看作一种报告说明责任。Gray和Jenkins(1986)认为,受托人有向委托人列报并说明责任履行情况的义务,要通过报告接受委托人的监督。同时,受托责任要求委托人提供记录和履行职责情况的说明,受托人提供该说明后接受的奖励或惩罚,可被看作对受托责任的验证。美国政府会计准则委员会在1987年5月发布的《政府会计准则委员会概念公告第1号——财务报告的目标》提及:"受托人有对自己的行为做出解释的义务,以说明做了什么,受托责任要求政府向公民做出回答以证实公共资源的取得、使用目的以及使用情况。"

控制观的主要观点是Romzek和Dubnick(1987)的观点,他们认为受托责任已经不单纯是给予答复和接受监督,而是一种期望管理策略,为了满足和管理委托方的期望,应该着重考虑两个因素:一是组织内外部的特定方面,是否能定义和控制期望;二是对已定义期望的控制程度,即从控制源和控制度两个维度来考虑受托责任,由此产生层级受托责任(bureaucratic accountability)、法律受托责任(legal accountability)、专业受托责任(professional accountability)和政治受托责任(political accountability)等四种受托责任。

理性观的主要研究者是 Gray 和 Jenkins(1993),他们提出了受托责任规范的概念,认为它是"一系列的符号、方法或惯例,将委托人和受托人关系的建立、执行和裁定结合在一起"。他们认为理解受托责任规范是理解受托责任的关键,受托责任规范背后是受托人对不同理性的追求。

战略观是在控制观基础上发展起来的。Kevin(1994)在 Romzek 和 Dubnick(1987)的研究基础上作了进一步的拓展。Kevin(1994)的研究使各种期望可以在组织内部得到有效的管理,他的观点考虑了战略因素,即管理者不仅能被动实现委托人提出的期望目标,而且可以通过预测其期望来安排和配置人员和资源,对委托者的期望做出积极主动的管理。Kevin 从而构建了受托责任体系,包括遵循性受托责任(compliance accountability)、协商性受托责任(negotiated accountability)、职业性/酌量性受托责任(professional/discretionary accountability)、预期性/定位性受托责任(anticipatory/positioning accountability)。

1. 主要观点概述

公共受托经济责任观是一种被多数学者所接受的国家审计动因学说,认为公共受托责任是推动审计发展的根本力量。李凯(2009)从国家审计的本质出发,阐述了审计与公共受托责任的关系:公共受托责任从最初的受托财务责任演变为受托管理责任,又拓展为今天的受托社会责任;国家审计的本质也从经济监督转变为免疫系统,相应的目标和审计方法也随之转变。

较为完整全面地以公共受托责任观构建国家审计理论框架的有蔡春等(2012)以及冯均科等(2012),后者将国家审计定义为委托人治理政府失灵的一种工具。存在委托代理,就会出现代理问题,政府是一种特殊的利益集合体,同样会出现自利行为。蔡春等(2013)首次提出"审计理论框架的研究必须认真思考理论原点的问题",并且界定了"原点"与"起点"的区别,肯定了理论原点的作用,最终以公共受托经济责任为理论原点,构建了圈层结构式的理论。

2. 观点确立的依据

公共受托经济责任观可以作为国家审计理论框架原点的依据在于:

(1) 国家审计产生于公共受托经济责任,又服务于公共受托经济责任。公共受托经济责任关系的存在是现代国家审计产生的基本前提(蔡春等,2012),著名审计学家 Andrew D. Chambers 认为,"各种受托责任,包括社会的、道德的、技术的,等等,只有在某种审计活动方式存在时,才能存在"。可见,公共受托经济责任是审计产生和发展的基本动因,而国家审计是维系公共受托关系的根本。公共受托经济责任的内涵随时代不断丰富和发展,推动国家审计随之发展,反过来又更好地监督公共受托经济责任的履行。例如,最初的受托责任主要是受托财务责任,审计的本质是经济监督,主要监督财产的安全性、公共资源使用的合法性;随后受托责任的内涵不再局限于经济方面,还包括社会方面,如环境发展与社会问题,国家审计的范围也不断拓宽。因此,以公共受托经济责任观为理论原点构建的国家审计理论框架,不仅从源头出发,还落脚于国家审计发展的动因,原点内涵的丰富与变化,势必会推动国家审计理论体系的完善,从而更好地指导实践工作。

(2) 公共受托经济责任观是一种动态发展的观点。纵观公共受托经济责任观的发展历程可知,其在不同的历史时期有不同的内涵和外延,但是都适应了现实需求。在早期,公共受托经济责任关注的重点在财务方面,要求政府在预算支出中遵循合法性、合规性以及真实性。近年来,随着我国对民主政治建设的推进,对国家经济安全问题、环境问题的日益关注,受托责任也逐渐扩大到多个层面,基于公共受托经济责任而产生的国家审计也应该满足不同时代的要求。以动态发展的公共受托经济责任为理论原点,有助于我们构建具有现实意义和时代特色的国家审计理论框架,避免出现理论与实践脱节的局面,能指导国家审计更好地满足特定时代的要求。

(3) 公共受托经济责任观具备理论原点应有的动态发展性、包容性、理论解释力和广泛意义。审计理论体系是反映审计研究对象的概念、范畴、判断、推理体系,是一个具有层次性的结构的系统(王会金,2002),审计的实践性特征要求审计理论体系应具备开放性、动态性特征。公共受托经济责任出现于审计需求之前,发展至今,内涵不断得到更新和扩充,其对国家审计工作的指导也贯穿国家审计工作始终。国家审计无论是在降低信息风险、保护产权、推动国家治理,还是在民主政治建设的过程中,都伴随着公共受托经济责任的身影。因此,以公共受托经济责任为国家审计理论框架的原点构建国家审计理论框架也能够满足一个系统应有的开放性、动态性特征。

3. 基于公共受托经济责任观构建国家审计理论框架

冯均科等(2012)基于公共受托经济责任,从政府审计三方关系人出发,构建了国家审计的理论框架(图 2-11)。该框架包括政府审计环境理论、政府审计关系理论和政府审计规范理论,三个部分紧密联系。政府审计环境理论研究环境对政府审计的影响以及政府审计对环境的能动性作用;政府审计关系理论是整个理论框架的核心,主要涉及审计三方关系人之间各种关系的处理和协调;政府审计规范理论包括审计立法理论、准则理论、职业道德理论。

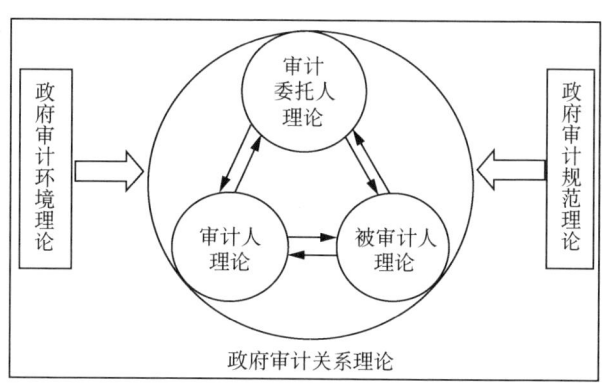

图 2-11 冯均科(2012)基于公共受托经济责任观构建的国家审计理论框架

此外,蔡春等(2013)提出公共受托经济责任乃现代会计、审计之魂,明确提出了国家审计理论框架中理论原点的重要意义,并且以公共受托经济责任为理论原点构建了圈层结构式国家审计理论框架体系。其构建的国家审计理论框架相对于其他理论框架,更为完整和全面,不仅包含国家审计的基础理论要素,还包含国家审计的行为、组织、功能和环境要素。同时,圈层结构式体系也形象地刻画了理论原点在体系中的辐射作用,肯定了其中心地位,各个要素在原点的影响下有机结合,充分展现了系统的协同作用。

2.3 国家审计理论框架原点之公共受托经济责任的确立

审计是一门实践性学科,人们对相关审计理论的基本要求就是能够更好地指导实践,这也是理论研究的根本目的。前述六种观点以不同的理论原点构建相应的国家审计理论框架,从不同角度对国家审计实践规律进行了总结和高度概括。学者们尝试从不同的角度构建国家审计理论框架,从不同角度去解释国家审计活动,这对国家审计理论的发展有着不可忽视的推动作用。一方面,以各个观点构建国家审计理论框架丰富了对国家审计的理论解释,拓宽了理论研究的道路;另一方面,从不同角度构建国家审计理论框架,有助于明确国家审计在特定时期的重心,形成具有特定时代意义的理论体系。

受托经济责任观是被普遍推崇并广泛运用的审计动因理论之一,受托经济责任关系的存在是审计产生的重要条件或首要前提。受托经济责任是指受托人按照特定要求或原则经管受托经济资源并报告其履行状况的义务。审计学家理查德·布朗认为,"审计的起源可以追溯到与会计起源相距不远的时代……当文明的发展到了需要某人受托管理他人财产的时候,显然就要求对前者的诚实性进行某种检查"。Tom Lee(1988)认为,"要求人们的行为对他人负责是人类活动的一个共同特征,正是这一特征构成从古至今审计功能之基础。在此意义上,审计正是作为强化受托经济责任履行过程之手段而被运用的"。David Flint(1988)的观点更为明确,他认为,"作为一种几乎普遍的真理,凡存在审计的地方,就一定存在一方关系人对另一方或其他关系人负有履行受托经济责任的义务这样一种关系,此种责任义务关系的存在是审计的重要前提,可能还是最重要的前提"。因此,审计产生的基本前提是受托经济责任关系的确立,受托经济责任是审计产生和发展的基本动因。杨时展教授认为,受托经济责任概念是一切审计工作的出发点,审计因受托经济责任的产生而产生,又因受托经济责任的发展而发展。

公共受托经济责任是受托经济责任的一种重要类型,乃现代会计、审计之魂(蔡春等,2013)。关于公共受托经济责任的含义,最高审计机关亚洲组织(ASOSAI)在《东京宣言》里提到,公共受托经济责任意指管理公共资源的个人或当局报告其管理资源的情况和说明其履行所承担的财务、经营和计划责任的义务;美国审计署(GAO)认为其是指受托管理并有权使用公共资源的政府和机构向公众说明他们的全部活动情况的义务;公共受托经济责任要求政府向公民披露相关信息,以证实公共资源的取得及使用目的是正当的。

按照历史唯物主义"人民创造历史"的观点和国家宪法的精神,我们国家的主人是人民,国家的一切权力属于人民,国家的国有资产、国有资源、公共资金和财政资金为人民所有,人民将其通过各级人民代表大会委托授权给各级政府和公权部门经营管理。各级政府和公权部门接受委托后承担公共受托经济责任(包括公共受托行为责任和报告责任)向人民负责。因此,本研究认为,在中国特色社会主义制度下,国家审计理论框架的构建更应当以公共受托经济责任为理论原点。实践中,国家审计的对象、内容及范围均是公共受托经济责任的转化与具体表现。同时,公共受托经济责任的内涵是不断发展且与时俱进的,是国家审计原本指向的对象或领域,满足国家审计理论框架对原点的界定与要求。

本研究认为,公共受托经济责任观相对于其他观点有其独特的理论解释力、动态发展性,因此,公共受托经济责任能够满足理论原点应有的"明显点"特质。

(1) 公共受托经济责任观具有强大的理论解释力。理论原点作为一个系统的中心,之所以会影响系统内各要素的内涵、外延以及各要素间的组合关系,是因为其具备强大的理论解释力。我们可以从两个方面理解理论解释力:一是其可以作为理论基石存在;二是其具备强大的解释力,即广泛的适用性。

公共受托经济责任观可以作为信息风险观、国家治理观和国家经济安全观的理论基础。从信息风险观的角度解释国家审计的学者主要认为国家审计的本质是一种信息保障机制,可以降低经济、政治以及社会等层面的信息风险(张立民和崔雯雯,2014),是一种信息支持系统(马志娟和刘世林,2012)。信息风险,包括信息质量和信息数量风险,广泛地存在于公众与政府之间的信息传递过程中。但是究其根本,信息风险的产生源于委托代理关系普遍存在,公众与政府之间的委托代理关系孕育了公共受托经济责任,使双方有降低信息风险的需求,进而赋予国家审计信息支持和保障的功能。此外,作为国家治理观的理论基础,公共受托经济责任解释了政府这种特殊组织形式产生的原因——公众委托政府管理国家事务。国家治理是公共受托经济责任内涵拓展后的内容,因此,国家审计自然要服务于国家治理。同理,政府及相关部门承担的公共受托经济责任包括维护经济安全,因此,国家审计自然要服务于维护国家经济安全。支持国家经济安全观的许多学者们都认为公共受托经济责任是国家审计与国家经济安全的理论基础(蔡春等,2009;唐建新等,2008;杨建荣,2009;张庆龙和谢志华,2009)。虽然学者们从国家经济安全的角度提出了多个完善国家审计功能的建议,但是国家经济安全本身只是一种有时代意义的目标,不具备理论基础的特质。

公共受托经济责任观的强大解释力还表现在其可以涵盖产权保护观。支持产权保护观的学者们大多认为,国家审计产生的前提是产权的裂变分离,而公共受托经济责任是两权分离后的自然结果(雷光勇和崔文娟,2001;李孝林和李歆,2013;张毅,2009;张立民和郑军,2009)。但是,产权和公共受托经济责任密不可分,"国家审计产生于产权裂变"和"国家审计产生于公共受托经济责任"这两种解释可以相通。本研究认为,界定和维护产权并不是国家审计的全部内涵,也不是唯一目标,无法贯穿于系统内的各个要素。公共受托经济责任观的内涵较丰富且不唯一,可以涵盖其他理论观点。可见,以公共受托经济责任作为理论原点,更具有一般性,因为公共受托经济责任观不仅能够涵盖其他观点,而且可以触及其他观点的本质,这样一个有广泛适用性并且内涵丰富的理论原点有重要价值。

（2）公共受托经济责任观具有顺应时代变化的动态发展性。公共受托经济责任经历了从受托财务责任到受托管理责任再到受托社会责任的三种不同形态的转变(李凯,2009)。受托社会责任强调对政府处理社会问题的综合监督,不仅监督政府履行责任的真实性和可靠性,而且追求有效性和合理性,而不是一味追求经济利益。这说明,公共受托经济责任是可延展的,相比之下,维护国家经济安全、推动民主政治建设只是国家审计在国家特定发展阶段的目标,具有明显的时效性。当公共受托经济责任的内涵发生变化时,国家审计的目标和功能也相应发生转变。因此,以公共受托经济责任为理论原点构建的国家审计理论框架,不受时代和环境的束缚,有良好的动态发展性,能顺应时代的变化。

（3）公共受托经济责任具备原点应有的"明显点"特质。"明显点"可以理解为构建国家审计理论体系的根本目标,也就是问题的"要害"、解决问题的切入点。公共受托经济责任观不仅可以作为整个体系的理论基础,用来解释系统内各要素的内涵和外延,也反映国家审计的本质目标——保障和促进公共受托经济责任的全面有效履行。

因此,以公共受托经济责任为理论原点构建国家审计理论框架,既有助于我们拓展国家审计理论研究的思路,也有助于我们探索建立全面系统的国家审计理论体系。

本章在充分辨析理论原点与理论起点的基础上,明确提出确立国家审计理论原点的构想,并详细说明了将公共受托经济责任作为国家审计理论原点的依据。然而,正如国家审计理论框架的理论起点和形态可以多种多样,其理论原点也不是必然要选择公共受托经济责任,信息风险观、产权保护观、国家经济安全观、国家治理观和民主政治观主张的原点都可以作为国家审计理论框架的理论原点。本章详细介绍了将每种观点主张的原点作为理论原点的可取之处,也提及了一些有代表性的观点。一些观点虽然没有明确理论原点,但是从各个角度对国家审计的本质、功能、目标等要素进行了重新界定,值得我们深入思考。尝试从不同的观点构建国家审计理论框架,对人们全面完整地认识国家审计,顺应时代变化去重新看待国家审计,有着重大意义。

3 国家审计理论框架的构成要素与圈层结构

对国家审计理论框架进行探讨,是国家审计理论研究的基础。本章从国家审计理论框架的构成要素及构成要素之间的关系展开,在前文的基础上,提出构建以公共受托经济责任为理论原点的圈层结构式国家审计理论框架。

3.1 关于审计理论框架构成要素的主要观点

审计理论框架究竟由哪些要素构成?国内外学术界对审计理论框架的构成要素进行了广泛而深入的研究。但不同学者对此持有不同的观点,至今未能形成一个公认的结论。也正是审计理论框架模式的多样性促进了审计理论的不断创新发展。本节对国内外学者关于审计理论框架构成要素选择的研究进行简要评述。

3.1.1 国外主要观点

国外关于审计理论框架构成要素的研究起步较早,并且取得了较为丰硕的研究成果。

1. 莫氏模式的五要素观

关于审计理论要素,莫兹(Mautz)和夏拉夫(Sharaf)最早提出五要素观。莫兹和夏拉夫于1961年在《审计哲学》一书的最后一章"审计展望"中,将哲学思维和方法运用于审计研究,彻底批判了"审计无理论"的观点,并首次提出了研究审计理论框架的构想。其提出的审计五要素为:①审计哲学基础(philosophical foundation);②审计假设(postulates);③审计理论概念(concepts);④审计规则(precepts);⑤实际运用(practical applications)。

按照五要素之间的层次关系,可将该审计理论结构简记为"哲学基础→审计假设→审计概念→审计规则→实际运用",此亦称为"莫氏模式"。莫氏模式从研究哲学的性质与含义入手,认为哲学即"构成某一学问的基础的原则体系"和"实务的规范体系";"哲学"是一个使用广泛的字眼,常常联系着基本的假设和基本的原则。每门科学都应有自己的哲学,审计学也不例外,莫氏模式就是将哲学的思维和方法运用到了审计学中,以审计假设为基础构建了审计理论结构,并对审计假设和审计理论概念进行了较为全面、深入的研究和论述,提出了八项审计假设①和五个基本审计概念②。

莫氏模式奠定了审计理论框架研究的基石,对审计理论的发展起到了巨大的推动作用。

2. 尚氏模式的五要素观

继莫兹和夏拉夫之后,美国著名的审计学家尚德尔(Schandl)在1978年出版的《审计理论——评价、调查与判断》中集中论述了其在审计理论结构方面的思想,该书被誉为"审计理论发展史上的第三座里程碑",是对莫兹和夏拉夫思想的扩展和深化(文硕,1990)。他提出的审计理论五要素为:①假设(postulates);②定理(theorems);③结构(structure);④原则(principles);⑤标准(standards)。因此,他提出的审计理论框架模式为"假设→定理→结构→原则→标准"这一形式,谓之"尚氏模式"。

与莫氏模式相比,尚氏模式在构成要素上存在以下三点不同:一是从"假设"中衍生出了"定理"这一要素,但两者又在同一层次上;二是把说明理论结构组成部分及其相互关系的"结构"作为一个要素,这与莫氏模式和后面将列举的几种模式都不相同;三是"原则"和"标准"两个要素相当于把莫氏模式中的"规则"要素一分为二。这些变动有合理的一面,也有值得商榷的一面。从研究方法看,尚德尔教授是从语义哲学、传播理论和思维心理学的角度来研究问题,其所研究的结果认为"审计是信息传播过程的重要组成部分",它"是一种旨在确立某种标准之遵循情况,进而表达意见或判断的人类评价过程"(Schandl,1978)。

3. 安氏模式的六要素观

加拿大著名审计学家安德森(Anderson)在1977年出版的《外部审计学》中,以目标为基点建立审计理论框架,认为审计理论框架由六个要素构成:①审计目标(auditing objectives);②公认审计准则(generally accepted auditing standards);③审计概念(auditing concepts);④审计假设(auditing assumptions);⑤审计技术

---

① 假设1:财务报表和财务资料是可验证的;假设2:审计师与被审计单位管理部门之间不存在不可避免的利害冲突;假设3:呈报检查的财务报表和其他信息资料不存在不可避免的利害冲突;假设4:完善的内部控制系统可以减少错弊发生的可能性;假设5:公认会计原则的一致运用可使财务状况和经营成果得到公允表达;假设6:如果没有明确的反证,对被审计单位来说,过去真实的情况将来也属真实;假设7:审计师完全有能力独立审查财务资料并表达意见;假设8:独立审计师承担的职业责任与其职业地位相符。

② 审计证据(evidence)、应有审计关注(due audit care)、公允表达(fair presentation)、独立性(independence)和道德行为(ethical conduct)。

方法(auditing techniques)；⑥审计过程(auditing processes)，包括程序计划、实施审计和出具审计报告。"审计目标→公认审计准则→审计概念→审计假设→审计技术方法→审计过程"构成了"安氏模式"。

安氏模式的最大特点在于，以目标为基点建立审计理论结构，并将目标的要求与作用延伸到实务的审计过程之中，形成了首尾相应的理论体系。

4. 李氏模式的三要素观

英国著名审计学家 Tom Lee 在 1984 年出版的《公司审计学》中，以审计本质为出发点构筑审计理论框架，认为审计理论框架由三个要素构成，即"本质与目标→假设→概念"，谓之"李氏模式"。

5. 弗氏模式的四要素观

英国著名审计学家戴维·弗林特(David Flint)在 1988 年出版的《审计哲学与原理导论》中，同样以审计本质为出发点构筑审计理论框架，认为审计理论框架由四个要素构成，即"本质与目标→假设→概念→标准"，谓之"弗氏模式"。

戴维·弗林特教授在审计本质研究方面取得了具有质的飞跃与突破的成果——审计控制机制(control mechanism)论。他认为审计是一种特殊的控制机制，而不是一般性的程序或过程。李氏模式和弗氏模式的共同特点是以审计的本质为出发点构造审计理论结构，这一点有着重大的意义。

以上五种审计理论模式各具特点，共同为审计理论的发展奠定了基础。西方审计理论以莫氏模式为开端，共经历了三个发展时期：一是假设导向时期，约从 20 世纪 50 年代到 70 年代中期，为审计理论结构研究的奠基时期，这一时期的特点在于以审计假设为审计理论结构的基点；二是目标导向时期，约从 20 世纪 70 年代中期到 80 年代中期，为审计理论结构研究的初步发展时期，这一时期的特点在于以审计目标为审计理论结构的基点；三是本质导向时期，约在 20 世纪 80 年代中期后，为审计理论结构研究的国际化时期，这一时期的特点在于以审计本质为审计理论结构的基点。

以上几种理论模式对构成要素的选择各具特点，审计理论框架研究取得重要成果，但是依然存在需要商榷之处：①研究所依据的参照系统过于狭隘、简单，只是以财务审计为参照系统；②要素选择与要素之间的逻辑关系有许多不恰当之处；③迄今为止还没有形成公认的审计理论框架模式，研究还缺乏组织性。

3.1.2 国内主要观点

1. 蔡春的六要素观

在国外学者研究的基础上,蔡春教授1994年在其著作《审计理论结构研究》一书中,以经济控制论为出发点,提出审计理论结构六要素:审计本质、审计假设、审计目标、审计信息、审计规范、审计控制手段与方式。

2. 阎金锷的五要素观

阎金锷教授和林炳发博士在1996年发表的《审计理论研究的新起点——审计理论结构探讨》一文中,以审计本质为出发点构筑审计理论框架,认为审计理论框架由五个要素构成,即审计本质、审计目标、审计假设、审计原则、审计准则。

3. 李若山的四要素观

李若山教授在1995年发表的《审计理论结构探讨》一文中,以审计目标为起点构筑审计理论框架,认为审计理论框架由四个要素构成,即审计目标、审计假设、审计技术准则与审计职业准则、审计质量特征。

4. 其他观点

随着国家审计实践的不断发展,国家审计理论体系的构建逐渐引起理论界的重视(易仁萍,2002)。冯均科(2002)强调了审计基础理论体系、审计应用理论体系和审计管理理论体系。冯均科等(2012)进一步以政府审计关系为研究内容,构建了包括政府审计环境理论、政府审计关系理论和政府审计规范理论三个要素的政府审计理论框架。尹平(2011)以国家治理与国家经济安全为目标导向和逻辑起点,构建国家治理与经济安全目标导向的政府审计理论体系。

王会金等(2012)提出,国家审计实践欲发挥功能,要在完善自身系统功能、提供监督评价服务的同时,不断适应调整,满足国家治理的审计治理需要。审计理论体系是反映审计研究对象的概念、范畴、判断、推理的体系,是一个具有层次性的结构的系统(王会金,2002)。中国国家审计理论应当以指导充分发挥揭露、预防和抵御功能的国家审计实践为对象,满足国家审计治理需求,其体系内容应当包括指导自身系统完善的国家审计基本理论、发挥职能作用的国家审计应用理论和实现自我演化调整的国家审计创新理论三个要素(王会金,2012)。

王家新(2014)指出,中国特色社会主义国家审计理论框架作为理论系统,必须回答中国特色社会主义国家审计的基本问题,对这些基本问题的回答就构成理论要素。第一,什么是审计? 对这个问题的回答就是审计本质。第二,为什么审计?

对这个问题的回答就是审计目标。第三,审计谁?对这个问题的回答就是审计客体。第四,谁来审计?对这个问题的回答就是审计主体。第五,审计什么?对这个问题的回答就是审计内容。第六,如何审计?对这个问题的回答就是审计模式。所以,总体来说,中国特色社会主义国家审计理论框架应该包括下列六个要素:审计本质、审计目标、审计客体、审计主体、审计内容和审计模式。

可见,关于审计理论框架的构成要素选择,学术界并未达成一致观点。同时,现有研究还未深入考察国家审计在国家治理中的重要作用。如何选择系统合理的国家审计理论要素以充分体现国家审计实践发展的动态性、开放性,并促进国家审计达成其目标任务,成为审计理论体系研究中亟待解决的问题。

3.2 国家审计理论框架构成要素的选择

国家审计理论框架是指国家审计理论系统内部各组成要素之间相互影响的方式,即国家审计理论系统内部各要素之间的排列与组合形式。因此,以公共受托经济责任为理论原点,如何选择国家审计理论的构成要素,进而构建国家审计理论框架是本研究需要解决的重点问题。

3.2.1 以公共受托经济责任为理论原点的国家审计理论框架的构成要素选择

理论原点是整个国家审计理论框架中最基本的一点。理论原点应当具有强大的理论解释力,它的含义应当具有动态发展性,并且它还能作为解决问题的切入点指导国家审计实践。

本研究以公共受托经济责任为理论原点,围绕该理论原点选择国家审计理论要素。蔡春(1994)提出,审计在本质上是一种确保受托经济责任全面有效履行的特殊的经济控制。以此为基点,其选择审计本质、审计假设、审计目标、审计信息、审计规范和审计控制手段与方式六个要素,构建了审计本质论、审计假设论、审计目标论、审计信息论、审计规范论和审计控制论六大理论板块。

公共受托经济责任是受托经济责任在公共管理领域的深化和拓展,是指特定的主体按照特定的原则或要求运用公共权力去经管公共资源并报告其经管状况的义务。随着政治、经济、文化等外部环境的发展变化,公共受托经济责任的内涵与外延也在不断丰富与拓展,国家审计的功能亦随之不断演进和拓展。例如,当服务国家治理成为国家审计的重要内容时,国家审计理应发挥国家治理功能。因此,以公共受托经济责任为理论原点的国家审计理论框架也应得到进一步拓展与完善。

国家审计保障与促进不断拓展的公共受托经济责任得以全面有效履行,国家审计的功能亦随之不断演进和拓展。在这一过程中,国家审计还必须依赖特殊的国家审计行为和国家审计组织形式。国家审计是国家治理的重要组成部分,其作用的发挥在很大程度上受到环境要素的影响,同时也会极大地反作用于其所处环境。因此,本研究认为,以公共受托经济责任为理论原点的国家审计理论要素选择,应在六要素的基础上增加审计行为、审计功能、审计组织和审计环境四个要素,形成国家审计理论框架的十大要素,即十大理论要素或十大构成要素。

从六要素拓展为十要素的依据主要如下。

1. 国家审计特殊性的要求

国家审计由于本身的特殊性,与社会审计和内部审计存在较大差异。审计理论结构六要素是建立在受托经济责任观基础之上的,而国家审计作为审计的一个分支,主要依托于公共受托经济责任,具有自身独特性,原有的六要素理论无法满足研究需要。公共受托经济责任是受托经济责任的一种重要类型。蔡春(2012)提出,如果按照受托经济责任的定义,公共受托经济责任也应强调行为责任与报告责任两大方面,即公共受托经济责任是指特定的主体按照特定要求或原则运用公共权力去经管公共资源、资金并报告其经管状况的义务。随着政府支出规模的扩大、公民参与政治愿望的增强以及资源配置要求的提高等,公共受托经济责任的行为责任按照经济性、效率性、效果性、社会性、环境性、控制性和宏观性等要求不断拓展;相应地,报告责任也在不断拓展,以与行为责任相匹配。国家审计产生于公共受托经济责任关系的确立,其根本目标在于保证和促进政府公共受托经济责任的全面有效履行。

国家审计理论框架构成要素的选择同样来源于国家审计特殊实践。国家审计行为和国家审计组织均与社会审计、内部审计有着不同的特殊之处,应将其作为国家审计理论框架的重要构成要素进行研究。国家审计保障公共受托经济责任全面有效履行的过程是国家审计发挥功能的过程,公共受托经济责任的不断丰富将同时拓展国家审计的功能。因此,基于公共受托经济责任观的国家审计理论应将国家审计功能作为重要构成要素。另外,环境变化极大地影响着国家审计实践,影响公共受托经济责任的内涵,影响审计目标、审计行为、审计方法等重要要素。因此,国家审计环境也应作为重要构成要素之一。

2. 国家审计理论体系环境开放性的要求

任何事物的发展变化均无法脱离其所处的环境。系统论认为系统具有不断地与外界环境进行物质、能量、信息交换的性质和功能,同时系统向环境开放是系统得以发展的前提,也是系统得以稳定存在的条件。但是,在以往的审计理论体系研究中,环境要素均被忽略了。国家审计作为一个系统,外部环境的变化会对其审计产生不可忽略的影响,国家审计在各个国家的不同环境下具有其特殊性就是最简单的例子。同时,国家审计的发展也不可避免会对环境产生影响。因此,国家审计环境应当作为国家审计理论框架中不可或缺的一个构成要素。

六要素观未从国家审计理论体系环境开放性的角度将国家审计环境要素纳入其中,不能体现审计理论体系中的要素与环境之间的相互影响。因此,在拓展的十要素观中应着重探讨国家审计环境要素。同时,与环境变化密切相关的国家审计行为、国家审计组织与国家审计功能要素也应同时被纳入国家审计理论框架。

3. 国家审计理论体系动态发展的要求

国家审计理论框架以公共受托经济责任为理论原点,而公共受托经济责任的内涵是不断丰富拓展的,这就决定了国家审计理论体系及其要素选择也必然是动态发展的。随着公共受托经济责任内涵的不断拓展,国家审计的功能也不断拓展。例如,随着公共受托经济责任内容的拓展,国家审计功能向监督制约公共权力、维护经济安全、推进民主政治、服务国家治理等方向拓展。因此,对国家审计功能进行研究是重要且必不可少的。

国家审计理论体系的动态发展,也必然要求与之相适应的国家审计行为、相匹配的国家审计组织作为重要支撑,以保障和促进公共受托经济责任的全面有效履行。国家审计理论体系的动态发展,也要求考虑环境要素的影响,以保障不同环境下公共受托经济责任的全面有效履行。

综上,基于国家审计特殊性的要求、国家审计理论体系环境开放性的要求以及国家审计理论体系动态发展的要求,本研究认为,有必要在原六要素的基础上增加国家审计行为理论、国家审计组织理论、国家审计功能理论和国家审计环境理论,将国家审计理论要素拓展至十要素。

3.2.2 以公共受托经济责任为理论原点的国家审计理论框架十要素观

本研究以公共受托经济责任为理论原点,选择了国家审计理论框架的十大要素,并对应构建十大理论版块:①国家审计本质理论;②国家审计假设理论;③国家审计目标理论;④国家审计行为理论;⑤国家审计功能理论;⑥国家审计组织理论;⑦国家审计规范理论;⑧国家审计信息理论;⑨国家审计方法理论;⑩国家审计环境理论。

(1) 国家审计本质理论,是研究国家审计的根本属性问题,即国家审计究竟是什么的理论。围绕公共受托经济责任这一原点,国家审计的本质是一种特殊的经济控制机制,其目的是保障和促进公共受托经济责任的全面有效履行。

(2)国家审计假设理论,是研究国家审计产生与发展的基本假定和前提条件的理论。研究国家审计顺利实施的基本前提,有助于确保国家审计行为达到一定的质量要求,进而保障和促进公共受托经济责任的全面有效履行。

(3)国家审计目标理论,是研究国家审计行为活动意欲达到的理想境地或状态是什么,以及怎样达到该种理想境地或状态的理论。基于公共受托经济责任观的国家审计的本质目标即保障和促进公共受托经济责任的全面有效履行。

(4)国家审计行为理论,是研究国家审计行为的发生动机、行为特征、行为的构成以及作用方式的理论。国家审计的特定审计行为活动主要包括国家审计调查过程和国家审计报告过程,即通过收集与评价审计证据,做出审计判断,客观、公正地报告公共受托经济责任的实际履行状况。

(5)国家审计功能理论,是研究国家审计所应具有的功能或所应发挥的功能的理论。国家审计的本质是经济控制或经济监控,其功能是保障和促进公共受托经济责任全面有效履行。公共受托经济责任的动态发展将不断拓展国家审计功能。

(6)国家审计组织理论,是研究国家审计的组织模式或组织框架等方面问题的理论。国家审计必须构建和优化其组织模式及治理结构,才能保障和促进公共受托经济责任的全面有效履行。

(7)国家审计规范理论,是研究国家审计行为约束与引导机制的理论。政府通过规范国家审计行为,可使其更好地实现国家审计目标,进而保障和促进公共受托经济责任的全面有效履行。

(8)国家审计信息理论,是研究国家审计信息的生成、处理、报告以及信息的质量特征等方面的理论。国家审计信息应该而且必须是完全可以信任或信赖的,才能描述与反映公共受托经济责任履行状况。国家审计信息是指在国家审计对公共受托经济责任履行状况进行审计的过程中生成的信息。

(9)国家审计方法理论,是研究为了国家审计实现审计目标所凭借或运用的审计方法的理论。国家审计必须借助于一定的方式方法,才能保障和促进公共受托经济责任的全面有效履行。

(10)国家审计环境理论,是研究国家的政治、经济、文化等环境因素对国家审计的影响的理论。国家审计在保障和促进公共受托经济责任的全面有效履行的过程中,必须充分考虑审计环境的影响。

3.3 圈层结构式国家审计理论框架

3.3.1 国家审计理论框架的模式选择

《钱伯斯20世纪辞典》认为:"理论是对事物的解释或是事物的体系,它揭示一门科学或艺术的抽象原理(则),与实务相对应。"可见理论体系中的理论要素是与实践相对应的。英国著名审计学家戴维·弗林特认为:"审计理论旨在提供一套有关审计活动的首尾一贯的命题以解释审计的社会目的与目标,进而为将审计实务与程序同审计目的与目标联系起来提供合理基础与依据。这套命题还可以解释审计在各种社会机构以及社会、经济与政治环境中的活动空间。"可见应当采用一定的理论框架,将理论体系中的各个要素有机结合起来,形成一套用于解释审计目的、审计活动及环境的命题。蔡春(2001)认为所谓审计理论即是一套用以解释、指导(或预测)审计行为活动(即审计实践)的系统化和理性化的命题。审计理论是对审计实践的理性认识,是由理论要素组成的一个稳定的架构体系,可以用于解释和指导审计实践。

本研究以公共受托经济责任为理论原点,对于选择的十大理论要素在整个理论框架中处于怎样的地位,它们将构建怎样的国家审计理论框架,各个理论要素发挥着什么作用,对其他要素有何影响,还需要进一步深入探析。

审计理论框架的模式具有多样性的特点,从不同的逻辑起点出发即可构建不同的审计理论框架。已有研究选择的逻辑起点包括:审计假设、审计理论概念、审计规则、审计目标、审计本质、审计控制等。

可见,审计理论框架的构建模式不是唯一的。另外,即便确立了理论原点(或理论起点),仍然可以构建出多种多样的理论系统。

1. 理论起点的不唯一性决定理论框架的多样性

一个系统内的理论原点是唯一的,而理论起点是多种多样的。不同的理论起点意味着不同的逻辑推演过程,也意味着系统内各要素作用方式和顺序不同,但它们最终都是围绕原点这一个中心点。学者们从不同理论起点推演出不同的国家审计理论框架,如莫茨和夏拉夫提出的审计理论体系是:哲学基础→审计假设→审计概念→审计规则→实际运用;戴维·弗林特则认为是:本质与目标→假设→概念→标准。对于理论起点究竟是什么,没有统一的论断,每个学者的逻辑思维方式不同,选择的起点也不同。然而,无论选择哪一个要素作为理论起点,最终都要回到理论原点所触及的问题上去。

2. 围绕理论原点可构建不同形态的理论框架

蔡春等(2013)以公共受托经济责任为理论原点,较为完整地构建了圈层式的国家审计理论框架。除了圈层结构式的理论结构,还有许多形态可以选择。例如,网状形结构。在网状形结构中,各要素和原点交织在一起,像一张网络覆盖着国家审计的方方面面。网状形结构主要由节点和传输线构成,国家审计理论要素是节点,传输线表示要素间的作用方式。该形态正如神经系统网络一样,在网络中,神经系统通过调整机体功能和活动,使机体适应不断变化的外界环境,维持机体与外界环境的平衡。国家审计理论框架的网状形结构也具有像神经系统网络一样的动态发展性,与外界环境息息相关,原点的变化会通过传输线作用到其他节点,带动其他要素共同变化。

又如,金字塔结构。在金字塔结构中,国家审计理论的原点位于最顶端,通过其高度概括的一般性特征影响金字塔各个层级要素的内涵和外延。金字塔的最底端可以是国家审计的实践工作,实践工作是国家审计理论最应当指导的对象,同时国家审计理论的完善也需要对实践工作不断进行总结和提炼。脱离现实的理论是没有意义的,理论只有依据实践活动,超越实践活动,才能够向上逐层地堆砌出牢固的金字塔。金字塔结构具有双向反馈的功能,理论原点虽然具有指导作用,却也需要根据下层要素的反馈不断更新,由上至下和由下至上的作用和反馈使该理论框架能够不断丰富发展。

除了网状形结构和金字塔结构,还有组合形态的理论框架。学者们在确立理论原点之后,可以将多种基础的形态组合在一起,共同丰富国家审计理论框架的构建思路。

3.3.2 构建以公共受托经济责任为理论原点的圈层结构式国家审计理论框架

本部分重点讨论理论原点、理论要素及其内在联系如何排列组合成一个系统化的理性框架结构。1961年莫兹和夏拉夫提出饼状图式审计理论框架。莫兹和夏拉夫基于审计视角,结合审计与其他知识的关系,把审计理论框架划分为五个层次并用饼状图方式表示,认为所有的知识被涵盖在一个圆形内,圆形的中心区域是核心知识体系,如数学、逻辑学等,而审计学仅为整个圆形内的一部分,与其他知识相联系,不断吸收相关知识领域的内容来发展自身。

本研究认为国家审计理论框架应呈圈层结构式。与莫兹和夏拉夫的视角不同,本研究基于国家审计理论框架的基本构成要素,以公共受托经济责任为理论原点,依据系统内各构成要素所发挥的作用及相对位次,构建了"一个原点、四个圈层"的圈层结构式国家审计理论框架。

图 3-1　圈层结构式国家审计理论框架

本研究认为国家审计理论框架的圈层中心是最核心的部分,即理论原点——公共受托经济责任。理论框架中四大圈层的十大理论要素的分布,分别依据其在系统内的作用及相对位次来确定。理论指导实践,实践反作用于理论,越靠近理论框架中心的要素圈层,理论性与重要性越强,对外圈层的要素的指导性越强;越靠近理论框架外缘的要素圈层,实践性越强,反向影响内圈层的要素。

1. 第一圈层

第一圈层是最核心的圈层,第一圈层的构成要素主要探讨国家审计理论最本质的问题,具有重要性和核心意义,决定着国家审计理论的发展方向。第一圈层的构成要素围绕公共受托经济责任这一理论原点,研究国家审计固有的根本属性,研究国家审计产生与发展的基本假定和前提条件,研究国家审计意欲达到的目标等。第一圈层构成要素的研究需要为第二、第三、第四圈层提供理论指导与解释依据。因此,第一圈层应当包括国家审计本质理论、国家审计假设理论和国家审计目标理论。

2. 第二圈层

第二圈层是围绕理论原点展开的,在第一圈层指导下拓展出的重要理论圈层。其围绕公共受托经济责任这一原点,在国家审计本质理论、国家审计假设理论和国家审计目标理论基础上,研究国家审计的特定审计行为活动,研究国家审计所应具有的功能,研究国家审计的组织模式等问题。第二圈层构成要素的研究需要在第一圈层的构成要素研究指导下开展,同时为第三、第四圈层的构成要素研究提供理论解释。因此,第二圈层应当包括国家审计行为理论、国家审计功能理论和国家审计组织理论。

3. 第三圈层

第三圈层是围绕理论原点展开的,在第一、第二圈层指导下拓展出的重要理论圈层。国家审计理论指导并服务于国家审计实践,围绕公共受托经济责任这一理论原点,在第一、第二圈层构成要素的基础上,第三圈层的构成要素研究约束国家审计行为的规范问题,研究国家审计行为形成的信息问题,研究国家审计行为运用的审计方法等问题。第三圈层构成要素的研究需要在第一、第二圈层的指导下开展,同时为第四圈层构成的研究提供理论解释。因此,第三圈层应当包括国家审计规范理论、国家审计信息理论和国家审计方法理论。

4. 第四圈层

第四圈层是围绕理论原点展开的,在第一、第二、第三圈层指导下拓展出的重要理论圈层。其围绕公共受托经济责任这一理论原点,在第一、第二、第三圈层理论要素的基础上,研究国家的政治、经济、文化等国家审计环境问题。第四圈层构成要素的研究需要在第一、第二、第三圈层的指导下开展,同时又对其他圈层产生反向影响。因此,第四圈层要素是国家审计环境理论。

综上,圈层结构式国家审计理论框架由理论原点以及从内到外按重要性从高到低排列的四个圈层共同构成。四个圈层的十个理论要素之间存在主次之分,且要素之间存在相互的联系和作用。一个理论原点及十个理论要素共同构成一个系统性的理论框架。同时,圈层结构式国家审计理论框架是一个开放的系统,随外部环境变化而变化,且各要素的相对圈层位置也可能产生变化。

3.3.3 国家审计理论框架构成要素之间的相互关系

根据系统论观点,审计理论是一个存在内在框架的系统。框架是指系统内部要素的排列组合表现形式,是构成要素之间的联系形式,也反映各构成要素之间的影响与作用路径。

圈层结构式国家审计理论框架中的四个圈层环环相扣并相互作用:所处圈层越靠内的构成要素越重要,对外圈层的影响力越大;内部圈层构成要素指导外部圈层构成要素,外部圈层构成要素又对内部圈层构成要素产生反向影响。

1. 第一圈层构成要素与其他圈层构成要素之间的关系

在十大构成要素中,国家审计本质理论、国家审计假设理论和国家审计目标理论是国家审计理论框架中最能体现原理、最能反映核心的理论要素,被划分至第一圈层。国家审计本质理论揭示国家审计的本质,对国家审计理论框架发展具有导向性作用,决定国家审计理论框架的发展方向。国家审计假设理论研究国家审计的前提假设,是其他构成要素的基石。国家审计目标理论探讨国家审计的目标,它是一切国家审计行为的起点和归宿。因此,以上三个构成要素组成整个理论体系的第一圈层,是国家审计理论框架的核心部分,指导其他圈层理论的研究,其他三个圈层的研究均在第一圈层的统驭下展开,反过来,其他圈层的研究也会反向影响第一圈层。

2. 第二圈层构成要素与其他圈层构成要素之间的关系

在十大构成要素中,国家审计行为理论、国家审计组织理论和国家审计功能理论是国家审计理论框架中重要的基础理论要素,被划分至第二圈层。国家审计行为理论研究国家审计实现目标过程中的行为表现。国家审计功能理论关注国家审计应当发挥和具备的功能。国家审计组织理论则探讨国家审计组织模式及治理结构的构建与优化。关于以上三个构成要素组成的第二圈层的研究均在第一圈层理论要素的指导下展开,并反向影响、服务第一圈层。另外,第二圈层的理论要素直接指导第三、第四圈层。

3. 第三圈层构成要素与其他圈层构成要素之间的关系

在十大构成要素中,国家审计规范理论、国家审计信息理论、国家审计方法理论是国家审计理论框架中重要的理论要素,被划分至第三圈层。第三圈层的构成要素与国家审计实践紧密结合,从理论上指导、解释实践,反过来又从实践中归纳提炼规律。

国家审计规范理论主要研究国家审计的约束和引导机制。国家审计信息理论关注国家审计信息的生成、处理、报告以及信息的质量特征等问题。国家审计方法理论关注国家审计在实现审计目标过程中运用的审计方法。以上三个要素组成第三圈层,第一、第二圈层共同决定并指导第三圈层的研究,第三圈层的研究反向影响并服务第一、第二圈层的研究,另外第三圈层还直接指导第四圈层,并受第四圈层的影响。

4. 第四圈层构成要素与其他圈层构成要素之间的关系

在十大构成要素中,国家审计环境理论是国家审计理论框架中最外圈层的构成要素,即第四圈层的构成要素。国家审计环境理论研究国家审计面临的政治、经济、文化等环境因素对国家审计的影响。国家审计理论必须适应环境,并随环境的变化而变化。反之,国家审计理论同样能作用于环境,影响国家审计环境的变化。第一、第二、第三圈层的理论要素引导着第四圈层的研究,同时第四圈层对整个国家审计理论产生影响。

4 国家审计本质理论

国家审计本质理论是研究国家审计固有的根本属性,即国家审计究竟是什么的理论。国家审计是国家的一种特殊经济控制机制。本章主要探讨了国家审计本质的内涵、关于国家审计本质的主要观点和经济控制论的确立。

4.1 国家审计本质的内涵

审计的本质属性是什么?进一步地,国家审计的本质属性又是什么?这些问题一直是审计学界关注的焦点问题,但是到目前为止还没有一个共同认可的一致结论。审计的本质是决定审计方法、审计职能和发展的根本属性。1986年和1988年,英国学者Tom Lee和David Flint分别在研究审计理论结构的过程中提出了审计本质是审计理论结构中的一个重要要素的结论。审计本质是审计理论结构中的第一要素,对审计本质的研究决定着整个审计理论结构的发展方向(蔡春,2001)。正是因为审计本质在审计理论结构中具有特殊的基础地位,所以对审计本质进行研究意义重大。我们只有将审计的本质搞清楚,才能够更加明晰地认识与理解国家审计理论圈层结构中其他圈层的构成要素。因此,探究国家审计的本质是研究国家审计理论框架的首要任务。

国家审计本质理论就是研究国家审计究竟是什么的理论,主要研究国家审计本质的内涵与作用等方面的问题。马克思主义认识论认为,科学研究的首要任务就在于揭示事物的本质,认清了事物的本质也就把握住了事物运动发展的规律。因此,国家审计本质理论的研究在国家审计理论框架中具有非常重要的地位。人们对国家审计本质的认识一直在不断发展中。例如,审计署原审计长李金华认为,国家审计是国家治理的工具;审计署原审计长刘家义认为,国家审计是国家治理这个大系统中一个内生的具有揭示、预防和抵御功能的(免疫系统),是国家治理的重要组成部分。按照审计控制论的观点,国家审计是国家的一种特殊经济控制机制,其目的是保障和促进公共受托经济责任的全面有效履行。

4.2 关于国家审计本质的主要观点

一般认为,本质是事物的内部联系;本质是事物内在的、相对稳定的方面;本质是事物的根本性质,由事物的特殊矛盾构成。本质是现象的本质,隐藏在现象背后并表现在现象之中,本质要靠人的理性思维才能把握。国内学者也从不同角度对国家审计的本质进行了探讨,概括起来,对国家审计本质的认识主要有专政手段论、民主与法治工具论、经济监督论、免疫系统论等。

4.2.1 专政手段论

杨时展教授(1993)指出,国家审计从其最本质的方面来看,是巩固统治阶级专政的有力手段,在我国,我们对国家审计作用的问题,也就是对国家审计的本质问题,都必须从民主和巩固人民民主专政即无产阶级专政这个高度来认识,我们的国家审计机构,是我们无产阶级国家机器的一个有力组成部分。这种观点认为,国家审计是统治阶级巩固其阶级专政的手段,是国家机器的重要组成部分,反映了国家审计的政治统治职能。

4.2.2 民主与法治工具论

李金华(2003)指出,现代国家审计是民主与法治的产物,更是推动民主与法治的工具,是在法律框架下对政府及公营事业运转的成果和效益进行检查和评价的一项专业活动。现代国家审计是民主的产物,更是民主的工具;现代国家审计是法治的产物,更是法治的工具。这种观点反映了国家审计的社会监督职能。

4.2.3 经济监督论

经济监督论认为,国家审计是由专职机构和人员,依法对被审计单位的财政、财务收支及其有关经济活动的真实性、合法性和效益性开展的独立监督(杨纪琬,1983;阎金锷,1989)。这种观点认为,国家审计代表国有资产所有者——国家,对国有资产经营者或使用者进行的经济监督和评价,是一种法定的、强制性的经济监督活动,它在国家法律授权的范围内对国家财政拨款单位、国家金融机构、全民所有制企业以及其他国有单位的财政、财务收支的真实性、合法性和效益进行审计监督,以维护国家财政经济秩序,保障国民经济健康发展。这是一种较为普遍的观点,反映了国家审计的经济监督职能。

4.2.4 免疫系统论

免疫系统论由刘家义(2008)提出,它包括两个方面的要义。一方面,国家审计是国家治理的组成部分,属于国家治理的监督控制系统,对国家治理执行系统进行监督,服务于国家治理决策系统;另一方面,国家审计这种监督控制系统区别于其他监督控制系统,具有免疫系统的特征。刘家义(2008)指出,国家审计是国家治理的基石和重要保障,它通过预防功能、揭示功能和抵御功能来保障经济社会健康运行。预防功能是指国家审计及时发现苗头性、倾向性问题,起到预警作用。揭示功能是指国家审计查处违法违规、经济犯罪、损失浪费、奢侈铺张、损坏资源等各种行为,依法对这些行为进行惩戒。揭示功能是指国家审计揭示体制障碍、制度缺陷、机制扭曲和管理漏洞。抵御功能是指国家审计对产生的这些问题进行深层次的原因分析,并提出相关建议。但是,免疫系统论并不侧重于讨论审计是什么,而是更强调审计与国家经济社会运行的关系以及审计在国家经济社会运行中应扮演怎样的角色。免疫系统成为国家审计的本质,国家审计的目标就由评价政府使用公共资源的经济性、效率性和效果性转为识别社会经济发展中面临的风险,维护国家安全,进而国家审计从立足于被审计单位的微观视角转向立足于国家经济社会健康运行的宏观视角。在经济监督论下,国家审计主要实施的是事中、事后审计,仅起到被动防范的作用。在免疫系统论下,国家审计要预防、揭示经济社会运行中的障碍、矛盾和风险并发挥抵御作用,国家审计的职能由监督、评价拓展到预防、清除和修复,且预防是首要的,此时国家审计的预防属于主动预防(赵保卿,2009)。免疫系统作为生物学概念只是用来描述审计本质的一种比喻,免疫系统论从根本上说是关于审计功能的理论,不能仅从字面意思就把它理解成关于审计本质的理论(于静,2009)。尽管如此,免疫系统论还是为学者们在国家治理这个大系统中深入探讨国家审计的本质指明了方向。

以上观点从不同角度反映了不同时期国家审计实践的主要特点,表明了国家审计具有很强的时代特征,但这些观点在认定国家审计的本质方面似乎还有缺陷。根据对本质的理解,国家审计的本质与国家审计的时代特点在一定时期应具有同一性,但国家审计的本质能够超越时代,保持恒久性,需要通过一系列的时代特征表现出来。因此,上述有关国家审计本质的论点还不尽完美,还没有概括国家审计最根本的特性。

4.3 经济控制论的确立

经济控制论是应用现代控制理论和方法来研究经济系统的演变规律和最优控制的学科,是控制论的一个重要分支。经济控制论的内容包括经济系统的建模、仿真、辨识、估计以及最优控制或次优控制。"经济控制论"一词在1952年巴黎召开的世界控制论大会上第一次被提出。1954年,美国数学家R. S. 菲利普斯开始用二阶常微分方程描述宏观经济系统,并讨论系统的开环控制和闭环控制问题,采用PID(proportional-integral-derivative control,简称PID,即比例积分微分控制)控制原理来改善经济政策的稳定性。20世纪50年代中期,美国H.A.西蒙等人研究了宏观经济的最优控制问题;50年代末,波兰科学院应用控制理论的方法建立了中央国民经济计划系统模型。几十年来,在许多控制理论家、经济学家、数学家等的共同合作和努力下,控制论已取得显著成果。1975年,在布加勒斯特召开的第三届国际控制论与系统大会上,经济控制论这一新兴学科被正式确立。经济控制论强调用整体的、动态的、相互联系和协调发展的观点来研究经济系统。它不仅适用于宏观经济系统,用以加强国民经济的宏观控制和调节,而且也适用于微观经济系统,用以加强企业的科学管理。无论是对计划经济体系,还是对市场经济体系,经济控制论都已产生显著的经济效益和社会效益。

4.3.1　审计与控制的关系

经济控制论是一些学者在承认审计行为是一种监督行为的基础上提出来的,是在审计直接发挥的作用层面对审计本质进行的概括。它强调国家审计在经济领域的重要作用,强调国家审计要着眼于具体的经济行为和经济事项,同时强调国家审计在政治、经济文化和社会建设领域的重要作用。

经济控制论认为,审计的本质是一种经济控制(David Flint,1988)。经济控制论进一步的阐释是:审计是基于受托经济责任关系产生和发展起来的,审计人在接受所有者委托对受托人进行审计后,对审计过程中发现的问题直接进行处理、处罚,实施纠偏,同时将受托责任履行情况的信息反馈给委托人,由委托人进行判断、实施纠偏,发挥信息在系统运行控制中的重要作用。因此,审计特别是国家审计是监督受托者履行受托责任的控制机制。经济控制论强调了审计是保证受托责任有效履行的控制机制的组成部分,其对审计组织直接实施纠偏行为的抽象描述,符合我国国家审计制度安排的实际。赞成审计的本质是一种经济控制,这种观点的学者认为,控制包容监督,监督只是控制的一个要素。虽然控制与监督的客体可能相同,但控制和监督的主体在态度上有很大差别。控制处于一种积极主动的地位,而监督则是相对被动的,是为控制服务的。因此,经济控制论比经济监督论要科学,能够更深刻、更准确地揭示审计的本质。国家审计是审计的重要分支,无疑经济控制论也是适用于国家审计的。

4.3.2　国家审计过程的控制论分析

根据美国会计学会1973年给出的审计定义,审计是一个系统过程。在该过程中,审计人员客观地收集和评价有关经济活动和事项的认定的证据,以确定断言与既定标准的相符程度,并将其结果传递给有利害关系的使用者。国家审计是由国家审计机关代表国家实施的审计,也符合该定义的描述。从该定义不难发现,国家审计作为一种控制过程所具有的特点与内涵。在国家审计这一控制过程中,控制主体为国家审计机关;被控制对象为有关经济活动和事项的认定所包含的经济信息;控制手段是收集断言的证据,与既定标准相比较,以判断其相符程度;传递控制作用的媒介是审计结果公告,它将断言及证据与既定标准相符程度的信息传递给有利害关系的信息使用者,同时也反馈给被审计单位管理当局,对其行为施加影响,受审计报告(审计结果公告)信息影响的使用者的看法与信任对被审计单位的行为起着社会控制的作用。控制论视角下的国家审计过程如图4-1所示。

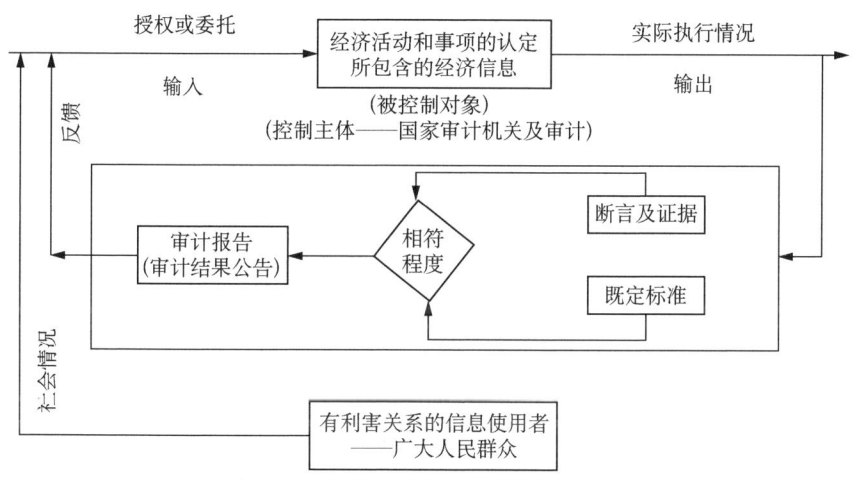

图4-1 控制论视角下的国家审计过程

4.3.3 国家审计行为的控制论分析

按照审计关系人理论,审计行为的发生必须有审计人(auditor)、被审计人(auditee)和审计委托人(audit receiver)这样的三方关系人,他们分别为第一关系人、第二关系人和第三关系人。在国家审计中,作为第一关系人的审计人为国家审计机关,作为第二关系人的被审计人是财产(或经济资源)的受托经管者——政府及其相关单位;而作为第三关系人的审计委托人为财产(或经济资源)的所有者——广大人民群众,但是由政府担任其代理人。在国家审计中,三者间的关系如下。

(1) 作为国家审计委托人的第三关系人——广大人民群众将其公共财产(资

源)委托并授权第二关系人——政府及其相关单位经营管理,要求其承担相应的经济责任;作为第二关系人的被审计人——政府及其相关单位接受委托与授权并承担起管好用好受托公共财产(资源)的公共受托经济责任。

(2) 为了使第三关系人广大人民群众了解第二关系人政府及其相关单位履行公共受托经济责任的情况,广大人民群众的代理人政府委托或授权作为第一关系人的审计人——国家审计机关对其实施检查;审计人接受委托或授权对经管者实施独立审计。

(3) 作为政府及其相关单位的第二关系人为了证实自己履行责任的情况而接受审计人的审计;国家审计机关作为审计的第一关系人实施审计,将审计结果报告给作为委托人的第三关系人——广大人民群众,并对作为第二关系人的政府及其相关单位之责任履行情况予以证明。

上述关系如图4-2所示。

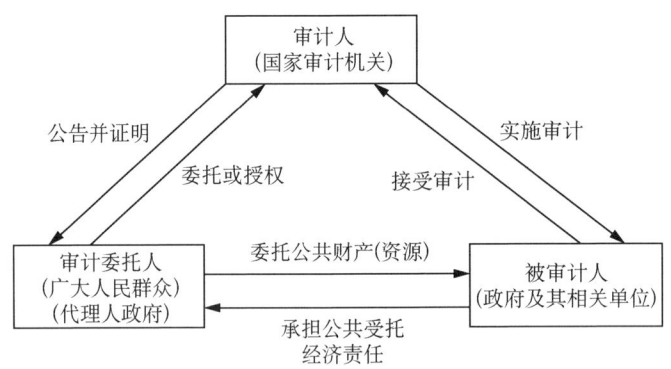

图4-2 审计关系人及其相互关系图

在审计行为实施过程中,针对被审计人履行公共受托经济责任不符合相关要求的情况,国家审计机关如有处理权,则可以直接对被审计人的行为进行纠偏,这种控制作用体现得更为直接明显。我国审计机关在发现公共受托经济责任履行不符合相关要求时,可以通过其所拥有的责令纠正和改进权、处罚权、采取强制措施权等对未被恰当履行的公共受托经济责任进行直接控制;若国家审计机关没有处理权,则只能通过呈交问题线索等方式实施间接纠偏,这种控制作用表现得较为间接。与大多数国家不同,我国审计机关在拥有直接处理权的同时,还可以利用移送权、建议处分权、提请协助权等实施间接控制。因此,国家审计行为也是一种控制行为。图4-3和图4-4分别展示了有审计处理权和无审计处理权的审计控制行为。

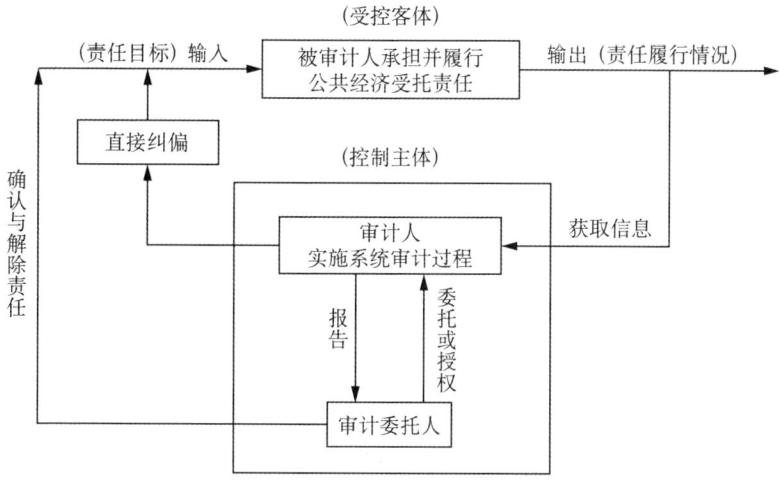

图 4-3　有审计处理权的审计控制行为

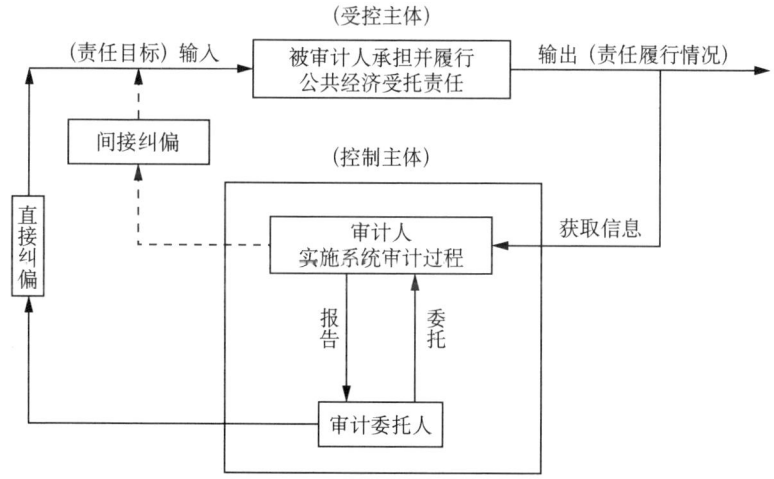

图 4-4　无审计处理权的审计控制行为

4.3.4　国家审计对象的控制论分析

1. 作为控制对象必须具备的条件

控制论认为,对一般控制过程来说,要实现对事物的控制,必须具备以下两个条件。

第一,被控制对象必须存在多种发展的可能性。因为控制的目的是保持或改变事物的状态,因而事物必须是可以改变的,即存在多种发展的可能性。如果事物没有状态的变化,即其未来只有一种可能性,那就无所谓控制。

第二,目标状态在各种可能性中是可以选择的。也就是说,被控制对象不仅必须存在多种发展的可能性,而且可以通过一定手段在这些可能性中进行选择。这有两个方面的要求:一是所确定的目标状态必须包括在被控制对象发展的可能性空间之中;二是必须具备相应的手段和条件将目标状态从发展的可能性空间中选择出来,否则,就无法实现控制目的。

2. 国家审计对象符合控制对象的要求

从审计关系人理论可知,国家审计对象是公共受托经济责任的履行状况。公共受托经济责任的实质是特定的主体按照特定要求或原则运用公共权力去经营管理公共资源、资金并报告其经管状况的义务。它包括行为责任与报告责任两大方面。前者是指按特定要求,如经济性、效率性、效果性、社会性、环境性、控制性和宏观性等,经营和管理公共受托经济资源;后者是指按特定要求,如真实公允性、可信性等报告受托经济资源的经营管理状况。显然,作为国家审计对象的公共受托经济责任履行状况符合控制对象的条件,原因如下。

其一,公共受托经济责任履行状况显然具有多种可能性。从整体上讲,公共受托经济责任履行状况至少有全面有效履行、非全面有效履行、全面但非完全有效履行、有效但非全面履行这样几种可能。从行为责任与报告责任的履行状况看,至少有完全符合要求、基本符合要求和不符合要求等可能情况。再从具体经管行为与报告行为看,公共受托经济责任履行状况更有多种可能性。这是因为,每一个要求,如经济性,反映在行为上都至少有两种可能性,即符合与不符合,而要求本身又具有多样性,且在不断增加,由此排列组合出的行为可能性也就会层出不穷。通俗地说,符合所有要求是一种可能性,而符合一部分要求而不符合其他要求的可能性则不胜枚举。因此,国家审计对象符合控制对象的第一个条件。

其二,公共受托经济责任履行的目标状态是可以选择的。这是因为目标状态——全面有效地履行公共受托经济责任存在于受托经济责任履行的多种可能状态之中,且国家审计机关利用其特有的专业技能,通过系统审计过程,可以将目标状态从多种可能性中选择出来,亦即国家审计机关可以有效地判断受托经济责任是否得到全面有效履行。因此,国家审计对象也符合控制对象的第二个条件。

5 国家审计假设理论

假设是理论构建的基石,从自然学科到社会学科,任何一项理论都离不开对假设的探讨。国家审计假设理论连接国家审计本质理论与国家审计目标理论,是国家审计理论构建的前提条件,同时也为国家审计目标理论的确立提供指导。本章主要探讨国家审计假设的内涵、性质、特征和内容,本研究认为国家审计假设主要包括五项:公共受托经济责任关系假设、正当怀疑假设、可验证假设、独立性假设和胜任能力假设。

5.1 国家审计假设的内涵

5.1.1 国家审计假设的含义

假设是理论研究的重要一环,我们所熟悉的会计科学研究,就是以会计主体假设、持续经营假设、会计期间假设和货币计量假设为基础的。有关审计假设的研究虽然比会计假设研究起步晚了近40年,但目前也有了较为完善的理论。莫兹和夏拉夫是研究审计假设的先驱。他们在1961年出版的审计理论名著《审计哲学》一书中,第一次对审计假设问题进行了系统、深入的探讨,并提出了八项审计假设。汤姆·李发展了莫兹和夏拉夫的审计假设理论,他在1972年出版的《公司审计:概念与实务》一书中将审计假设分为基本依据假设(justifying postulates)、行为假设(behavioral postulates)和功能假设(functional postulates)三类。审计学者麦克尔·席勒(Michael Sherer)和戴维·肯特(David Kent)在其1983年出版的《审计与受托经济责任》一书中全文引用了汤姆·李的审计假设。戴维·弗林特教授在其1988年出版的《审计哲学与原理导论》一书中对审计假设进行了新的探索,提出了七项假设。

按照《韦氏新国际辞典》的解释,假设的含义有二:①提出一个认为是理所当然或不言自明的命题;②基本的前提或假定。从目前的研究状况看,国家审计假设主要属于第二种含义的范畴。基于前人的思想,本研究将国家审计假设定义为对有关国家审计产生、发展与存在的一些尚未确知或无法正面论证的前提条件,根据客观的正常情况或发展趋势所做的合乎事理、合乎逻辑的推断或认定。这种推断或认定构成国家审计理论推理论证的原始命题。

5.1.2 国家审计假设的重要性

国家审计假设是国家审计研究之先导。从自然科学到社会科学，任何一项研究成果或理论的诞生都与某些科学假设有着不解之缘。国家审计假设在国家审计科学研究中的导向作用主要表现在：①国家审计假设确立的是国家审计事物之前提条件，因而也就确立了国家审计科学研究之前提条件，即进行国家审计推理论证的原始命题。②国家审计假设是构建国家审计理论框架之基石，国家审计理论框架中其他要素的研究都将在它圈定的框架内进行。

研究国家审计假设是加速国家审计理论发展的迫切需要。目前人们对作为国家审计理论研究与发展基础的国家审计假设的研究不够深入，整个国家审计理论发展步履蹒跚。因此，要加速国家审计理论的发展，必须从加强国家审计理论假设的研究做起。

国家审计作为一门检验性学科，理应有自己的一些基本假设。诸如国家审计为什么能够产生与存在，国家审计产生和存在的基本依据是什么，国家审计为什么能为相关关系人提供服务，各方关系人为什么都信赖国家审计等，都需我们确立一定的假设之后方能解决。不管社会制度如何，也不论人们是否认识到，作为国家审计前提条件的国家审计假设始终是存在的。正因为如此，审计学科才能成立，国家审计理论与实务才得以发展。我们需要建立具有中国特色的国家审计理论体系，也需要认真研究国家审计假设这一最基本的命题。

5.2 国家审计假设的性质

研究国家审计假设，首先需要回答什么是审计假设。在任何一门学科中，假设都是客观存在的，不管你是否真正认识到它。正如莫兹所说："在一个不确定性的世界中，承认假设的存在是比较现实的。当某项活动和最终结果尚未确知之前……对其未来发展作出假定不可避免。"

会计与审计假设指的是一种尚未得到证实或实际上不需要证实，能形成相关的概念、合乎逻辑的思想或能产生有用结论的"前提"。例如，娄尔行教授认为："会计学领域里存在着某些尚未确知的事物，存在着某些现在还无法正面加以论证的事物。要把会计学建成一门比较完善的学科，对这些事物就不得不作出一些合理的假设。假设不是毫无根据的虚构幻想，而是对客观情况所作的合乎事理的推断。"葛家澍教授也有类似的论述:"会计假设或假定是指会计人员对那些未经确切认识或无法正面论证的经济事务和会计现象,根据客观的正常情况或趋势所作出的合乎事理的推断,而且是日常会计处理的必要前提。"

借鉴以上观点,我们可将国家审计假设定义为对有关国家审计产生、发展与存在的一些尚未确知或无法正面论证的前提条件,根据客观的正常情况或发展趋势所作的合乎事理、合乎逻辑的推断或认定。也就是说,国家审计假设所要揭示的是国家审计之前提条件,是对国家审计之前提条件所作的合乎事理、合乎逻辑的主观推断或认定。这种推断或认定构成国家审计推理论证的原始命题。

5.3 国家审计假设的特征

国家审计假设应具有作为审计假设所应具备的特征,这些特性同时也是假设的最基本特性。具体来说,国家审计假设具有以下四个特征。

1. 主观见之于客观

一方面,国家审计假设的提出必须以一定的经验、事实材料为基础,以一定的科学知识为依据,因此,它所揭示的国家审计之前提条件本身具有客观性;另一方面,对国家审计前提条件的认定又是人们主观推断的结果,因而,国家审计假设又具有很大的主观性。这正如会计假设所揭示的会计之前提条件本身具有客观性,但它又是人们的假定或姑且认定,因而它具有主观见之于客观的特性。当然,理想的情况是,提出的国家审计假设应尽可能反映客观实际,合乎审计事物之本来面目。

2. 明显性

假设通常是理所当然或不证自明的命题。例如,企业基于会计主体假设,通过正确划分企业交易与业主活动,进而正确计量与报告企业的经营成果。如果没有会计主体假设,企业经营成果也就无法被正确计量与报告。因此,确立会计主体假设是理所当然的。国家审计假设也应具有这种特性。

3. 逻辑性和抽象性

假设本身是由概念、判断和推理构成的逻辑关系,因而具有高度的逻辑性。假设的抽象性是指它是对一系列经验、事实材料的提炼与概括。一般来说,假设的抽象性决定了其普遍性;抽象程度越高,概念范围越广,其普遍意义也就越大。同样,国家审计假设也应具有高度的逻辑性和抽象性。

4. 连贯性、有效性、一致性和独立性

连贯性是指在整个审计理论结构中,各项假设必须首尾贯通、浑然一体,构成一个完整的体系;有效性是指每项假设必须能推导出若干有效的论断;一致性是指各项假设之间必须相互协调,不得相互抵触;独立性是指各项假设应相互独立,不得为其他假设所包含或与其他假设相互包含。

5.4 几种具有代表性的审计假设

莫兹和夏拉夫是研究审计假设命题的开创者。他们在1961年出版的《审计哲学》一书中,第一次对审计假设问题进行了系统、深入的探讨,并提出了八项假设,其具体内容是:①财务报表和财务资料是可验证的;②审计师与被审计单位管理部门之间不存在不可避免的利害冲突;③呈报检查的财务报表和其他资料中不涉及串通舞弊或其他舞弊行为;④完善的内部控制系统可以减少错弊发生的可能性;⑤公认会计原则的一致运用可使财务状况和经营成果得到公允表达;⑥如果没有明确的反证,对被审计单位来说,过去真实的情况在将来也属真实;⑦审计师完全有能力独立审查财务资料并表达意见;⑧独立审计师承担的职业责任与其职业地位相符。

汤姆·李教授在前人的基础上发展了审计假设理论。他在1972年出版的《公司审计:概念与实务》一书中将审计假设分为十三项,即:①没有充分理由信任所有的账目;②提高账目的可信性是审计的最基本任务;③审计是提高账目可信性的最佳手段;④通过审计,账目的可信性是可以提高或验证的;⑤股东对会计信息的可信性是不满意的;⑥审计师与管理部门之间的利害冲突并不妨碍审计的实施;⑦法律并不限制审计的行为;⑧审计师在精神和地位上是独立的;⑨审计师有承担任务的充分技能;⑩审计师能对其工作和意见的质量负责;⑪审计师可能获取充分可靠的审计证据并以适当形式在合理的时间与成本范围内进行审计;⑫内部控制的存在可使账目摆脱严重错弊;⑬公认会计概念与基础的适当和一致应用可以产生公允表达。

戴维·弗林特教授在其1988年出版的《审计哲学和原理导论》一书中对审计假设进行了新的探索,提出了七项审计假设:①审计以受托经济责任关系或公共责任环境的存在为首要前提;②受托经济责任的内涵太微妙,太复杂,太重要,以致没有审计,该种责任的解除就无法说清楚;③审计的本质特征在于其地位的独立性以及在调查和报告过程中不受任何限制;④审计的内容,如行为、业绩、成果、业务记录、财务状况或与此有关的事实都可以通过证据予以证实;⑤可以为行为、业绩、成果和信息质量等确立责任标准,可对行为、业绩、成果和信息质量的实际状况进行计量并与标注进行比较,计量与比较过程需要特殊的技能并需要作出判断;⑥被审计财务报表和其他报表与资料的含义、重要性和目的是充分清晰的,通过审计可对其可信性作出清楚明确表示与传达;⑦审计可以产生经济或社会效益。

审计假设研究的发展已经历 60 多年,尽管发展缓慢,但也取得了很好的成就,并形成了良好的研究基础。然而,以上三种假设模式仍旧存在诸多缺陷,这些缺陷是不容忽视的问题,也为我们继续发展审计假设指明了潜力所在。

5.5 国家审计假设的内容

目前,学者们对国家审计假设的研究还未形成定论。我们基于现有的几种审计假设的模式,通过比较分析后,提出五项基本假设。本研究认为国家审计假设有五项:公共受托经济责任关系假设、正当怀疑假设、可验证假设、独立性假设和胜任能力假设。这五项假设代表了决定国家审计生存和发展的最普遍、最基本的前提与条件,是国家审计理论的重要基础,反映了国家审计最本质的东西。

5.5.1 公共受托经济责任关系假设

政府履行公共受托经济责任旨在对社会、对人民负责,通过有效利用国家资源、大力发展生产、增加社会财富满足人民日益增长的物质文化需求,增强国家的国际竞争力;通过制定科学的宏观经济决策与政策、采用科学的宏观调控手段保证国民经济正常运转。公共受托经济责任关系假设假定公共受托经济责任的确认与解除必须由独立的第三方来进行客观、公正的评定,充当这种第三方角色的叫作国家审计人员,国家审计人员所实施的行为活动就是国家审计。因此,公共受托经济责任关系的存在是国家审计产生的基本前提。同时,公共受托经济责任是国家审计的基础,也是开展宏观审计的依据。

国家审计旨在保障和促进公共受托经济责任全面有效履行。公共受托经济责任的内容包括维护公共资源和财产的安全完整,提高公共资源和财产经营、管理、运用的有效性,维护好自然和生态环境,制定良好的经济政策并促进政策有效执行,建立完善的风险管理体系以防范重大系统性风险和其他极端风险,维护经济安全和金融安全,促进经济社会可持续发展,增进人民福祉,不断提高人民生活水平等。

5.5.2 正当怀疑假设

在国家审计领域,正当怀疑假设假定公共受托经济责任的履行过程及其状况一定会有可值得怀疑之处,所以需要有国家审计这种机制来保障其全面有效履行。

该假设有三层含义：

(1) 有正当的理由(或合理的理由)认为受托责任人对公共受托经济责任的履行可能是不够全面、有效的，即可能存在某些不完善或缺陷。

(2) 正是因为公共受托经济责任的履行过程和状况有值得怀疑之处，所以需要建立国家审计这种特殊的监控机制，通过监督促进公共受托经济责任的履行，并对履行状况进行客观、公正的评价和确认。

(3) 通过国家审计这种特殊的监控机制，可以保障和促进公共受托经济责任的履行，并提高反映公共受托经济责任履行状况的财务与经济信息的可信性。

正当怀疑假设的重要意义是确立了实施国家审计的直接原因，为国家审计的实施明确了直接目标，并提供了依据。

5.5.3　可验证假设

可验证假设假定公共受托经济责任的履行状况和相关经济行为活动是可以通过实施恰当的审计程序与方法、客观地收集与评价相关证据、查证相关活动、验证相关信息予以验证和确认的。该假设包括三层意思：

(1) 公共受托经济责任的履行状况和相关经济行为活动是可以验证和确认的。

(2) 这种验证是通过客观地收集与评价审计证据，确认反映公共受托经济责任履行状况的信息实现的。

(3) 为实现此种验证，必须建立审计准则，确立审计标准，并实施恰当、充分的审计程序与方法。

正是因为公共受托经济责任的履行和相关经济行为活动是可以验证的，审计准则的制定、审计标准的运用、审计程序的实施和审计证据的收集评价才具有实际意义。

可验证假设是审计准则理论、审计方法程序理论和审计证据理论的基础，也是审计中运用概率理论的前提和确立审计责任边界的重要依据。

5.5.4　独立性假设

国家审计假设中的独立性假设包括两层含义：第一，假定审计机关和审计人员始终能保持其地位、精神、操作和伦理上的独立，并有能力排除各种可能的干扰与约束，独立实施审计程序和方法，独立行使审计权；第二，假定审计机关和审计人员与被审计单位之间不存在必然的利害冲突，即便有时存在，也可以避免或不妨碍审计行为的有效实施，也就是说，审计行为是有效的。

独立性是审计的灵魂和生命线。即便是形式上具备审计师的资格条件的人，如果其在实施调查检查、收集证据和作出专业判断、发表意见的过程中不能保持其地位、精神、操作和伦理上的独立，那么行为活动也不能称为审计。当然，这里强调的独立性是具有相对性的，而非绝对独立。

独立性假设的重要意义在于其确立了国家审计的本质特征，使之区别于其他类似的检查活动，使国家审计成为一种独特的自成体系的监督检查机制并具有不可替代性。独立性假设是国家审计法规、审计准则、审计职业道德中有关独立性要求及道德行为概念之基本依据。该假设确立了审计的本质特征，也为国家审计行为的有效实施奠定了坚实基础。

5.5.5 胜任能力假设

可验证假设是从技术方法角度假定公共受托经济责任的履行和相关经济行为活动可以通过实施审计活动予以确认。而胜任能力假设则是从审计机关和审计人员自身能力素质方面提出的假设。该项假设假定，不管公共受托经济责任履行过程和相关经济行为活动实施过程有多复杂，审计机关和审计人员始终有充分的专业能力来保障审计行为活动的有效执行。审计机关和审计人员的专业胜任能力是可以通过学历教育、专业培训和实践锻炼培养的，而且也会与时俱进地发展和提升。

以上五项假设相互联系，共同构成了整个国家审计理论体系与实务的基本前提与条件。公共受托经济责任关系假设确立了国家审计存在的基本前提；正当怀疑假设解释了国家审计行为的直接原因；可验证假设提供了实施国家审计手段的基本依据；独立性假设确立了国家审计的本质特征；胜任能力假设则是确保国家审计有效实施的坚强后盾。

5.6 国家审计假设的验证

假设的验证方法主要有四种，即直接验证、间接验证、局部验证与反证，分别适用于不同的情况。本节将结合前面提出的国家审计假设的特性，运用间接验证和反证来验证前文提出的五项国家审计假设的科学性。间接验证通常是指在不能进行直接验证的情况下，将假设的基本观念同其他方面的理论成果相结合，作出进一步的分析与推测，提出一些与假设基本观念相关的预见，然后，对这些预见进行验证。反证是指在直接验证难以奏效时，通过验证与假设相反的判断来确定已有假设的理论价值，也就是通过"排中律"作出"非此即彼"的判断。

5.6.1 五项国家审计假设符合作为假设应具备的特性

（1）五项国家审计假设所揭示的基本前提与条件，都是对客观事物的主观反映，体现了主观见之于客观的特性。

（2）五项国家审计假设都具有明显性，都是一些显然的道理。例如，公共受托经济责任关系假设就具有明显性，因为如果不存在委托人与受托人之间的公共受托经济责任关系，那么，委托人也就没有必要也没有理由要求受托人承担公共受托经济责任并委托审计师对其实施审计。之所以一方要求另一方承担公共受托经济责任并委托审计师对其实施审查，正是因为存在公共受托经济责任关系这一重要前提。独立性假设也具有明显性。因为审计人只有始终保持地位、精神和操作以及伦理上的独立性，才能作出客观、公正的审计判断和提供为外部关系人所接受和信赖的审计报告(意见)。其他几项假设同样具有明显性。

（3）五项国家审计假设都是对经验与事实材料提炼概括的结果，具有高度的抽象性。同时，五项假设分别揭示国家审计存在的基本前提、国家审计行为的直接原因、实施国家审计手段的基本依据、国家审计的本质特征与有效国家审计之基础，共同构成了一个逻辑体系，支撑起整个国家审计理论与实务，因而它们也符合假设应具备的逻辑性特征。

（4）作为一个假设体系，五项国家审计假设还符合连贯性、有效性、一致性和独立性这四个特征的要求。第一，五项国家审计假设紧紧围绕公共受托经济责任这个中心，首尾呼应，前后贯通。第二，每项国家审计假设都能推导出若干有效论断，如从公共受托经济责任关系假设中即可合乎逻辑地推导出应有审计关注、职业审慎和内部控制等概念和命题。第三，各项国家审计假设各自说明一个方面，无抵触之情形。第四，各项国家审计假设具有相对独立性，彼此不存在相互包含之情况。

5.6.2 公共受托经济责任关系假设与正当怀疑假设的验证

（1）公共受托经济责任关系的存在是国家审计之基本前提，这实际已是一项普遍公认的假设。审计学家理查德·布朗在论述审计起源时指出："审计的起源可追溯到与会计起源相距不远的时代……当文明的发展产生了需要某人受托管理他人财产的时候，显然就是要求对前者的诚实性进行某种检查。"他提出了受托经济责任关系问题，并说明了其与审计之关系，由此可以推出公共受托经济责任与国家审计之关系，即公共受托经济责任关系的存在是国家审计产生的重要前提。

澳大利亚审计专家R.O·怀特和R.J·麦克维克曾说过："会计责任性和审

计是紧紧交织在一起、缺一不可的。除非一个组织内有人对向该组织提供的资金负责,否则审计就无法有效进行。"由此可见,受托经济责任关系历来就是支配人们从事审计工作的一项潜在假设,因此,公共受托经济责任关系也是支配人们从事国家审计工作的一项潜在假设。

目前,公共受托经济责任关系假设不仅得到公认,而且还被用以解释其他命题。例如,《公认政府审计准则》(Generally Accepted Government Auditing Standards, GAGAS)就是基于"当公共资金'投资'于某一项活动时,管理当局对实施恰当的管理负有广泛的受托经济责任"这一假设制定的。

(2) 正当怀疑假设除前已提出的理由外,还符合马克思主义哲学精神。马克思在抒发"自白"中,把"怀疑一切"作为最喜欢的箴言。恩格斯在评价马克思时说:"在前人认为已有答案的地方,他却认为只是问题所在。"辩证法包含正当怀疑思想。

其实,信任与正当怀疑本身就是辩证的统一。委托人之所以愿意把资源(财产)委托给受托人经管,首先是因为其对受托人寄予了某种期望与信任。但是,出于主客观原因,受托人之责任履行不可能是全面有效的、客观的,因而委托人和审计人对其责任履行状况保持正当怀疑,进而对其实施审查与控制是很自然的事,这与委托人事先寄予的信任并不矛盾。原联邦德国审计院院长瓦维尔伯格在最高审计机关国际组织第十三届大会开幕式致辞中讲到275年前德国第一个独立于行政管理部门的审计机构——普鲁士会计院的诞生时说:"这一事件的发生是以承认外部资金的管理必须始终接受控制这一观点为基础的。"他引用了列宁最喜欢的格言"信任,但要检查"和德国很流行的格言"信任固然不错,但是控制更佳"为其佐证。这些也可以作为正当怀疑假设之合理依据。

5.6.3 可验证假设、独立性假设与胜任能力假设的验证

可验证性假设在我国得到不少学者承认。杨时展教授提出的审计假设中的第二项就是会计责任可确定性公设,张立民提出的审计假设中也有一项责任可确定假设,这些都是对可验证假设的有力支持。显而易见,这是一项必然的假设,因为如若放弃这一假设,审计就无法实施,实施了也毫无意义。

独立性假设和胜任能力假设在各国的审计准则、原则与职业道德规范中都是必然要求。

这三项假设,用反证法来验证易如反掌。如果公共受托经济责任履行过程及状况是不可验证的,那么一切审计手段的实施也都失去了意义。如果审计人员不

能始终保持其地位、精神、操作以及伦理上的独立性,他就不能作出客观、公正的审计判断,其审计报告(意见)就不会为使用者信任和接受,国家审计就不会作为一项独立的社会行为活动和独立的社会职业而存在。如果审计人员不具备专业胜任能力,那么有效的审计行为就难以实施,即便勉强行事,其结果也失去了国家审计的本来意义。

通过以上验证,本研究认为五项国家审计假设是科学的和有效的。

6 国家审计目标理论

基于公共受托经济责任观的国家审计的本质目标即保障和促进公共受托经济责任的全面有效履行。本章以国家审计目标的内涵界定为基础,论述国家审计目标的构成体系,并进一步阐述国家审计目标实现的条件与机制。

6.1 国家审计目标的内涵

6.1.1 国家审计目标的含义

在特定的社会环境下,国家审计活动想要达到的理想状态或取得的预期效果,就是国家审计想要实现的目标。国家审计目标体现了国家审计本质与特定环境的相互联系和相互作用,主要包括本质目标和具体目标。

国家审计的本质目标是保障和促进公共受托经济责任的全面有效履行。国家审计的本质目标具备高度的抽象性。此本质目标也具有稳定性,换句话说,本质目标在不同历史阶段都能保持相对稳定。

具体目标是对本质目标的进一步分析细化和具体扩充。从本质目标角度来看,本质目标是制定具体目标的基础和前提。假如本质目标不明确,则无法将本质目标进一步分解和扩充为具体目标。从具体目标角度看,具体目标是本质目标的细化分解。假如出于各种原因具体目标没有实现,那么再完美的国家审计本质目标也是无用的。目前,国家审计的具体目标主要可以分为财务审计目标、合规审计目标、绩效审计目标、经济责任审计目标、资源环境审计目标及金融审计目标等。由于公共受托经济责任的内涵随着时代发展而不断丰富与完善,国家审计目标还可以拓展为:维护经济安全,监督与制约权力运行,推进民主政治,服务国家治理,推动经济高质量发展以及服务重大风险防控。

6.1.2 国家审计目标的重要性

国家审计本质上是为了保证公共受托经济责任的全面有效履行。因此,国家审计的目标是围绕公共受托经济责任这个理论原点来实现的。基于此,国家审计目标的重要性体现为三点。

1. 国家审计目标是国家审计行为活动的起点和归宿

作为一种特殊的人类行为活动,国家审计行为活动一定也有其确定的目标。以某一具体的目标作为起点并围绕该目标来进行相关活动,最后完成预期的目标,这就是整个国家审计行为活动的流程。绩效审计的目标是审查受托人是否以经济节约和富有效率的方法使用受托经济资源,是否在为完成各种经营目标以及使与经营有关的活动获得预期效果而付出努力;他们是否已经建成了稳定的内部管理控制系统以确保经管活动以具有经济性、效率性、效果性的方式运行。因此,绩效审计常常以此为审计行为活动的起点,并围绕此目标获取与评价所搜集的证据,最后得出受托人是否很好履行了他们的职责的结论。在以揭弊查错为主要目标的合规审计中,审计行为活动的出发点就是揭露舞弊、检查错误,所有审计证据的获取与评价都是以这一目标为中心开展的,最终的审计报告也必须对这方面的情况进行说明。综上所述,国家审计目标是国家审计行为活动的灯塔。如果国家审计没有目标,国家审计行为活动仿佛就是失去航向的船只,始终到达不了理想的彼岸。

2. 国家审计目标是国家审计职能充分发挥作用的重要前提

控制论的观点认为,控制与目的是直接相关的,缺少了目的,控制就不能称为控制。对系统进行控制,是为了确保系统在不断变化的外部条件下能有效地完成某些带有目的性的行为活动。狭义的具体控制活动目标,在实际控制活动中体现了广义的控制活动目的。通常而言,控制行为有如下两种目标:一方面是保持系统原有状态及稳定,如果出现偏离的情形,使其恢复为原来状态;另一方面是引导系统的状态从而使其达到一种新的理想状态。因此,目标是任何控制系统或控制行为实现预期功能不可缺少的前提。

国家审计作为一种独特的控制行为,其本质功能是控制。如果缺少了国家审计目标,那么也就不存在国家审计控制;任何国家审计控制都是针对特定的国家审计目标而实施的控制。

国家审计的本质目标是保障和促进公共受托经济责任的全面有效履行。国家审计控制与此目标的关系可以从两个方面理解:一是在对公共受托经济责任履行状况予以确认的国家审计活动中,如果国家审计发现受托人的某些行为对全面有效地履行其公共受托经济责任有损害,则能通过审计信息反馈活动,纠正其行为并督促其全面有效履行其责任;二是通过国家审计的社会威慑作用,指引所有受托人有效、全面、自觉地履行公共受托经济责任。如果没有公共受托经济责任这一根本、基础性目标,国家审计也就失去其意义,进一步讲,国家审计控制也将消失。

3. 国家审计目标理论是国家审计理论框架必不可少的构成要素

国家审计目标理论是国家审计理论框架一个合乎逻辑的必然要素,其在国家审计理论框架中的地位与作用是:一方面直接完整地反映和体现国家审计本质理论与国家审计假设理论的要求与精神;另一方面又直接决定、指导和制约着国家审计信息理论、国家审计规范理论、国家审计方法理论、国家审计功能理论与国家审计行为理论的内容和要求。因此,国家审计目标理论是整个国家审计理论框架的枢纽,将整个国家审计理论框架中的各理论要素有机地联系起来。国家审计目标研究是整个国家审计理论研究之轴心。若不认真研究国家审计目标,对其他问题的研究就难以展开,整个国家审计理论研究将呈现混沌状态。

6.2 国家审计目标的构成体系

按照审计的基本内容划分,可以将国家审计目标分为财务审计目标、合规审计目标、绩效审计目标、经济责任审计目标、资源环境审计目标及金融审计目标等。

6.2.1 国家审计的目标

1. 财务审计目标

财务审计主要涉及行为责任中的保全责任和控制责任以及报告责任中的财务报表(告)、舞弊防范报告和控制结构报告。换言之,财务审计旨在保障公共受托经济资源的安全完整;关注受托人是否建立了严密完整的内部控制体系以保证公共受托经济资源安全完整和会计信息的准确可靠;审查受托人的经营管理活动过程中是否有舞弊欺诈和贪污盗窃行为,受托人是否采取了有效的措施防范这类行为发生。

2. 合规审计目标

合规审计主要涉及行为责任中的遵纪守法责任、控制责任和报告责任中的法纪遵守情况报告和控制结构报告。正如前文所述,合规审计就是要审查受托人的行为活动是否全面地遵守了各种法规、制度与合同等,是否设置了有利于各种法规、制度与合同等得以遵循的内部管理控制程序与手段以及其实际效果如何。为此,必须审查法纪遵守情况报告、舞弊防范报告和控制结构报告的公允性,审查这些报告是否公允地反映了受托管理当局的遵纪守法情况、舞弊防范措施和内部管理控制的设置状况与实际效果。

3. 绩效审计目标

绩效审计主要涉及行为责任中的节约责任、效率责任、效果责任和管理控制责任以及报告责任中的经营活动报告与经营目标报告。正如前文所述,绩效审计就是要审查受托人是否以经济节约和富有效率的方式运用受托经济资源,是否在为实现各种经营目标以及使经营活动获得预期效果而努力奋斗,是否建立了充分可靠的内部管理控制系统以保证经管活动以具有经济性、效率性、效果性的方式进行。为此,国家审计必须审计经营活动报告、经营目标报告和控制结构报告的公允性,即审查报告是否公允地反映了经营过程中各种降低消耗、减少浪费、提高效率的措施的实行情况及其实际效果,是否公允地揭示了各项经营目标的实现程度与实际效果,以及是否公允地反映了管理控制程序的设置状况及其充分性、可靠性与实用性。

4. 经济责任审计目标

经济责任审计是现代审计理论与方法结合中国特色的审计实践产生的一种制度创新。经济责任审计以促进领导干部履职尽责、担当作为、廉洁用权、干净干事为目标,加强对各级各部门党政主要领导干部和国有企事业单位主要领导人员的经济责任的审计,深入揭示领导干部决策失误、权力失控以及不作为、慢作为、假作为、乱作为等问题,旨在促进权力规范运行和责任落实。经济责任审计重点关注领导干部践行发展新理念、推动高质量发展情况,领导干部落实经济决策和履行经济管理职责情况以及领导干部廉洁从政情况。

5. 资源环境审计目标

资源环境审计是审计机关以习近平生态文明思想为指引,落实绿色发展理念,促进"五位一体"总体布局和"四个全面"战略布局的实施,对政府和企事业单位有关自然资源开发利用管理和生态环境保护情况实施的审计。资源环境审计的目标是确保审计主体在遵守审计准则和相关法律法规的前提下,实现资源利用和环境保护的合法性与效益性,进而实现人类社会与自然资源的可持续发展。资源环境审计的目标主要包括合法性目标和效益性目标。合法性目标是指资源的开发利用、环保资金的使用等有关资源环境管理的各个方面应符合相关法律法规的规定。效益性目标要求被审计单位加强资源环境管理时,不仅关注经济效益,还应该关注社会效益和生态效益。

6. 金融审计目标

金融审计的对象主要是金融管理部门、国有及国有资本占控股地位的各类金融机构及其领导人员。金融审计的目标是通过对金融管理部门和金融机构的财务收支及资产、负债、损益的真实、合法、效益的审计监督,以促进防范风险、提高效益、规范管理来推进被审计单位建立安全高效稳健的金融运行机制,促进金融监管机构依法履行职责。随着审计实践的发展和审计监督的需要,金融审计的对象进一步拓展到了金融市场。新时期,金融审计也有所变化:①以促进金融业持续健康发展为目标,重点对金融业总体走势开展宏观审计;②以提高金融企业竞争力为目标,重点对金融系统开展效益审计;③以防范和化解金融风险为目标,重点对存在风险状况的单位开展风险导向审计;④以提高金融系统运营水平为目标,重点对资产质量开展审计;⑤以促进国家宏观政策落实水平为目标,重点对国家宏观政策落实效果进行审计。

6.2.2 国家审计目标的拓展

国家审计的本质目标是保障和促进公共受托经济责任的全面有效履行。随着经济社会的发展,公共受托经济责任的内涵和外延也在拓展,对行为责任和报告责任的要求亦不断提升,促使国家审计目标随之不断完善。

1. 维护经济安全

维护经济安全是国家审计服务国家治理的重要内容(蔡春和蔡利,2012),亦是国家审计的重要目标。根据国家总体安全观,经济安全是国家安全的重要组成部分。为了保持经济稳定,增强我国金融体系抵抗外部冲击的能力是关键。金融活,经济活;金融稳,经济稳。防控化解重大风险,关键在金融风险,我国需要牢牢守住不发生系统性金融风险的底线。经济安全在社会发展中日益重要,公共受托经济责任的行为责任随之拓展,政府在经营和管理公共受托经济资源过程中,对维护经济安全的需求逐步增强,国家审计作为促进政府全面有效履行公共受托经济责任的一种监控机制,亦应相应地将维护经济安全作为其重要的目标之一。

2. 监督权力运行

国家审计是党和国家监督体系的重要组成部分,监督与制约权力运行是国家审计的重要目标之一。随着国家治理对权力运行制约需求的不断提升,公共受托经济责任的行为责任开始聚焦权力运行,并以监督与制约权力运行为重要目标。国家审计在公共权力的平衡中起到了不可替代的作用,其核心是通过监督、控制和反馈信息来维护国家系统的正常运行。国家审计亦可通过对公共权力和公共资源实施审计,及时发现违法线索,揭示违法行为,将违法线索移送相关部门,监督权力运行,抵御腐败发生。

3. 推进民主政治

民主政治是保证社会稳定、进步与持续发展的必不可少的基础。因此,所有的公民都应有了解政治事务的渠道,他们应该能够评价那些影响他们福利的提案和推进公共利益改善的政策。推进民主政治、维护人民根本利益是国家审计的又一重要目标。发展社会主义民主政治要坚持中国特色社会主义政治发展道路,坚持党的领导,坚持人民当家作主。国家审计以其特有的专业能力和客观独立的地位,在提供有关经济信息、提高政府关于运用公共资源的信息可靠性方面,有着特殊的优势,发挥着不可或缺的作用。同时,国家审计通过对政府履行其经济责任产生的相关信息的独立客观检查、评价与反馈,为保证公共资源的有效运用提供合理保证,进一步推动民主政治的平稳发展。

4. 服务国家治理

满足国家治理需求是国家审计产生和发展的动因之一。国家审计是宪法和法律确定的一项基础性制度安排,在国家治理体系中是监督体系的重要组成部分。国家审计通过其独立客观公正的监督、评价与鉴证,对国家治理体系中的其他子系统规范和高效运转提供了重要保障,其全面性与专业性是推动国家治理体系和治理能力现代化的不可或缺的保障。国家审计产生于公共受托经济责任关系的确立,作为一种特殊的经济控制,国家审计通过发挥监督、评价等功能促进国家治理的完善,推进民主政治建设,确保公共权力的阳光运行,促进公共资源合理有效配置,妥善处理或平衡不同利益相关方的利益诉求。

5. 促进经济高质量发展

促进经济高质量发展也是国家审计的重要目标之一。从公共受托经济责任的角度看,国家审计是基于公共受托经济责任关系而产生、存在和发展的,是以促进和保障公共受托经济责任全面有效履行为目标的。公共受托经济责任与时俱进地发展变化是推动国家审计理论与实务不断创新发展的内在动力。推动经济高质量发展已成为公共受托经济责任的新内容,所有的审计包括国家审计自然都要服务于经济高质量发展。从控制观的角度来看,审计是经济运行系统中的一种独特的监控机制,旨在揭示和防控风险,促进和保障经济运行系统按照既定目标、遵循既定的制度和规则有效运行。因此,国家审计在服务经济高质量发展的过程中发挥至关重要的作用。

6. 服务重大风险防控

防控重大风险是国家审计目标的重要拓展。风险防控是维护国家安全的前提和基础,对风险的有效揭示和预警是风险防控的重要环节。金融系统是国家的经济血脉,金融系统一旦崩坏,那么整个国家经济系统就难以正常运行,国计民生将遭到重创。因此,如何防范并化解系统性金融风险是政府审计关注的重要内容。

伴随公共受托经济责任的不断变化,行为责任更为强调政府对宏观风险的把控,报告责任则更强调政府加强对风险的发现和揭示。因此,国家审计相应地将重大风险防控作为重要目标。国家审计通过加强关注并降低中央政府债务风险、地方政府债务风险、银行和其他金融机构风险实现重大风险防控,最终保证公共受托经济责任的全面有效履行。

6.3 国家审计目标实现的条件与机制

基于国家审计的本质目标与具体目标的特殊性,审计目标实现的条件与机制主要有以下四点。

6.3.1 充分认识国家审计控制功能

国家审计是一种特殊的经济控制行为。国家审计目标就是国家审计控制的目标。要实现国家审计控制的目标,必须充分发挥国家审计的控制功能。为此,需要正确地认识和理解国家审计的控制属性与功能,将控制论和经济控制论中的理论与方法用于指导国家审计控制行为,如此方能保证国家审计目标的实现。

国家审计的控制功能是受托经济责任内涵拓展的结果,受托经济责任随着委托方要求不断提高而发展,国家审计的功能亦随之拓展。随着受托方管理层级的增加,受托经济责任形成链式的连锁结构,每一层级的受托经济责任都具有不同的内涵,对国家审计的要求也不同,进而衍生出新的国家审计控制功能。例如,国家审计主体可以对权力对象进行审计,确认权力是否被适当地运用等,这些都是国家审计控制功能的具体体现。

6.3.2 建立完善国家审计规范体系

国家审计规范是国家审计目标实现的指路航标。如果离开了国家审计规范,国家审计目标就无法正常实现。国家审计规范的最大功效在于可以大大增强国家审计服务的供给能力,进而促进国家审计目标的顺利实现。

国家审计规范是指各种指导国家审计行为的标准的总称,包括与国家审计相关的法律、审计准则和审计道德规范。国家审计规范与国家审计目标存在辩证联系。一方面,国家审计目标是国家审计规范的制定基础,国家审计目标及业务类型不同,国家审计规范的核心内容也会存在差异;另一方面,国家审计规范是引导国家审计目标顺利实现的航标,会影响国家审计目标实现程度。如果缺少健全有效的国家审计规范,则国家审计目标将最终无法正常实现。

同时,我国必须加强和改进审计组织管理模式,在国家审计组织管理模式方面进行创新,这也是数字经济时代的必然选择。另外,还可以建立任职专业资格管理办法和准入机制,为国家审计事业发展创造良好环境;建立国家审计人员准入制度,根据审计法和公务员法的规定,进行分类管理、分类指导。对国家审计人员的管理,可以采用"双重制",既按公务员的要求管理,又按审计职业要求管理。也就是说,国家审计人员既要有公务员的政治、思想品德,又要有审计师的专业素质和职业道德。

6.3.3 确保国家审计信息高效传递

国家审计行为是一种控制行为。控制离不开信息,信息是控制的基础和前提。要保证控制的充分有效,必须保证控制所需信息符合特定的质量要求,同时,还必须保证符合特定质量要求的信息能够顺利迅速传递。同样,国家审计控制也要求国家审计信息符合特定质量特征,并要求国家审计信息能够及时、迅速地反馈给审计委托人、被审计人和有关信息使用者,以便及时纠正被审计人有悖于国家审计目标的行为,以保证国家审计目标圆满实现。

面对日趋复杂的审计对象、不断增多的国际合作机遇、提高审计效率和降低审计成本的压力,如何加强国家审计信息化建设已成为我国审计理论界和实务界亟待解决的课题。加强国家审计信息化建设是保证国家审计目标实现的重要路径。在当今信息化形势下,与过去的财务舞弊手段相比,现在的舞弊手段更具隐蔽性、复杂性,仅仅使用传统的审计方式和审计手段已不能及时发现、揭露各种舞弊行为。只有实现国家审计信息化,国家审计才能及时揭露各种违法犯罪行为,才能确保政府依法、有效地履行职责,才能确保经济社会健康运行。

实现国家审计信息化有利于提高审计效率,降低审计成本。从我国国家审计的发展来看,国家审计也需要及时变革。随着经济社会的快速发展、企业经营范围和经营规模的迅速扩张,国家审计的广度和深度不断扩大:国家审计的数据从以前的零星少量发展到现在超乎想象的规模;国家审计从最初对数据真实性、合法性进行核查,发展到效益审计阶段对被审计单位使用和管理公共资源的经济性、效率性和效果性进行检查;国家审计从开始的事后审计逐步扩展到事中、事前审计;国家审计从监督经济活动运行提升为保障经济社会安全运行。面对越来越繁重的审计任务和日趋复杂的审计对象,国家审计若局限于传统的手工审计条件,势必会影响审计效率,增加审计成本,扩大审计风险。审计信息化正是解决这一矛盾的有效途径。只有实现审计信息化,在审计中采用先进、科学的审计方法,逐步推进审计信息化建设,才能满足国家审计的发展,为国家治理提供更高质量的审计服务。

实现国家审计信息化可以从以下几个方面入手:①采取灵活多样的形式和措施,在国家审计系统培养和巩固国家审计信息化意识。②提供国家审计信息化必要的培训和应用环境。③提高国家审计人员运用信息化技术开展审计工作的能力和素质。国家审计人员要提高素质,不仅要注重政治理论和业务知识的学习,还要加强计算机基础知识和操作技能培训,并重视团队合作。

6.3.4 发挥国家审计功能的手段

国家审计要实现控制目标必须借助适当的控制手段与方式。为保证国家审计目标的实现,需要根据控制论和经济控制论的原理与方法来设计国家审计控制的手段与方式,并将其运用于国家审计控制行为和过程之中。

1. 国家审计控制手段

手段即方法,所谓国家审计控制手段,是指有助于实现国家审计目标的各种方法。与一般控制目标的实现必须借助相应的控制手段一样,国家审计控制目标的实现也必须通过特定的国家审计控制手段。概言之,国家审计控制手段可以分为四大类:审计形式、审计标准、审计立法和审计权力。

1) 审计形式

一种国家审计形式就是一种国家审计控制手段。在一定意义上,国家审计控制过程就是实施国家审计的过程。每一项具体的国家审计控制行为都是通过某种形式的国家审计实现的,因此,一种特定形式的国家审计也就是一种特定的国家审计控制手段,而实施该种国家审计也就是在进行该种国家审计控制。国家审计按照涉及的公共受托经济责任之基本内容可以分为财务审计、合规审计、绩效审计等形式。实际上,所有这些国家审计形式都是保证公共受托经济责任全面有效履行的国家审计控制手段。

为了适应公共受托经济责任内容与范围的扩展,国家审计组织有必要开发新的国家审计形式。公共受托经济责任的内容与范围是不断扩展的,作为确保公共受托经济责任全面有效履行的国家审计,在形式上也在不断创新与发展。正如杨时展教授所说:"国家审计因公共受托经济责任的发生而发生,又因公共受托经济责任的发展而发展。"实际上,只有不断开发新的国家审计形式,才能确保已扩展的公共受托经济责任的全面有效履行。这是国家审计与公共受托经济责任之间的辩证关系。正是因这种关系的螺旋式上升发展,国家审计如今才呈现得如此千姿百态。

在所有国家审计控制手段中,审计形式居于主导地位。国家审计控制过程主要就是特定形式国家审计的实施过程,没有现实的国家审计行为活动,也就没有特定的国家审计控制。其他几类审计控制手段的作用都要通过特定的审计形式体现,或者说,都渗透于特定的审计行为活动之中。尽管其他审计控制手段可以相对独立地发挥作用,但是,离开特定的审计行为活动,其作用将失去根基。

2) 审计标准

作为国家审计控制手段的审计标准可以称为审计要素标准或判据性标准,如财务审计中所依据的公认会计原则、法纪审计中所依据的各种法规制度、绩效审计中评价绩效水平的各种标准。

通俗地说,国家审计是一种特殊的对比检查活动,国家审计标准即该种对比检查中国家审计人员实施判断之依据。显而易见,没有这种判据性标准,国家审计人员就无法进行审计判断,就无法进行现实的国家审计行为活动;没有现实的国家审计行为活动,国家审计控制也就成了无源之水,无本之木。因此,国家审计标准是形成完整的国家审计控制不可或缺的要素,其本身也发挥着控制手段的作用。

国家审计标准本身也是对被审计人行为的一种约束。对被审计人来说,国家审计标准是一种强大的威慑力量,它促使被审计人注意调整自己的行为,使之尽可能符合既定标准之要求,因为其所有行为都将受到独立专家依据既定标准开展的审查。由此可见,国家审计标准本身也可以作为相对独立的国家审计控制手段。

3) 审计立法

审计立法是一种强有力的审计控制手段。审计立法作为一种控制手段,通过法律的强制力量实现对被审计人的控制。具体来说,体现在以下几个方面:第一,以法定义务的形式将履行公共受托经济责任的内容具体化为对被审计人提出的法定要求。第二,以法定义务的形式要求受托人必须接受审计并执行审计结论与决定。第三,对未履行或不履行法定义务的行为所应当承担的法律责任作出规定,以此强化被审计人履行公共受托经济责任的意识。

审计立法之所以可以起到控制手段的作用,完全是由于法律所特有的强制力是国家意志的体现,其作用的发挥是以强大的国家机器为后盾的。

4) 审计权力

审计权力是指审计机关或组织实现其目标所应享有的权力。那么,一个审计机关或组织为了实现其目标,应享有或拥有哪些权力呢?或者说,这种权力包括哪些内容呢?我们认为,审计权力基本包括五个方面的内容。

(1) 审计实施权。这是指国家审计机关或组织及其审计人员享有施行任何种类审计之权力,如财务审计、法纪审计与绩效审计,事前审计与事后审计,定期审计与不定期审计等,都属于审计实施权的范围。只要有委托人之委托或授权(表示存在客观需要),国家审计机关或组织就可以实施任何种类的审计。国家审计实施权的实现有赖于国家审计调查权与国家审计报告权。这是因为国家审计行为过程本身就是由国家审计调查过程与报告过程构成的。

(2)审计调查权。这是指国家审计机关或组织具有的从任何方面或人员那里获取资料,即收集证据以证实公共受托经济责任履行状况的权力。我国审计法第三十四条、第三十六条和第三十七条也规定:审计机关有权要求被审计单位按照审计机关的规定提供财务、会计资料,以及与财政收支、财务收支有关的业务、管理等资料;有权检查被审计单位的财务、会计资料以及与财政收支、财务收支有关的业务、管理资料和资产;有权就有关问题向有关单位和个人进行调查。

(3)审计报告权。这是指国家审计机关或组织有权将通过调查过程证实的公共受托经济责任履行状况的信息,即形成的审计结论,反馈给委托人或有关的利益关系人,以便确认、解除受托人的公共受托经济责任,或者纠正受托人之不利于公共受托经济责任全面有效履行的经济行为。

(4)审计建议权。这是指国家审计机关或组织有权就受托人在公共受托经济责任履行过程中的不完善方面,如就财务管理系统和内控系统中的薄弱环节,向受托人提出建议。这种建议可反映在审计报告中(我国),也可以专门的报告形式(如"致管理当局函")反映(美国),为了保证审计建议权的实现,国家审计机关应定期进行后续审计以检查被审计单位对审计建议的执行情况。

(5)审计处理权。这是指国家审计机关或组织对被审计单位违反法规制度与要求的行为应具有的相应的处理或制裁权力,如行政处分、经济处罚和诉诸法律等。审计处理权有助于强化审计实施权和审计建议权。很多国家的国家机构没有审计处理权,而我国的国家审计机关具有明确的审计处理权。

以上"五权"不是彼此分离的,而是紧密相连的,共同构成一个审计权力结构体系。审计实施权直接体现为审计调查权和审计报告权;审计实施权是审计建议权之依据与基础,而审计建议权则是审计实施权之自然延伸;审计实施权是审计处理权之依据与基础,而审计处理权不仅是审计实施权之自然延伸,而且还有助于强化审计实施权;审计建议权是审计处理权的基础,而审计处理权又有助于强化审计建议权。

2. 国家审计控制方式

任何控制行为过程,由于其具体对象与目标的不同以及系统状态的不同,所运用的控制方式也不同。因此,国家审计控制方式之研究非常重要。

1) 闭环控制

闭环控制也称反馈控制,是根据反馈原理对系统进行调节的一种控制形式。简而言之,就是运用受控系统之反馈信息来调节受控系统之输入(或行为),以达到或实现控制目标。反馈控制是最基本的国家审计控制方式,在一定意义上说,没有国家审计信息反馈,也就没有国家审计控制。

国家审计信息反馈是一种负反馈,即通过不断地减少或缩小公共受托经济责任的实际履行情况与自然状态之偏差达到促使公共受托经济责任得到全面有效履行这一终极目标。

2) 试探控制、经验控制、推理控制与最优控制

试探控制、经验控制、推理控制与最优控制是按照逻辑发展关系划分形成的四种控制方式,也是适用于审计控制的控制方式。

(1) 试探控制,也称随机控制,是初级控制方式,也是其他控制方式之基础。试探控制过程由一系列选择判断构成;每一次选择判断,若出现的结果达不到目标要求,控制仅表现为否决结果,而把选择判断继续下去;一旦选择的结果达到目标要求,判断也就终止,控制也就结束。

(2) 经验控制,也称记忆控制,是一种被广泛应用的控制方式。试探控制所获得的直接成果就是经验,把这种成果用于指导下一次控制或以后的控制,也就形成所谓的经验控制。经验控制是一种主要的审计控制方式,贯穿于审计控制过程的始终。

(3) 推理控制,也称逻辑控制,是试探控制与经验控制相结合的产物。其原理是:根据事物之间的相似性,用类比的方法,将对一种事物的控制用于另一种事物的控制,也就是把原先不能控制的甲事物变成能控制的乙事物,通过对乙事物的控制来达到对甲事物的控制。因此,该种控制又称共轭控制。

(4) 最优控制,就是符合最优标准的控制。这是控制方式发展的高级形式,是"选优求好"思想在控制活动中的具体体现,是人类主观能动性高度发挥的产物。最优控制是现代审计控制之主要特征之一。从本质上讲,所谓审计的最优控制,就是既要保证公共受托经济责任的全面有效履行,又要使审计控制成本相对最低。

3) 目标控制

目标控制又称跟踪控制或随动控制,是经济控制中的基本控制方式。目标控制方式同样适用于审计控制,而且也是审计控制的重要方式。

4) 其他控制

除上述讨论的控制方式外,其他控制方式还包括集中控制与分散控制,预先控制、实时控制与事后控制,直接控制与间接控制,非行政控制与黑箱控制。这些也都适用于审计控制,因而都是国家审计控制方式系统中的元素,在国家审计控制中发挥着各自的作用。

需要说明的一点是,本节提及的审计控制方式可能并不全面、完整:一是因为控制方式或经济控制方式究竟有多少种很难确定;二是因为本节所作的选择本身就可能存在遗漏或残缺不全。但是,应该说,上述概括的审计控制方式是目前可能概括的最基本的一些控制方式。当然,随着控制论和经济控制论的进一步发展、控制方式的不断开发与创新,新的国家审计控制方式也将层出不穷。

7 国家审计行为理论

国家审计的特定审计行为活动主要包括国家审计调查过程和国家审计报告过程,即收集与评价审计证据,作出审计判断,客观、公正地报告公共受托经济责任的实际履行状况。

本章主要阐述国家审计行为的内涵、国家审计行为产生的动机与主要特征、国家审计行为的构成与作用方式、国家审计行为的影响因素等。

7.1 国家审计行为的内涵

7.1.1 国家审计行为的含义

"行为"即"活动"。本研究重点以特定的国家审计组织的行为活动,探讨国家审计组织的行为规律。

国家审计行为是指在保障和促进公共受托经济责任全面有效履行的过程中,国家审计开展的特定审计活动,包括国家审计项目计划行为、国家审计准备行为、国家审计调查行为和国家审计报告行为。国家审计行为即收集与评价审计证据,作出审计判断,客观、公正地报告公共受托经济责任的实际履行状况。

7.1.2 国家审计行为的本质属性

按照审计控制论的观点,国家审计是一种特殊的经济控制机制,其本质目标是保障和促进公共受托经济责任的全面有效履行。国家审计行为的本质属性是经济控制,即国家审计行为也是一种控制行为。国家审计控制行为的控制主体由审计人和审计委托人共同组成,前者为第一控制主体,后者为第二控制主体,这体现了国家审计控制主体的双重性特征,成为国家审计控制区别于其他控制的一大特点。另外,国家审计行为的控制还是由独立的第三方实施的兼具直接性与间接性的控制。

7.2 国家审计行为产生的动机与主要特征

7.2.1 国家审计行为产生的动机

动机是行为产生的直接因素,对行为活动的发生发挥促进作用,但其本身并不属于行为。对国家审计行为产生与发展的动机,可以从不同的审计动因理论视角加以探讨。

1. 监控公共受托经济责任的需求

公共受托经济责任观认为,国家审计基于公共受托经济责任关系的存在而产生,并伴随着公共受托经济责任的发展而发展;国家审计的存在是确认、解除公共受托经济责任的需要。公共受托经济责任关系的存在是现代国家审计产生的基本前提(蔡春等,2012)。

当公共受托经济责任关系确立后,客观上就存在委托人对受托人实行监控的需要,需要独立的第三方对受托人履行公共受托经济责任的情况进行监控。审计的三方关系人理论指出,审计行为发生的前提是存在三方关系人:审计委托人、被审计人和审计人。在国家审计中,审计委托人是指公共经济资源或资产的所有者——广大人民群众;被审计人是指受托经营和管理公共经济资源或资产的政府及相关部门;审计人是指国家审计机关。国家审计是一种特殊的经济控制机制,目的是保障和促进公共受托经济责任的全面有效履行。因此,监控公共受托经济责任是国家审计行为产生的动机。

2. 提高信息质量的需求

赋予可信性观认为,审计是基于赋予公司财务报表可信性的需要。审计有助于提高信息的质量,有助于提高使用者对信息质量评价。委托代理关系的存在,可能导致信息不对称等信息风险。政府及相关部门接受公众委托,承担公共受托经济责任。公共受托经济责任包含行为责任和报告责任,由此产生公共受托经济责任履行信息的质量问题。经过国家审计审查并由国家审计报告的信息具有更高质量,对各种信息使用者更为有用。因此,对公共受托经济责任履行信息质量提升的需求,推动国家审计行为的产生。

3. 国家治理的需求

国家实现治理目标需要投入资源,而资源的稀缺性决定了对资源配置的监督成为必然,于是公众产生了国家审计需求(王会金等,2012)。国家是基于公共受托经济责任关系而存在的(蔡春等,2012;蔡春和蔡利,2012),在国家治理中,公众委托政府及政府部门分配、使用、管理公共资源,因而,监督政府对公共受托经济责任的履行情况,维护公共资源和公共利益,更好服务国家治理的需求,成为国家审计行为产生的动机。

4. 公司治理的需求

公司治理(管制)的社会政治观认为,必须把审计放在社会政治框架关系中考察。审计是现代社会创造的控制系统的组成部分,其旨在管制公权力和私权利的行使。在国家审计领域,国家审计是现代社会控制系统的一部分,其旨在管制公共经济权力的实施。

国有企业是国民经济的重要支柱,国有企业经营者受托经济责任的履行情况需要审计监督。国家审计监控国有企业运营过程中的国有资本、国有资源以及国有企业领导人员的权力运行,有利于国有企业公司治理水平的提升。因此,国有企业的公司治理需求成为国家审计行为产生的动机。实践中,2016年12月,中共中央办公厅、国务院办公厅专门印发了《关于深化国有企业和国有资本审计监督的若干意见》,明确深化国有企业和国有资本审计监督,要围绕国有企业、国有资本、境外投资以及国有企业领导人员履行经济责任情况,做到应审尽审、凡审必严;要完善国有企业和国有资本监督体制机制,做到国有企业、国有资本走到哪里,审计就跟进到哪里,不留死角。

5. 民主政治的需求

社会主义民主政治的根本目的是提高人民生活水平、保障人民的权利。民主政治要求更好地维护人民群众的权益,保障群众参与权、决策权、知情权与监督权等基本权利的完整实现。国家审计是民主政治的表现,是实现现代民主的手段,国家审计监督政府执政为民。因此,人民对民主政治的需求推动国家审计的产生与发展。

7.2.2 国家审计行为的主要特征

关于国家审计行为的研究还探讨国家审计行为的特点与规律。国家审计是国家审计组织依法独立开展的专业行为,本研究认为国家审计行为主要表现出独立性、专业性、法定性、强制性、全面性、不可替代性六个特征。

1. 独立性

独立性是指国家审计行为必须保持独立性,包括内在(精神上)和外在(形式上)的独立。内在(精神上)的独立是指国家审计行为的主体必须在精神态度上保持客观公正的立场,做出公正无偏的判断、意见和报告。外在(形式上)的独立是指国家审计机关必须具备组织地位上的独立和工作过程中的独立,在地位上不能隶属于被审计单位,在工作过程中不受外来干扰和影响,特别是不受来自行政部门的干扰和影响。

具有独立性的国家审计行为才能产生客观而有效的审计结果。独立性是国家审计行为最根本的特征,是国家审计行为区别于其他行为最重要的特征,是国家审计的灵魂与生命线。

2. 专业性

专业性是指国家审计行为必须由具有专业胜任能力的审计人员开展,国家审计人员需要具备专业的知识储备与能力,国家审计行为应当遵从专门的国家审计准则。

公共受托经济责任关系是国家审计存在的首要前提,而公共受托经济责任包括经营和管理公共资金、国有资源和国有资产等公共经济资源,还包括贯彻落实国家重大政策措施。国家审计的本质目标要求国家审计人员具备专业知识、专业胜任能力和工作经验,包括精通财政财务知识,熟练掌握计算机操作,熟悉国家重要政策措施;同时还要求国家审计人员严格遵守法律法规,遵守国家审计准则,恪守审计职业道德。

3. 法定性

法定性是指国家审计的审计内容、审计职权由法律法规来保证与规定。

政府接受人民的委托,经营和管理公共经济资源,形成了特殊的特大型的复杂组织。政府接受人民委托,依法行使公共经济权力,依法进行国家治理。作为国家审计行为的监控对象,政府拥有很高的公权力。为了保障国家审计功能的有效发挥,达到保障和促进公共受托经济责任全面有效履行的本质目标,宪法、法律等对国家审计行为提供有力保障和支持。

我国的宪法、审计法、《审计法实施条例》、《国务院关于加强审计工作的意见》、《关于完善审计制度若干重大问题的框架意见》及相关配套文件,都对国家审计监督作出了明确规定,使国家审计行为具有法定性。

国家审计行为的法定性表现在三个方面:第一,审计的内容是法定的。国家审计的具体内容是由国家法律规定的,任何单位和个人都不得任意增减。审计权限的大小,既不取决于审计机关自身的意志,也不取决于其他任何组织或个人的意志,而是直接取决于国家相关的法律规定。第二,审计机关行使权限的条件是法定的。只有法律规定的条件成熟时,审计机关才能行使相应的审计权限。第三,审计行为的程序是法定的。国家审计行为必须严格遵守法定程序,否则审计机关将承担相应的法律责任。

4. 强制性

国家审计的强制性主要体现在审计立项、审查等程序方面。审计项目立项由审计机关依据公共受托经济责任的要求及实际情况确定;审计机关在审计中依法具有强制审查权,其他组织机构和个人不能阻挠。国家审计的权力由法律赋予,不受其他行政机关、社会团体和个人的干涉。

我国宪法规定,国务院和县级以上地方各级人民政府设立审计机关。可见,我国审计机关属于国家行政机关。与审计机关的行政机关属性相适应,国家审计行为属于国家行政监督权的范畴。因此,国家审计行为是国家意志的体现,具有国家强制力。

5. 全面性

国家审计的对象及国家审计行为构成具有全面性特征。理论上,公共受托经济责任延伸到哪里,国家审计就应跟进到哪里。这也是国家审计实施、实现全覆盖的重要理论基础。

国家审计的本质目标是保障和促进公共受托经济责任的全面有效履行,则所有接受委托行使公共经济权力、承担公共受托经济责任的单位和个人都应依法接受国家审计组织的审计。因此,国家审计对象基本涵盖国家政治、经济、文化、社会、生态文明治理的各个领域。

实践工作中,国家审计行为构成包括国家审计计划行为、国家审计准备行为、国家审计调查行为和国家审计报告行为。国家审计行为构成可谓"从头到尾",具有全面性。

6. 不可替代性

国家审计的本质是一种特殊的经济控制,包含监督、评价与鉴证三项基本功能。国家审计是国家监督体系的重要组成部分,而国家审计行为特有的独立性、专业性、法定性、强制性和全面性等特征使其区别于其他类似的检查监督,具有不可替代性。

国家审计行为的主要特征,如图 7-1 所示。

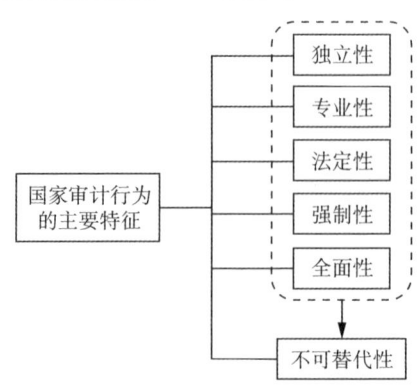

图 7-1 国家审计行为的主要特征

7.3 国家审计行为的构成与作用方式

7.3.1 国家审计行为构成的系统论分析

系统论观点指出,系统是指由相互联系和相互作用的诸要素组成的具有一定功能的有机整体(曾广容等,1986)。国家审计行为是审计机关为达到审计目标而开展的一系列系统的行为活动,这一系列的活动及其程序构成有机整体。

1. 系统整体性原理的视角

系统整体性原理认为,系统是由若干要素组成的具有一定新功能的有机整体,各个作为系统子单元的要素一旦组成系统整体,就具有独立要素所不具有的性质和功能,从而整体的性质和功能不等于各个要素的性质和功能的简单加和(霍绍周,1988)。国家审计行为由一系列审计流程构成,主要包括制订审计项目计划、审计前期准备、审计调查实施、审计报告(公告)等环节。国家审计行为发挥的功能是整个系统的新功能,不是单个流程要素功能的加总。因此,我们在看待国家审计行为构成时,不能割裂地只看其中某个或某几个要素,如审计报告行为,而应将审计行为作为一个整体。

2. 系统开放性原理的视角

系统开放性原理认为系统具有不断地与外界环境进行物质、能量、信息交换的性质和功能(霍绍周,1988),系统向环境开放是系统得以发展的前提,也是系统得以稳定存在的条件。在事物的发展变化过程,内因是变化的根据,外因是变化的条件,外因通过内因而起作用。为使外因通过内因起作用,需要系统与环境之间、内因与外因之间发生相互联系和相互作用。

国家审计行为的主体是审计机关和国家审计人员,这两个因素是系统变化发展的内因,但开放性原理告诉我们,外部环境(外因)会对系统造成至关重要的影响。从国家审计的三方关系人及关系来看,国家审计行为主体接受委托人委托,对审计客体的公共受托经济责任履行情况(审计对象、审计内容)开展审计行为活动。因此,审计委托人、审计客体、公共受托经济责任履行活动等形成了国家审计行为系统的外因。国家审计行为在很大程度上受到审计委托人需求、预期及权力高低等因素的影响,不同的审计需求促进不同审计类型(合法合规性审计、经济责任审计、绩效审计、政策执行效果审计等)的产生。国家审计行为也受到审计客体的影响,如被审计单位的重大错报风险程度是国家审计人员选择和实施审计程序的重要考量因素。国家审计行为受到审计环境的影响,如审计项目计划必须依据国家经济社会发展情况,围绕党和人民的关切重心开展。

另外,国家审计行为系统的内因与外因还会相互作用,最终共同推动系统的发展。国家审计委托人审计需求的不断提升、审计客体与受托经济责任履行行为复杂性的不断加强、审计环境(信息技术环境等)及科技水平的不断进步,都对审计主体提出了巨大挑战,进而对审计主体的审计行为产生重大影响。反过来,国家审计人员是国家审计行为系统的内因,其素质与技术的不断提升,审计行为质量的不断提高,会更好地保障和促进审计客体对公共受托经济责任的全面有效履行。

3. 系统目的性原理的视角

系统目的性原理是指系统在与环境的相互作用中,在一定的范围内,其发展变化不受或少受条件变化的影响,表现出某种趋向预先确定状态的特性,即系统的目的性表现在系统发展方向的确定性方面。系统之所以具有目的性,根本原因在于系统内部以及系统与环境的复杂非线性相互作用。维纳等人的一个重要结论就是:"一切有目的的行为都可以看作需要负反馈的行为。"系统的目的性在系统的发展变化之中表现出来,因此,还与系统的开放性相联系。也就是说,一个合目的性发展的系统,必定是一个开放系统。

对国家审计行为系统来讲,系统的开放性使系统内因和系统外因均不断对系统产生交互持续影响,但系统的目的却是确定且稳定的。国家审计行为系统包含的行为构成,如制订审计项目计划、审计前期准备、审计调查实施与审计报告等活动都围绕最终实现审计目标展开。换句话说,有确定且稳定的目的才能将各要素整合为一个系统。我们在研究国家审计行为的规律时,应以系统目的为导向,研究如何优化审计行为活动。

4. 系统自组织原理的视角

系统自组织原理认为,在系统内外两方面因素的复杂非线性相互作用下,内部要素的某些偏离系统稳定状态的波动可能会被放大,从而使系统中各要素产生更大范围的更强烈的相关关系,它们自发组织起来,使系统从无序到有序,从低级有序到高级有序。自组织表示系统的运动是自发的,是不受特定外来干预的。自发运动是以系统内部的矛盾为根据、以系统的环境为条件的系统内部以及系统与环境的交互作用的结果。系统的自组织表明系统具有自发运动特性,同时还强调系统的自发运动过程也是一个自发形式的组织建构过程。

国家审计行为的实践活动,会遵守一定的规范流程,如先制订审计计划,再进行审计前期调查,审计风险评估应对、细化审计方案、选择审计程序、获取审计证据,最后出具审计报告和建议。那么,国家审计行为系统中的要素是否是人为设计和组织的?我们需要透过现象看事物的本质。在国家审计行为系统中,审计风险评估早于审计程序选择,审计证据搜集先于出具审计报告,这些实质上是系统要素自发运动的要求;审计人员必须在了解和评估风险之后,才能选择恰当的审计程序;审计人员必须在获取到足够的审计证据后才能发表适当的审计意见。人们只是在认识到这些客观规律后,遵守并利用规律达成目标。同时,我们也应当认识到,审计风险评估行为实质上是贯穿审计行为活动始终的,审计建议的提出也可能贯穿于整个审计行为过程中。也就是说,这些行为要素是自发运动且不断变化的,它们相互影响并围绕系统共同目的而运动,我们要做的是不断探索、认识并充分利用系统要素的运动规律。

7.3.2 国家审计行为的构成

依据系统论观点,国家审计行为也是一个系统,主要包括国家审计计划行为、国家审计准备行为、国家审计调查行为和国家审计报告行为4个子系统。其中,国家审计调查行为和国家审计报告行为是国家审计行为分解出来的两个核心行为。国家审计调查行为指通过客观地收集与评价审计证据,判断审计客体的各种公共受托经济责任履行(行为或信息)的真实可靠性,即证实各种行为或信息是否与既定标准相符,为出具审计报告或意见提供依据;国家审计报告行为是依据从审计调查过程获得的审计证据与作出的审计判断,综合地对公共受托经济责任的实际履行情况作出客观、公正的报告,并反馈给委托人及利益相关者的过程。

本章重点探讨特定国家审计行为的规律。国家审计行为作为实现审计目标的必要程序和基础保障,其特定子系统即特定国家审计行为应当关注什么,需要重点探析。

依据组织行为理论,我们将每一个子系统分解为行为类型、行为主体与客体、行为环境、行为手段与行为结果等基本要素。任何组织的组织行为都可以分为两类——管理行为和业务行为,其中管理行为由管理主体做出,业务行为由管理客体作出;行为主体指实施国家审计行为的人或组织;行为客体指国家审计行为指向的目标;行为环境指行为主体与行为客体发生联系的客观环境;行为手段指国家审计行为主体实施审计行为时采用的方式、方法及所运用的工具手段;行为结果指国家审计行为产生的结果或影响。

1. 国家审计计划行为

国家审计计划行为是由国家审计主体实施的,是其针对自身审计行为过程的控制活动,目的是保证国家审计行为的合法性、规范性、高质量以及审计目标的实现等。

国家审计计划行为包括年度审计项目计划和编制审计工作方案。表7-1列示了国家审计计划行为的基本要素。

表7-1　　　　　　　国家审计计划行为的基本要素

	年度审计项目计划	编制审计工作方案
行为类型	管理行为	管理行为
行为主体	负责审计机关组织工作的部门	负责审计项目组织工作的部门
行为客体	党和国家工作重心、政治经济形势和审计工作实际情况	审计目标、内容、范围和重点;审计的组织方式、协作与汇总方式
行为环境	国家审计组织模式的限制、上级领导部门的要求	审计机关统一组织多个审计组共同实施一个审计项目或分别实施同一类的审计项目
行为手段	接受上级指令、搜集信息、研讨等	需求调查、可行性研究等
行为结果	部署安排年度审计项目的目标、内容和重点	将任务分派到具体执行的各个审计组或下一级审计机关

年度审计项目计划指审计机关根据法定职责和管辖范围,围绕党和国家中心工作,对未来的年度审计工作作出预先安排。该审计行为的主体是负责审计机关组织工作的部门。行为主体依据党和国家工作重心、政治经济形势和审计工作的实际情况进行研讨和信息搜集,制订年度审计项目计划。制订的审计项目计划应当覆盖公共受托经济责任的内容,且重点突出。制订审计项目计划,还应考虑国家审计组织模式,遵从上级领导部门的要求。审计机关的审计项目主要包括上级审计机关统一组织的项目、自行安排的项目和授权审计项目等。

编制审计工作方案属于审计行为中的管理行为。当需要审计机关统一组织多个审计组共同实施一个审计项目或者分别实施同一类的审计项目时,审计机关需要预先编制审计工作方案。编制审计工作方案的行为主体是负责审计项目组织工作的部门。行为主体依据审计项目计划制订时的审计需求调查、可行性研究情况,将任务分派到具体执行的各个审计组或下一级审计机关,确定统一的审计目标、内容、范围、重点和项目实施的组织方式、协作与汇总方式等。审计项目组织应严格执行审计工作方案,当行为环境发生变化时,也应及时研究并调整方案。

2. 国家审计准备行为

国家审计准备行为是指具体审计项目开展之前的准备工作,主要包括组成审计组、送达审计通知书及审计进点。国家审计准备行为的基本要素如表7-2所示,该行为也属于管理行为。

表7-2　　　　　　　　　国家审计准备行为的基本要素

	组成审计组	送达审计通知书及审计进点
行为类型	管理行为	管理行为
行为主体	审计机关	审计组
行为客体	审计项目、审计人员	被审计单位
行为环境	审计项目的特点要求、审计人员的专业胜任能力	审计项目要求、被审计单位环境
行为手段	分析、研判等	提前派送、按期进点等
行为结果	组成具有独立性、工作连续性、搭配合理、与项目适应的具有专业胜任能力的项目组	规范开展审计通知书派送和审计进点行为

组成审计组指审计机关根据具体审计项目,按照其特点和要求,综合考虑审计人员的专业胜任能力、独立性、工作可持续性、审计成员的匹配等因素,选派审计人员组成审计组,并在审计组中指定审计组长,实行审计组长负责制,审计组长负责审定审计实施方案以及督导审计工作。审计组长还可以根据需要确定主审人员,负责起草审计实施方案、审计报告等工作。审计机关组成审计组后,应围绕审计项目任务和目标,组织必要的业务培训及相关廉政与保密教育。审计组应在审计进点前学习审计工作方案(针对统一组织的项目),熟悉审计项目的工作要求,学习审计项目涉及的法律法规政策、专业知识、审计技术方法等,为审计项目的实施进行必要准备。

审计通知书是审计机关通知被审计单位接受审计监督的正式书面文件。审计机关应当在审计实施3日前将审计通知书送达被审计单位。如遇审计机关办理紧急事项或被审计单位涉嫌严重违纪违法等特殊情况,经本级人民政府批准,审计机关也可以直接持审计通知书实施审计。审计通知书的内容主要包括被审计单位名称、审计依据、审计范围、审计起始时间、审计组组长及其他成员名单、被审计单位配合审计工作的要求。同时,审计机关还应告知被审计单位审计组的审计纪律要求,便于接受被审计单位的监督。

审计进点指审计通知书送达被审计单位3日后,审计组进驻被审计单位。该审计行为的主体是审计组,客体是被审计单位,行为手段是按期进点。审计进点时双方需明确任务和责任。审计组应告知审计工作纪律,提请被审计单位配合审计工作。同时,审计组应告知并督促被审计单位依法履行提供审计所需资料的义务,对于被审计单位提供资料的真实性和完整性,还应要求被审计单位负责人作出书面承诺。如果被审计单位存在提供虚假资料或隐瞒、转移资料等情况,需承担相关责任。

3. 国家审计调查行为

国家审计调查行为,是指国家审计人员调查相关资料、凭据,收集审计证据的行为过程,主要包括调查了解被审计单位的行为、获取和评价审计证据并得出审计结论的行为。国家审计调查行为的基本要素如表7-3所示,该行为属于业务行为。

表7-3　　　　　　　　国家审计调查行为的基本要素

	调查了解被审计单位的行为	获取和评价审计证据并得出审计结论的行为
行为类型	业务行为	业务行为
行为主体	审计组	审计组
行为客体	被审计单位	被审计单位
行为环境	被审计单位情况、审计人员的专业胜任能力	被审计单位情况、审计技术方法、利益相关者需求、审计人员的专业胜任能力
行为手段	询问、观察、检查、其他风险评估程序等	审计技术与方法、信息技术、审计标准
行为结果	识别和判断被审计单位的高风险领域,确定审计重点和审计应对措施	对证据进行判断和分析,形成单个审计事项的审计结论,并逐步形成整个审计项目的总体审计结论

1)调查了解被审计单位的行为

调查了解被审计单位的行为指进入审计实施阶段,审计组通过了解被审计单位,识别和判断被审计单位的高风险领域,确定审计重难点和审计应对措施,对应编制审计实施方案。该行为的主体是审计组,行为客体是被审计单位。审计组应了解的内容具体包括被审计单位的性质、业务范围、管理体制、内部控制情况、以前年度存在的问题及整改情况,以及被审计单位面临的行业状况、外部环境等。行为环境主要指被审计单位情况、审计人员的专业胜任能力等。审计组需要在既定环境下准确进行风险评估判断。行为手段主要包括口头或书面询问、观察业务活动及场所设施、检查有关的文件文档、其他风险评估程序等。行为手段还涉及审计组针对重要的审计事项或审计风险点安排更有经验的审计人员,安排更充足的审计资源,或者针对特定审计事项利用外部专家的工作。

调查了解被审计单位的行为结果主要指审计组识别和判断出高风险的审计领域,确定审计重点和审计应对措施。行为主体在调查了解的基础上编制审计实施方案。审计实施方案主要包括审计项目的审计目标、审计范围(包括审计涉及的具体单位、资金、项目、审计期间等)、审计内容(需要作出审计判断的事项)、审计重点及审计措施(针对具体审计事项的审计步骤、审计流程、审计技术与方法、时间及人员安排等)等。

2) 获取和评价审计证据并得出审计结论的行为

获取和评价审计证据并得出审计结论的行为是国家审计行为的核心过程,其属于业务行为。行为主体是审计组。行为客体是被审计单位或审计对象,即能够为审计结论提供判断基础的全部信息,如文件资料、信息材料、询问记录等。评价审计证据是将适用的审计评价标准与审计证据反映的相关事实作比较,判断事实与标准的偏差,进而得出相关审计结论。可见,获取审计证据以及用恰当的标准评价审计证据是审计行为的核心工作。另外,审计人员需要注意获取证据的合法性和规范性,应当在法定权限内,依照规范的程序获取审计证据,超出权限或违反法定程序获取的材料信息不能作为审计证据。

行为环境包括被审计单位情况、审计技术方法、利益相关者需求、审计人员的专业胜任能力等。审计组人员需要考虑被审计单位所处的外部环境和自身情况,利用适当的审计技术方法,发挥审计人员的专业胜任能力,满足利益相关者的审计需求(审计目标),做出相应的审计判断与结论。行为手段包括审计技术与方法、信息技术和审计标准。具体而言,审计人员主要采用检查文件材料或有形资产、询问相关人员、采用信息技术进行数据分析等方法对照审计标准进行审计评价。

行为结果是对证据进行判断和分析,形成单个审计事项的审计结论,并逐步形成整个审计项目的总体审计结论。需要注意,审计组在形成审计结论前,必须获取充分适当的审计证据,即审计证据必须满足数量上的充足性和质量上的适当性,才能保证审计结论的准确恰当。在形成审计结论的过程中,审计人员还需保持应有的执业谨慎。

4. 国家审计报告行为

国家审计报告行为包括出具审计报告行为和公布审计结果行为(或审计公告

行为)。国家审计报告行为的基本要素如表 7-4 所示,该行为属于业务行为。

表 7-4　　　　　　　　国家审计报告行为的基本要素

	出具审计报告行为	公布审计结果行为
行为类型	业务行为	业务行为
行为主体	审计组、审计机关	审计机关
行为客体	被审计单位及其他法定报告对象	社会公众
行为环境	被审计单位外部环境、审计委托人(授权人)	被审计单位、政治经济环境、社会环境
行为手段	起草报告、审批、征求被审计单位意见、复核、审理、签发、送达	拟稿、审核、批准、发布
行为结果	向被审计单位送达审计报告	审计机关向社会公众公告审计结果

1) 出具审计报告行为

出具审计报告行为是指审计组完成必要的审计程序、形成审计结论后,审计机关向其委托人、授权人或其他法定报告对象提交审计报告的行为。

出具审计报告行为的行为主体是审计机关,行为客体是被审计单位及其他法定报告对象。出具审计报告的过程包括审计组出具审计报告和审计机关出具审计报告。审计组出具的审计报告应当完整记录审计工作的过程和结果,包括审计依据、审计评价、审计发现的问题、审计建议等。审计机关出具的审计报告是指审计组所在审计机关在审定审计组的审计报告后出具的审计报告。从审计报告对象看,审计机关出具的审计报告是审计机关向被审计单位及相关部门或单位出具的审计报告。

出具审计报告行为的行为手段包括起草报告、审批、征求被审计单位意见、复核、审理、签发、送达。审计组在完成审计项目后,应当起草审计报告,由审计机关审批后以审计机关名义征求被审计单位的意见;审计组对被审计单位的意见作进一步核实后做必要修改,再一并报送审计机关。审计机关在业务部门复核、审理机构审理后,签发审计报告并送达被审计单位。审计报告的内容主要包括开展审计的依据、审计过程基本情况、被审计单位的基本情况、审计评价意见、以往审计决定的执行情况和审计建议的被采纳情况、审计机关在职权范围内对被审计单位违法违规行为的处理处罚依据、针对审计所查出问题的改进建议。行为环境包括被审计单位外部环境、审计委托人(授权人)。审计报告的出具也会受到行为环境的影响。

出具审计报告行为的行为结果是向被审计单位送达审计报告。需要注意的是,审计机关针对审计中发现的违法违规行为,还应在法定职权范围内作出处理,出具审计决定书;对超出法定处理权限的违法违规行为,需要依法移送其他有关主管机关或者单位,审计机关应当出具审计事项移送处理书。

2) 公布审计结果行为

公布审计结果行为是指各审计机关将工作成果及时向社会公布,其行为主体是审计机关,行为客体是社会公众。原则上,审计结果公告的内容范围广泛,除涉及国家秘密、被审计单位的商业秘密、个人隐私及其他不宜公告的内容,其余内容都可以向社会公告,如中央预算执行和其他财政收支的审计结果,政府行政部门或者国有企业的财务收支的审计结果,行业或者专项资金的审计结果,有关领导干部任期经济责任的审计结果等。行为环境包括被审计单位、政治经济环境和社会环境。实践中的审计结果公告受行为环境因素的影响,如审计机关担心向社会公告审计结果后引发经济或社会的不可预计后果。

公布审计结果行为的行为手段包括拟稿、审核、批准、发布,具体指审计机关的业务部门在已有审计报告、审计决定书等结果性文书基础上草拟审计结果公告,经指定的专门机构统一审核后,报审计机关的主要负责人批准,最终由审计机关指定的专门机构统一发布审计结果公告。

公布审计结果行为的行为结果指审计机关向社会公众公告审计结果。需要注意,国家审计的目标是保障和促进公共受托经济责任的全面有效履行。因此,审计机关还应坚持检查被审计单位的问题整改情况。在进行审计结果公告时,除公告审计评价意见、对审计所发现问题的处理处罚决定、审计建议,还应公告被审计单位的整改情况。

7.3.3 国家审计行为的作用方式

国家审计行为是一个系统行为,各子系统在经济控制、提高信息质量、提供决策服务信息等方面发挥作用。

1. 国家审计行为的经济控制作用

从控制论的角度分析,国家审计行为既包含一般经济控制行为,也包括特殊的经济控制行为——审计控制。

一般经济控制行为的主体就是经济行为活动的管理者或授权者,并且其控制对象就是经济行为活动本身,控制主体与经济行为活动本身有着直接利益关系,实施控制是为了保障行为达到预期目的。一般经济控制行为对经济行为的控制就是为了保证系统在变化着的外部条件下达成某种目的。一般经济控制行为主要包括国家审计计划行为和国家审计准备行为。国家审计计划行为从总体上控制国家审计调查行为和国家审计报告行为在审计计划的范围内开展,使之符合国家审计计划要求。国家审计准备行为则保障国家审计的合法合规和规范性,进而保证国家审计质量,保障国家审计目标的实现。另外,一般经济控制行为还包括审计实施阶段的编制审计实施方案、编制审计记录等行为,这些行为的共同特点是能够保证国家审计达到预期目标,即控制主体与控制客体在本质上是一致的,是自身对自身行为的控制。

特殊的经济控制行为——审计控制,区别于一般经济控制行为,是一种独立的、间接的控制,其控制对象并非审计主体自身的经济行为,而是被审计对象的公共受托经济责任履行情况。另外,审计控制的控制主体并非只有审计主体,还包括审计委托人,即国家审计发挥控制作用,除了需要依靠自身力量,还需要借助审计委托人的力量。审计控制主要包括国家审计调查行为和国家审计报告行为。

我们可以进一步把审计控制划分为直接纠偏控制、间接纠偏控制和震慑控制。

1) 直接纠偏控制

直接纠偏控制是指国家审计行为能够对审计客体的公共受托经济责任履行偏差问题进行直接纠正或整改,进而保障其公共受托经济责任的全面有效履行。具体来看,国家审计行为主体开展的与被审计单位沟通的行为、对被审计单位出具审计决定书的行为、检查被审计单位审计整改情况的行为等,能够发挥直接纠偏的控制作用。其中,与被审计单位沟通的行为能够及时告知被审计单位其存在的问题,进而直接纠正其偏差。对被审计单位出具审计决定书的行为、检查被审计单位审计整改情况的行为,是审计主体利用国家审计的权威性和法定处理权限实施的直接纠偏控制。

2) 间接纠偏控制

审计控制的一个主要特征体现为控制主体除了审计主体,还包括审计委托人和其他利益关系人。具体而言,国家审计行为中的审计报告行为、审计移送行为、审计结果公告行为等发挥作用的方式就是间接纠偏控制:国家审计主体将被审计单位的公共受托经济责任履行情况反馈给委托人,由委托人发出指令对被审计单位行为进行纠偏,或者由其他有处理处罚权限的行政机关对被审计单位行为进行纠偏。另外,国家审计结果公告行为可以将审计客体的公共受托经济责任履行情况反馈给社会公众(终极委托人或利益相关者),进而通过社会公众的监督压力对被审计单位行为进行间接纠偏。总之,审计主体通过其他利益主体力量对被审计单位行为进行纠偏的行为,其作用发挥方式均体现为间接纠偏控制。

3) 震慑控制

国家审计行为主体调查了解被审计单位及其情况的行为、获取和评价审计证据并得出审计结论的行为,可以对审计客体的公共受托经济责任履行行为产生震慑作用,使审计客体主动进行行为纠偏,全面有效履行受托经济责任,即国家审计行为产生了震慑控制作用。能够发挥震慑作用的国家审计行为方式还包括"全覆盖"的国家审计计划行为、常态化的审计行为等,它们通过国家审计的相关行为,使审计客体或审计对象对被审计有预期,进而积极主动地进行自我调整纠偏。

2. 国家审计行为提高信息质量的作用

国家审计行为过程会生成相应的审计信息,主要包括审计证据与审计判断、审计报告与审计意见、已审经济信息。其中,经国家审计主体审计过的审计客体的经济信息是已审经济信息,国家审计行为将提高该经济信息的质量。

在现代经济系统中,信息已成为一项重要的经济资源,然而,在信息传递的各个环节会存在广泛的风险,具体包括信息数量不足、信息冗杂、信息失真和信息无效等。国家审计行为可以充当信息检测员的角色,降低信息风险。具体来看,一方面,国家审计行为主体本身具有验证经济信息所需的一整套专门的知识、方法和技能,并且具有形式与实质上的独立性,能够识别出经济信息是否存在重大错报漏报等偏差,并进行揭示与纠偏,进而提高信息质量;另一方面,国家审计行为的权威性、法定性等特征能够威慑审计客体,使审计客体按照既定标准来控制经济信息处理过程以及履行公共受托经济责任的行为过程,进而提高相关信息的质量。

3. 国家审计行为提供决策服务信息的作用

审计的信息理论分为信号传递理论和信息系统理论。信号传递理论认为主体通过将信息传递给利益相关者缓解信息不对称的问题;信息系统理论建立在会计信息决策有用观的基础上,认为审计的本质功效在于增进信息的可靠性和决策有用性。

国家审计也可以通过信息传递和信息支持来为公共事务管理各主体提供决策服务信息。政府需要国家审计向公众传递有关公共事务管理情况的信息,包括管理的质量和效率。国家审计作为独立的第三方,以其专业的信息处理能力和信息获取权力来鉴定、判断政府各部门工作的情况。国家审计在为政府部门作出决策支持的同时,也为公众的判断作出信息支持,减少各主体间的信息不对称,为它们提供更高质量的决策服务信息。

具体而言,国家审计行为活动产生的审计报告与审计意见等信息能够为委托人及利益相关者的决策提供支撑信息,展现审计信息的决策有用性。审计委托人能够根据审计报告行为提供的信息充分了解受托人的公共受托经济责任履行情况以及造成责任履行偏差的机制问题,进而作出调整政策、调整政策执行方式或调整激励制度等决策。社会公众在获得国家审计结果公告提供的信息后,其信息支撑得到增强,从而可以更好地作出判断与决策,更好地参与国家治理。

4. 国家审计行为的具体作用方式分析

如表7-5所示,我们总结了国家审计行为的具体作用方式。

表7-5　　　　　　　　　国家审计行为的作用方式

国家审计行为		作用方式
国家审计计划行为	年度审计项目计划	一般经济控制
	编制审计工作方案	一般经济控制
国家审计准备行为	组成审计组	一般经济控制
	送达审计通知书及审计进点	一般经济控制
国家审计调查行为	调查了解被审计单位的行为	一般经济控制、审计控制、提高信息质量
	获取和评价审计证据并得出审计结论的行为	
国家审计报告行为	出具审计报告行为	一般经济控制、审计控制、提供决策服务信息
	公布审计结果行为	

年度审计项目计划与编制审计工作方案的作用方式是一般经济控制,这样能够很好地控制国家审计自身行为,使之达到总体审计目标,更好地发挥国家审计的作用。具体来讲,年度审计项目计划的恰当制定,能够保障审计行为始终着眼于重要事项;科学合理的审计工作方案能够控制项目的质量,保障较大范围的国家审计行为统一有效。

组成审计组的作用方式是一般经济控制,它通过在审计组人员配置方面对审计行为进行控制,保障高质量的审计工作。送达审计通知书及审计进点行为的作用方式是一般经济控制:它一方面通过规范和控制国家审计行为本身,提高审计质量;另一方面通过规范和控制被审计单位的资料提供等行为,提升被审计信息(已审经济信息)的质量。

调查了解被审计单位的行为的作用方式包括一般经济控制、审计控制、提高信息质量。调查了解被审计单位的行为帮助审计人员能够评估和判断审计风险和审计重难点,从而开展进一步的审计工作,这是对审计行为本身的一种控制,可以提升审计质量;审计人员调查了解被审计单位的行为过程,是与行为客体交互作用的过程,能够对被审计单位的行为产生经济控制作用,促进其了解审计关注的重点,促使其更好地履行公共受托经济责任;同时,调查了解被审计单位的行为已涉及被审计单位提供的相关经济信息,这些信息的可信度等质量特征在经过审计组的调查了解后得到提升。

获取和评价审计证据并得出审计结论的行为的作用方式包括一般经济控制、审计控制、提高信息质量。该行为是国家审计行为的核心,也是与被审计单位交互作用最密切的过程,因此,它能够对行为主体和客体产生较大作用。具体来看,其对审计行为本身可以起到控制的作用,即提升审计质量;对被审计单位而言,其可以起到审计控制的作用,即促进被审计单位更好地履行受托公共经济责任。同时,它能够提升被审计单位所提供信息的质量,即提升已审经济信息质量。

出具审计报告行为的作用方式包括一般经济控制、审计控制、提供决策服务信息。出具审计报告的行为属于国家审计行为的核心过程,能够控制审计行为本身,也能够通过审计报告反映的问题和提出的审计建议,控制被审计单位行为,促进其更好地履行公共受托经济责任;同时,审计报告属于重要审计信息,可以提供给利益相关者,作为其决策的支撑信息。

公布审计结果行为的作用方式包括一般经济控制、审计控制、提供决策服务信息。将审计结果对社会公众进行公布,也是对审计质量的一种检验和制约,能够控制审计行为,提升其质量;公布审计结果行为引入社会公众参与监督,对被审计单位的整改行为形成舆论压力,即能控制被审计单位行为;公布审计结果行为让更多的社会公众和利益相关者获取审计信息,进而为其提供决策支持。

7.4 国家审计行为的影响因素

当国家审计所处的经济环境、政治环境、文化环境、社会环境等因素发生变化时,公共受托经济责任也会随之变化,进而对国家审计行为产生影响。

7.4.1 经济环境对国家审计行为的影响

在不同的经济环境下,公共受托经济责任的内涵会发生变化,进而影响国家审计行为的对象、构成、审计重心等重要要素。例如,党的十九大报告指出,我国经济已由高速增长阶段转向高质量发展阶段,因此,围绕推动经济高质量发展,国家审计需要着力推动中央重大决策部署的贯彻落实,促进各方做好稳增长、促改革、调结构、惠民生、防风险等各项工作,促进经济发展质量和效益的提高。

经济环境也可以被理解为经济安全环境,包括财政安全、金融安全、经济安全、市场安全等方面。当经济面临不同危机的威胁时,国家审计必然要有适当的应对。我国审计法要求国家审计机关依法对中央银行、国有金融机构进行监督,保障财政与金融安全。例如,2013年,为应对全国政府性债务风险,国务院办公厅发布《关于做好全国政府性债务审计工作的通知》(国办发明电〔2013〕20号),要求切实做好全国政府性债务审计工作。审计署进一步制定了《全国政府性债务审计实施方案》,于2013年8月至9月组织全国审计机关5.44万名审计人员对全国各级的政府性债务情况进行全面审计。

7.4.2 政治环境对国家审计行为的影响

国家和政府接受人民的委托,经营和管理公共经济资源。国家审计机关依法对国家和政府的公共受托经济责任履行情况进行监控。在不同政治环境下,委托方对国家审计的需求不同,国家审计客体的公共受托经济责任不同,国家审计主体的地位、管理体制、领导模式等不同,这些均对国家审计行为产生重要影响。国家审计是民主政治发展到一定阶段的产物(刘家义,2008),审计是民主政治的表现,是现代民主的手段(杨时展,1997)。政治环境的发展对国家审计及其行为产生根本性的影响。

社会主义政治文明建设最根本的特征是坚持党的领导、人民当家做主和依法治国的有机统一。党的十九届三中全会通过的《中共中央关于深化党和国家机构改革的决定》《深化党和国家机构改革方案》和十三届全国人大一次会议通过的《国务院机构改革方案》等,都明确强调加强党对审计工作的领导。党对审计工作领导的逐步加强,将进一步影响国家审计行为。

7.4.3 社会环境对国家审计行为的影响

在不同的社会环境下,国家审计行为的构成及重心有所不同。国家审计维护人民的根本利益,围绕社会关切的重要问题、围绕民生问题,促进社会建设。实践中,随着社会对民生问题的关注,2016年,审计署印发《"十三五"国家审计工作发展规划》,增加了政策落实跟踪审计与民生审计两种新的审计业务类型,国家审计的重心也相应转变。

为了保障和促进公共受托经济责任的全面有效履行,国家审计尤其需要关注政府的工作重心以及作为委托人的社会公众关注的热点、难点问题。国家审计行为开始于审计项目计划的安排,审计项目一般包括上级审计机关统一组织的项目、上级审计机关授权的项目、领导交办的项目和审计机关自行安排的项目四类。审计机关每年有众多固定的审计事项,每年对所有事项进行全面审计是不可能的。随着经济形势的发展变化,每年国家宏观经济政策的侧重点也有所变化,政府工作重心和社会关注的热点、难点作为外在刺激,可以促进具体审计行为的产生。

7.4.4 文化环境对国家审计行为的影响

文化环境是影响组织行为的重要因素,文化对行为的影响是潜移默化的。国家审计面临的文化环境能够对审计行为产生引导、约束等作用。文化环境对国家审计的影响,可以体现在审计职业道德规范、审计行为准则等方面。文化环境还可能影响国家审计行为的独立性,影响国家审计工作人员的职业判断、审计思维等。

国家审计机关自身的文化建设也会对审计行为产生重要影响。例如,《审计署2008—2012年审计工作发展规划》提出"大力推进文化建设。加强审计文化研究,弘扬审计精神,树立文明形象,增强审计事业的发展动力";习近平总书记在关于审计工作的重要论述中提出审计队伍建设的"三立观":以审计精神立身,以创新规范立业,以自身建设立信。审计工作尤其需要有一种"审计精神",即审计的职业精神,作为审计人员的内在支撑。强化审计文化建设,才能更好地引导国家审计行为,达到保障和促进公共受托经济责任全面有效履行的终极目标。

7.4.5 公众需求对国家审计行为的影响

审计机关接受人民的委托,对政府的公共受托责任履行情况进行审计,公众有了解审计结果信息的需求。审计结果对社会公众公开主要指对社会各界和人民群众普遍关注的有关国计民生的重大审计项目的审计结果和对群众举报的重大违纪事项查处结果。《审计署审计结果公告办理规定》在列举审计结果公告内容的同时,还规定"凡审计署统一组织审计项目的审计结果,除个别涉及国家秘密或其他特殊情况不宜公告外,原则上都要对外公告",该条义扩大了公告的范围,也为实际操作留下了"自由裁量权"。

公众需求下的审计信息公开将促使国家审计行为接受更多的公众监督,提高审计行为的透明度。国家审计行为的过程与结果将越来越多地受到公众需求的影响。

8 国家审计功能理论

国家审计功能理论是研究国家审计所应具有的功能或所应发挥的功能的理论。国家审计功能理论的研究内容主要包括国家审计功能的内涵、国家审计功能拓展、国家审计功能发挥的方式与功能之间的相互关系、影响国家审计功能发挥的因素等。

8.1 国家审计功能的内涵

8.1.1 国家审计功能的含义

功能是指事物能够满足某种需求的特定属性,是事物所发挥的有利作用,是事物内在的一种相对稳定的机制。国家审计功能是指国家审计通过其行为活动能够表现出来的功效和能力。本卷基于中国的国家审计制度背景和中国的审计体制结构研究国家审计功能。国家审计功能与国家审计职能、国家审计作用、国家审计任务等在含义上存在差异,但是它们的词源却是相通的。国家审计职能是国家审计自身固有的、内在的功能,代表的是客观属性;国家审计作用是国家审计内在功能的外部表现,也是国家审计职能所产生的客观效果;国家审计任务是人们根据国家审计的职能赋予国家审计的工作。本卷研究的国家审计功能具有职能、作用、任务和效果等含义,它一方面涉及国家审计自身所具有的内在功能,另一方面涉及国家审计的拓展功能。

关于国家审计功能的定义,最高审计机关国际组织发布的《2005—2010战略计划》指出:"最高审计机关的愿景是通过帮助政府改善绩效、提高透明度、确保公共责任、保持可靠性、反腐败、促进公众信任,以及为本国人民的利益提高管理和使用公共资源的效率和效果,达到善治。"可以看出,国家审计功能的内涵是丰富的。

依据经济控制论,国家审计在本质上是一种确保公共受托经济责任全面有效履行的特殊的经济控制,它发挥经济控制的功能,包含监督、评价与鉴证三项基本功能。

8.1.2 国家审计的基本功能

国家审计的基本功能是审计自身固有的、内在的功能,具有职能、作用、任务和效果等含义。我国审计界关于国家审计功能的观点主要有单一职能论、多职能论和基本功能论。

1. 单一职能论

单一职能论认为审计①的职能只有一个,但对于单一职能是什么,不同学者的认识不尽相同。大多数学者认为,审计的唯一职能是经济监督(管锦康,1989)。经济鉴证、经济评价、咨询、保护等其他职能是经济监督职能"所引导和起到的客观效果和作用"(曹玉庭,1987)。审计职能的唯一性,并不排除审计作用、形式、方法的多样性。还有学者认为审计具有其他的单一职能,如有人认为审计具有经济证明的单一职能,也有人认为审计的单一职能是经济鉴证。

2. 多职能论

多职能论认为审计具有多项职能,但多职能具体是哪些,不同学者又有不同的观点。从多项职能之间关系来看,此观点又分为多职能分属论和多职能主从论。

多职能分属论认为,审计的多项职能分属于不同的审计业务类型,如财政财务收支审计体现的是经济监督职能,绩效审计体现的是经济评价职能。多职能主从论则认为,虽然审计具有多项职能,但都需要通过经济监督职能发挥作用,即经济监督职能是基本职能。阎新华(1997)认为,监督职能是其他职能存在的基础和必要前提,其他职能是对监督职能的补充和完善。林钟高(1986)认为,审计的其他职能从属于监督职能,是由审计监督职能所派生出的职能。高明耀和王林扶(1990)认为,审计的监督、评价和鉴证三种职能不是并列的,监督是根本的、起领导作用的职能,而评价和鉴证则从属于监督职能。已有关于国家审计功能的研究,较为一致地指出国家审计具有监督、鉴证和评价三项基本职能。

应该明确指出的是,无论是多职能论者还是单一职能论者,都应认识到审计内在职能并非僵化或一成不变的,而是会随着经济社会的发展而发展。因此,单一职能论是不成立的。也就是说,即使我们未认识或发现审计的其他职能,也不能认为审计只具有监督职能。本研究认为,审计的监督、评价和鉴证这三大职能具有紧密的内在联系,绝不能将其机械割裂。从审计行为活动过程看,这三者都在发挥作用,缺了其中任何一个,审计目标都难以实现。这三个职能在审计行为活动过程中发挥作用的逻辑顺序是:审计先通过监督,即监测、察看发现问题,然后对发现的问

---

① 此处综述主要涉及审计的职能,对国家审计亦是适用的。

题进行评价、鉴定,最后对评价、鉴定的结果提出报告。

3. 基本功能论

国家审计同时具备监督、鉴证和评价这三大功能(职能),这三者联系紧密,且在特定的审计项目或类型中的体现可能有所不同。

(1)监督。国家审计监督功能是指国家审计监察和督促被审计单位在规定范围内实施经济活动、管理行为,且需符合相应标准。我国审计法第二条规定:"国家实行审计监督制度。坚持中国共产党对审计工作的领导,构建集中统一、全面覆盖、权威高效的审计监督体系。国务院和县级以上地方人民政府设立审计机关。国务院各部门和地方各级人民政府及其各部门的财政收支,国有的金融机构和企业事业组织的财务收支,以及其他依照本法规定应当接受审计的财政收支、财务收支,依照本法规定接受审计监督。审计机关对前款所列财政收支或者财务收支的真实、合法和效益,依法进行审计监督。"这一规定明确了我国国家审计的经济监督职能。

(2)鉴证。国家审计鉴证功能是指审计机关对被审计单位的财务报表及其他经济资料进行检查和验证,确定其财务状况和经营成果的真实性、公允性、合法性,并出具证明性审计报告。例如,国家审计对政府综合财务报告实施审计,就体现了国家审计的鉴证职能。

(3)评价。国家审计的评价功能是指审计机关对被审计对象的经济资料及经济活动进行审查,并依据相应的标准对所查明的事实进行分析和判断,进而有针对性地提出意见和建议。例如,审计机关开展的绩效审计,就是对公共资源管理和使用的经济性、效率性和效果性进行审查评价;审计机关开展的领导干部自然资源资产离任审计,就是对领导干部履行自然资源资产管理和生态保护责任开展审计评价。

国家审计的监督、鉴证和评价三个基本功能可能同时体现在某类特定的国家审计项目中,也可能在不同项目中有不同的体现。因此,我们没有必要把国家审计的基本功能与某类审计项目或类型严格对应。

8.2 国家审计功能拓展

8.2.1 国家审计功能拓展的理论分析

既有的理论总是我们认识客观世界的基石,探讨国家审计功能的拓展必须基于对理论基础的认识。在此我们从受托经济责任观出发,探讨审计功能的拓展,并在此基础上论述公共受托经济责任与国家审计功能的拓展。

1. 受托经济责任与审计功能拓展

根据前文已有的论述,受托经济责任的基本内容包括行为责任和报告责任两个方面。行为责任的主要内容是受托人按照保全性、合法(规)性、经济性、效率性、效果性和社会性以及控制性等要求经营和管理受托公共经济资源。报告责任的主要内容是受托人按照公允性或可信性的要求编制受托经济责任履行情况报告。随着政治、经济和文化的发展,受托经济责任所反映的以委托人为代表的社会需要层次与水平在不断提高和拓展,这也使受托经济责任的内容及要求不断拓展。受托经济责任内容的拓展主要体现在受托经济责任的行为责任内容由保全责任、节约责任、效率责任等传统的责任内容向安全责任、认证责任、公证责任等新兴的责任内容拓展;受托经济责任要求的拓展主要体现在受托经济责任由狭义的受托经济责任(指受托人对资源的法定的直接利益所有者的责任)向广义的受托经济责任(指受托人对有关的所有利益关系人的责任)拓展。受托经济责任内容及要求的不断拓展对现代审计的功能提出了更高的要求,直接促进现代审计的功能不断拓展,审计也需要更多的具体服务来满足这一要求。

审计功能的拓展是受托经济责任内涵拓展的结果,我国著名会计学家娄尔行曾指出:"当经济发展到一定阶段,随着从事经济活动的主体的职能的分解,出现了委托与受托关系。委托者对受托者履行职责的情况需要进行审查;受托者作为委托者的责任者,也需要接受审查以解除自己的责任,这种客观条件促进了审计的产生和发展。"正如我们所熟知的,在提供审计服务时,审计师与经济责任的当事双方形成三方关系,正是受托经济责任决定的三方关系从本质上影响着审计功能的拓展。

2. 公共受托经济责任与国家审计功能拓展

随着民主政治的发展,公众参与政治的愿望越来越强,公众越来越关注政府的公共支出是否高效,大型公共项目的支出是否科学、合理。公众作为公共资源的所有者,期望不断扩大的政府支出能被高效率地使用,为公众谋取更大的利益。

新公共管理运动的兴起重新定义了政府与公众的关系,把原有的统治与被统治关系改革为服务与被服务的关系,政府被定义为公共服务的提供者,因此,政府必须重视所提供公共服务的效率和质量。新公共管理运动采用商业的管理理论、技术和方法,引入市场竞争机制,在公共责任与顾客至上理念的引导下,改变传统的权力至上的观点,旨在提高公共管理水平和公共服务质量,强调政府的透明度和公众的知情权,并加强公众对政府的问责权。新公共管理理论为我们研究国家审计功能提供了新视角。江西省审计厅、厦门大学会计系课题组从新公共管理视角解读了我国国家审计功能,提出多维立体观,认为有效政府、有限政府、授权与分权的政府和透明政府理念普遍为政府和公众所接受。新的政府理念引发了我国国家审计功能的转变,国家审计通过绩效审计实现增值功能,通过公共财政审计实现宏观调控保证功能,通过领导干部经济责任审计实现权力制约功能。

公共资源不仅包括经济资源,而且包括权力等资源。按照历史唯物主义的观点,一切权力属于人民。但是在处理具体事宜时,人民将权力委托给某些机构或个人,这些权力包括经济资源的分配权、检查权、使用权等。随着公众参与政治的愿望增强,越来越多的公众要求政府人员廉洁奉公,正当使用其赋予的权力。

政府是公共权力的行使者,公共权力是否有效运行直接影响公共利益。受托公共经济权力行使人占有、支配和控制公共资源,服务公众。受托公共经济权力行使人行使公共经济权力的具体表现有行使税收征管权、预算执行权、资金使用权等。公共经济权力是人民赋予政府及其部门使用、分配、处置公共资源的一种特殊支配力和影响力。公共经济权力的有效运行成为公共受托经济责任的重要内涵。在总体国家安全观中,经济安全是基础,是政治安全、社会安全等的基础。国家经济安全是国家安全的延伸与发展,是全球化趋势不断发展、深化的大背景下的必然产物,是国家安全的重要组成部分。在经济全球化、金融开放和金融国际化的背景下,维护经济安全自然成为公共受托经济责任的内涵。

政府等公共管理部门和组织接受人民的委托管理和使用公共资源,需要从人民的公共利益出发。在一个民主政治发达的国家,政府要合理运用公共权力,充分保障人民利益,促进人民参政议政,积极管理公共事务。基于受托经济责任关系的审计,从产生开始便与国家政治权力相挂钩,并随着民主政治的发展而发展。因此,审计推进民主政治发展是受托经济责任内涵拓展的必然要求。审计署原审计长李金华认为:"现代国家审计是民主的产物,只有民主进步到一定程度,国家审计机构才能得到授权,对政府部门和公营机构进行监督,并将审计结果对人民公开,向人民负责。"

根据现代治理理论,在众多的治理主体中,政府因责任最大、涉及委托受托关系最广,顺理成章地成为国家治理的核心。作为国家治理的重要组成部分,国家审计的根本目标就是保障和促进公共受托经济责任的全面有效履行,从而促进善政良治。当服务国家治理成为公共受托经济责任的重要内容时,国家审计的目标就应包括服务国家治理。随着国家治理概念被广泛讨论,国家审计被认作一种治理工具而存在。或者说随着国家治理概念引发广泛讨论,对国家审计本质的讨论也上升到国家治理的层面,而对国家审计功能的研究也应适应现实发展。

综上,随着经济社会的发展,公共受托经济责任的内涵在有效运行公共权力、维护国家经济安全、推进民主政治、服务国家治理等方面不断拓展。国家审计基于公共受托经济责任关系的存在而产生,并伴随着公共受托经济责任的变化而变化。因此,国家审计的功能也随之不断拓展。

8.2.2 国家审计功能拓展的主要内容

国家审计除了基本功能,还包括国家审计基于其作用发挥的领域而表现出的拓展功能。国家审计的本质是经济控制,即通过监督、评价与鉴证三项基本功能的发挥,保障和促进公共受托经济责任的全面有效履行。随着公共受托经济责任的发展,在监督、评价与鉴证三项基本功能发挥的基础上,国家审计的功能也得到进一步拓展。国家审计的拓展功能为监督与制约公共权力的功能、维护经济安全的功能、推进民主政治的功能、服务国家治理的功能等。

1. 监督与制约公共权力的功能

公共权力的配置应遵循分权制衡、权责匹配、民主法治等基本原则,构成一种稳定的权力结构和科学的运作机制:决策权、执行权、监督权相互制约、相互协调,以保证权力受到监督。国家审计在公共权力的平衡中起到了举足轻重的作用,其核心是通过监督、控制和反馈信息维持国家系统的正常运行(刘家义,2015;董延安,2007;李江涛,2009)。

通过发挥监督与制约公共权力的功能,国家审计也成为防范腐败和发现腐败的重要机制;通过对公共权力运行和公共资源使用情况的审计,国家审计能够及时发现违法犯罪现象,搜集犯罪线索和证据,并将其移送相关部门处理。实践中,世界各国都通过国家审计的方式推动着国家廉政建设和腐败防范。

2. 维护经济安全的功能

公共受托经济责任的发展要求维护国家的经济安全。国家审计机关在国家安全方面重点关注经济、能源和战略资源、国家信息、资源和环境保护等方面。国家审计在维护金融安全(蔡利,2013)、维护财政安全(刘雷,2014)等方面发挥着维护经济安全的功能。

3. 推进民主政治的功能

民主与法治是国家治理在政治制度上的优化选择(刘家义,2012)。民主是依法治国的基础。国家审计结果公告是公众了解政府及其部门的职责、参与国家治理的重要手段。涉及民生权益的相关问题在各国国家审计机关都受到广泛关注。我国的国家审计从保护人民群众的根本利益出发,通过对一系列民生项目进行审查,以及持续揭示和反映民生政策落实不到位和政策目标未实现的问题,督促政府及其部门加强民生政策措施的落实,保障和改善民生。

4. 服务国家治理的功能

服务国家治理是国家审计的重要功能之一,国家审计是宪法和法律确定的一项基础性制度安排,在国家治理体系中起到权力制衡的重要作用;国家审计通过其独立、客观、公正的监督、评价与鉴证,为国家治理体系中的各子系统规范和高效地运转提供了重要保障。

国家审计的功能如图 8-1 所示。

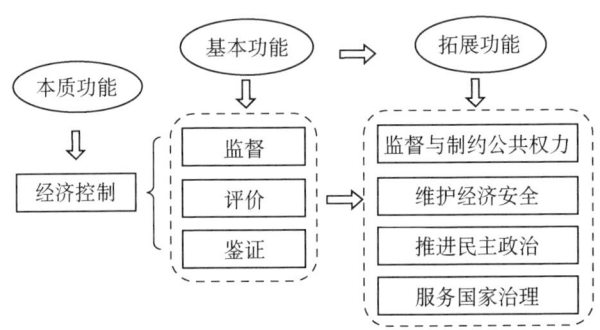

图 8-1 国家审计的功能

8.2.3 国家审计功能拓展的经验证据

当前关于国家审计功能拓展的研究已经从理论分析层面扩展到经验分析层面。具体来说,以监督与制约公共权力为起点,验证国家审计维护经济安全、推进民主政治、服务国家治理的功能。

在经验研究中,学者们将国家审计作为解释变量 X,具体功能领域作为被解释变量 Y,研究国家审计对具体功能领域的影响,则实证检验模型可以设计为 $Y=F(X)$。已有较多学者从不同的角度切入,对国家审计功能的发挥进行实证研究,得到了相应的经验证据。以下我们分别选择相对有代表性的研究,对国家审计功能拓展的四个方面进行分析。

1. 监督与制约公共权力的经验证据

权力导致腐败,绝对的权力导致绝对的腐败(Acton,1887),而没有制约的权力必然走向腐败(Montesquieu,1748)。公共经济权力决定着公共资金和公共资源的运用,因而政府及其部门需要有效行使公共经济权力,全面有效履行公共受托经济责任。公共经济权力的寻租会带来私人利益,即公共经济权力异化行使会形成腐败,而腐败治理则需要强有力的监督与制约机制。国家审计通过监控公共经济权力的运行,防止权力异化,防止权力服务于个人,实现监督与制约公共经济权力的功能,有效治理腐败。

已有实证研究表明国家审计发挥监督与制约公共权力的功能,发挥反腐败作用(陈丽红等,2016)。相关学者基于理论分析,提出以下假设:国家审计力度越大,腐败治理效果越好。

国家审计力度可以用国家审计投入(国家审计人员在编数量)、国家审计问责力度(违规金额纠正率、审计报告信息被批示采用率、相关案件处理率)等衡量(陈丽红等,2016)。腐败治理效果通常用各省贪污贿赂案件立案数来衡量。实证结果验证了假设,即国家审计力度越大,腐败治理越有效果。

另外,饶翠华(2012)还通过案例研究的方式证明审计机关通过对某市社保部门的公共权力行使过程进行审计,发挥了对政府公共权力的监督与制约功能。饶翠华(2012)将社保基金经办机构作为行使政府公共权力的一个具体代表,分析其接受委托承担筹集、管理和使用社保基金的权力和责任。通过案例可以看出,国家审计能够监督和评价其公共权力行使的合法合规性,能够揭示并纠正公共权力运行中的偏差,进而监督与制约公共权力。

有实证研究还通过统计分析,指出独立性、审计权限、审计力量、审计处罚落实、市场化程度等因素会影响国家审计监督与制约公共权力功能的发挥(饶翠华,2012)。

2. 维护经济安全的经验证据

我国审计法第一条规定:"为了加强国家的审计监督,维护国家财政经济秩序,提高财政资金使用效益,促进廉政建设,保障国民经济和社会健康发展,根据宪法,制定本法。"该规定为国家审计维护经济安全提供了法律依据。同时审计法第二十条和第二十二条明确指出对中央银行、国有金融机构和国有资本占控股地位或者主导地位的金融机构进行监督,即明确了财政与金融是政府审计的两大重点。而财政和金融均直接关系国家经济安全。

已有学者围绕国家审计发挥维护经济安全等相关功能,包括维护经济安全(蔡春等,2009;张庆龙和谢志华,2009)、维护财政安全(刘雷,2014)、维护金融安全、防范金融风险与应对金融危机(蔡利等,2013),展开理论探讨和经验研究。经验研究方面的证据主要涉及国家审计维护财政安全和国家审计维护金融安全。其中,对财政安全主要从财政赤字、政府债务风险等角度予以分析(刘雷,2014);对金融安全主要从宏观金融安全和微观的银行业安全维度予以细化(蔡利等,2013)。国家审计维护经济安全,主要以政策跟踪审计、财政审计以及对国有企业和金融机构审计等方式开展。

1)国家审计维护财政安全的经验证据

国家审计是国家治理系统内生的具有预防、揭示和抵御功能的"免疫系统"(刘家义,2012)。财政活动是国家最基本的经济活动,地方政府财政安全是国家财政安全的基础。维护地方政府财政安全是国家治理的重要内容,是公共受托经济责任的内在要求(刘雷,2014)。国家审计的本质目标就是保障和促进受托经济责任的全面有效履行。因此,相关学者基于理论分析,提出"国家审计力度越大,地方政府财政安全程度越高",其中,国家审计力度可以用国家审计揭示力度、抵御力度和预防力度来衡量。揭示力度可以用国家审计(调查)查出的主要问题金额来衡量;国家审计的抵御力度可以用国家审计(调查)处理结果落实金额和被采纳的审计建议(报告)数量来衡量,反映国家审计对问题的纠正程度和对财政制度及管理的完善程度;国家审计的预防力度可以用移送司法机关、纪检监察部门和有关部门的涉案金额来衡量,反映国家审计对审计对象的威慑力及产生威慑预防的作用。刘雷(2014)的研究发现,国家审计通过揭示和抵御功能,可以显著地提高地方政府财政安全程度;而国家审计还没有通过预防机制发挥维护地方政府财政安全的功能。

2)国家审计维护金融安全的经验证据

国家审计在对金融监管机构开展审计的过程中,关注预算执行和财政财务收支情况,同时关注金融货币政策制定的科学性和合理性,关注货币政策执行的经济性、效率性和效果性,进而促进货币政策的稳健落实,维护金融安全。国家审计还可以监督金融监管过程中的权力运行,揭示经济运行的矛盾和风险,维护金融安全。因此,相关学者基于理论分析,提出以下假设:国家审计的效能越大,金融安全状况越好。其中,国家审计的效能可以从审计任务强度、审计执行力度、审计处理力度以及审计信息披露力度四个方面来度量。蔡利等(2013)以审计查出的问题金额度量国家审计效能,实证结果表明,国家审计效能与金融安全指数之间存在长期均衡的正向关系。该研究提供了国家审计发挥维护金融安全功能的经验证据,即国家审计的效能越大,金融安全状况越好。该研究还以银行业为研究对象,结果表明国家审计具有防范系统性风险、维护银行业安全的功能,验证了国家审计维护微观层面金融安全的功能。

3. 推进民主政治的经验证据

杨时展(1997)指出:"民主是现代审计的实质,审计是民主政治的表现;民主是现代审计的目的,审计是现代民主的手段。"从国家审计的起源、本质和动因角度看,国家审计是民主政治发展到一定阶段的产物(刘家义,2008),现代意义上的审计制度是现代民主政治制度和市场经济发展的结果。

政府审计作为一项政治范畴的制度安排,它必须要作用于民主运行机制,才能逐步推进民主政治的发展。可以将民主政治的运行机制分为两个部分,一部分是公共权力的配置,另一部分是公共权力的运行,并将其进一步具体化为公共权力的委托机制、公共权力运行的制约与监督机制、政治决策机制、信息传递与沟通机制、政治参与机制。国家审计通过鉴定公共权力受托人的任职资格和监督公共权力的委托过程,促进公共权力的委托机制的完善;国家审计通过财政财务收支审计、效益审计、经济责任审计、制度合理性审计等具体的审计业务,制约与监督公共权力的运行;国家审计通过深化基层民主制度的建设,完善政治决策机制,为公民的政治参与提供支持;国家审计通过审计结果公开和利用,完善信息传递与沟通机制,为社会公众监督公共权力的运行提供了信息支持。

国家审计可以通过揭示、预防和抵御机制提升政治信任(陈希晖等,2014)。因此,在对国家审计推进民主政治的作用路径和作用机制作出理论分析的基础上,我们可以提出假设:国家审计的力量越大,越能推进民主发展进程。其中,对民主发展进程可以从市场公平度、政治清廉度、司法透明与公正、公共预算公开、公民政治参与度等维度来衡量;国家审计的力量可以用国家审计机关的人数、审计人员的学历、审计公告的质量等来衡量。目前尚无直接检验上述理论假设的经验研究。

4. 服务国家治理的经验证据

国家治理主要涉及对公共权力运行和公共资源分配与使用的监督和控制。国家治理的核心是监控公共权力的阳光运行,促进公共资源合理有效配置,妥善处理或均衡各种利益集团的利益诉求,保证公共受托经济责任的全面有效履行(蔡春等,2012)。国家治理的内容非常广泛,实证研究已涉及经济治理、环境治理以及国企治理等方面。

基于理论分析可知,国家审计通过揭示、预防和抵御机制,通过监控公共权力运行和公共资源的分配与使用,服务国家治理。对于国家审计服务经济治理,可以提出相应研究假设:国家审计力度越大,越能提高经济治理水平。

有实证研究指出,可以用某地是否开展领导干部自然资源资产离任审计试点衡量国家审计力度,用经济高质量发展水平代表经济治理水平,采用绿色 GDP(GGDP×资源环境消耗综合指数,GDP 为剔除各省份物价指数影响的实际 GDP)衡量(孙文远和孙媛媛,2020),其检验结果表明自然资源资产离任审计通过加强领导干部履责情况监督,强化环境治理,进而促进经济高质量发展。也有实证研究认为,国家审计力度(国家审计治理能力)可以用审计执行能力、审计处理处罚能力、审计纠正能力和审计协作能力等来衡量,经济治理水平用城市经济发展质量指数(EQ)衡量,实证结果表明国家审计显著提高了地区经济发展质量(韩峰等,2020)。

另外,有实证研究考察了国家审计对环境治理的影响。实证发现,将自然资源资产离任审计结果作为官员晋升考核的重要依据,有助于提高环境治理水平(黄溶冰等,2019)。政府环境审计显著促进了企业环境信息披露责任的履行(蔡春等,2019),促进了环境治理水平的提高。在国家审计与国有企业治理方面,有研究发现,经济责任审计覆盖率对国有企业治理效率有着显著的正向影响(刘玉玉等,2021)。

8.3 国家审计功能发挥的方式与功能之间的相互关系

8.3.1 国家审计功能发挥的方式

国家审计通过对国家经济活动的监控,保障和促进政府公共受托经济责任的全面有效履行。国家审计在监控活动中,通过五种具体的作用方式发挥国家审计的拓展功能,最终保障和促进公共受托经济责任的全面有效履行。国家审计的本质是一种特殊的经济控制,而这种特殊经济控制发挥作用的方式,具体表现在五个方面:监测、预防、预警、纠偏及修复。

国家审计的各类拓展功能的发挥依赖于国家审计行为的作用方式(或手段)。其中,监测方式是基本层次的方式,是其他作用方式赖以有效发挥的基础;预防、预警、纠偏及修复方式属于衍生层次的方式,是监测方式有效发挥作用的结果。

(1) 监测方式。国家审计部门通过对国家经济活动进行监测,可以收集公共受托经济责任的相关信息。

(2) 预防方式。国家审计部门依法对有关公共受托经济责任履行活动进行审计,从而对违法违规活动产生事前的震慑作用,预防滥用公共权力、危害国家经济安全、违背民主政治、阻碍国家良治行为的发生。

(3) 预警方式。国家审计部门通过分析审计活动所收集到的公共受托经济责任履行的相关信息,可以及时发现公共权力运用、国家经济安全、民主政治建设、国家治理过程中存在的潜在安全威胁,进而及时进行相关预警。

(4) 纠偏方式。国家审计部门利用法律赋予的权力,及时制止审计过程中发现的有关违法违规行为,从而纠正公共权力滥用、危害国家经济安全、违背民主政治、阻碍国家良治的行为。

(5) 修复方式。国家审计部门通过对公共受托经济活动的监控,可以发现国家经济制度设计、经济政策制定中的缺陷,从而为政府部门修复经济制度、经济政策中的缺陷提供依据。

在上述国家审计发挥拓展功能的五种方式中,国家审计部门应重点采用事前预防、预警的作用方式,以消除潜在状态下滥用公共权力、危害国家经济安全、违背民主政治、阻碍国家良治的威胁因素;加强采用事中纠偏的作用方式,及时制止相关有害行为;积极采用事后修复的作用方式,完善国家经济制度设计与经济政策制定,保障和促进公共受托经济责任的全面有效履行。

8.3.2 国家审计功能之间的相互关系

国家审计的本质功能、基本功能与拓展功能有一个共同的理论基础:公共受托经济责任。国家审计的本质是一种确保公共受托经济责任全面有效履行的特殊的经济控制,国家审计通过监督、评价与鉴证三项基本功能发挥经济控制的本质功能。

本质功能和基本功能均以保障公共受托经济责任全面有效履行为目标。随着公共受托经济责任内涵的发展,国家审计的功能也不断拓展。国家审计的拓展功能也同样以保障和促进公共受托经济责任全面有效履行为目标。随着经济社会的发展,公共受托经济责任的内涵不断发展,国家审计的功能还会不断拓展与延伸。

国家审计的拓展功能之间相互联系,共同为促进国家实现良治服务。国家审计发挥监督与制约公共权力的功能,可以进一步推进实现民主政治。国家审计维护经济安全的功能和推进民主政治的功能,可以进一步延伸为服务于国家治理。因此,国家审计功能的拓展也是国家治理的需求。

国家审计功能之间的相互关系如图8-2所示。

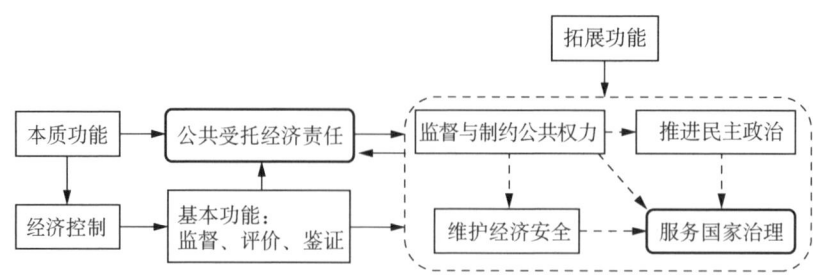

图8-2 国家审计功能的相互关系

8.4 影响国家审计功能发挥的因素

国家审计是由独立的国家审计组织,遵从国家审计规范,运用恰当审计方法,实施审计行为,形成审计结果信息,达成审计目标,发挥审计功能的一系列过程。因此,国家审计功能的发挥受到国家审计核心要素的影响。

8.4.1 国家审计的独立性

独立性是审计最根本的特征,是审计的灵魂与生命线。独立性使审计行为区别于其他类似的检查活动,《利马宣言》强调建立独立的政府审计组织,并要求健全法律体制来保障审计的独立性。

国家审计组织具备独立性,才能客观而有效地完成审计工作。如果不能保证审计组织的独立性,则国家审计不能实施有效的监督、评价与鉴证,不能有效发挥经济控制的本质功能。同理,在不能保证审计独立性的情况下,国家审计也无法发挥其监督与制约公共权力、维护经济安全、推进民主政治、服务国家治理的拓展功能。国家审计的独立性是国家审计行为区别于其他类似检查、监督等行为的最重要特征,若独立性不能得到保障,审计机关的存在都可能受到威胁,也必然影响国家审计功能的发挥。

8.4.2 国家审计目标

国家审计功能的发挥受制于国家审计目标。在本研究提出的国家审计理论框架中,国家审计目标属于第一圈层的理论内容,指导着第二圈层的国家审计功能理论要素。

国家审计的本质目标是保障和促进公共受托经济责任的全面有效履行。随着公共受托经济责任的不断发展,如发展到维护经济安全、防范重大风险、促进经济高质量增长时,国家审计的目标也应随之拓展,相应的国家审计也发挥维护经济安全、防范重大风险、促进经济高质量增长的功能。如果国家审计目标不清晰,或国家审计目标不适应社会经济发展的要求,则国家审计功能的发挥也会受到限制和影响。

8.4.3　国家审计行为与国家审计组织

在本研究提出的国家审计理论框架中,国家审计功能属于第二圈层的理论内容,受到同属于第二圈层的国家审计行为理论与国家审计组织理论的影响。

国家审计行为中,审计项目计划是否充分考虑公共受托经济责任、是否全面且重点突出,审计程序是否合法合规、是否充分调查并收集恰当的审计证据,审计报告(公共)是否及时准确地出具,影响国家审计功能的发挥。

国家审计行为是一个组织行为,不能脱离组织单独存在。因此,国家审计组织模式的设置、国家审计组织的经费保障及享有的权力等,将影响国家审计组织的独立性与权威性,进而影响国家审计功能的发挥。

8.4.4　国家审计规范、国家审计信息与国家审计方法

在本研究提出的国家审计理论框架中,国家审计规范、国家审计信息与国家审计方法理论属于第三圈层的理论内容,对第二圈层的国家审计功能理论产生影响。

国家审计规范通过规范和引导国家审计行为,保障国家审计发挥功能。如果没有法律保证国家审计的独立性,未恰当定义国家审计在宪法中的职责或问责机制不健全等,将对国家审计功能的发挥产生重大影响。

国家审计信息是否及时披露,信息质量的高低,信息的传播速度与广度,都将影响国家审计功能的发挥。国家审计方法的科学性、适用性以及效率高低,国家审计是否有足够的技术手段支撑,同样影响国家审计功能的发挥。

另外,处于国家审计理论框架第四圈层的国家审计环境理论要素,也会对国家审计功能的发挥产生影响。

9 国家审计组织理论

国家审计组织理论是研究国家审计的组织模式或组织框架等方面问题的理论,其与国家审计行为理论、国家审计功能理论三者共同构成国家审计理论框架的第二圈层,受第一圈层理论要素的指导,同时影响第三、第四圈层的理论要素。

国家审计组织是一个由特定的具有监督功能的审计机关和审计人员所组成的法定组织,是保障国家审计功能发挥的必要组成部分。本章在对国家审计组织的内涵作出界定的基础上,探讨国家审计组织的组织模式、内在机制,以及国家审计组织理论与国家审计行为理论、国家审计功能理论的关系。

9.1 国家审计组织的内涵

9.1.1 组织的内涵与作用

在高度社会化的当今世界,人们都想成为有组织的社会成员,通过广泛而复杂的分工与合作,以达到各种目的。因此,组织便引起了人们的广泛关注,特别是在现代管理科学界,管理心理学家对组织的含义更是仁者见仁,智者见智,归纳起来,主要有以下几种看法:

第一,组织是一个有意识地协调二人以上的活动或力量的合作体系。

第二,组织是对工作与责任的分配,是为达到共同目的而组成的人员的集合。

第三,组织是对职责职务的协调配置,代表共同努力奋斗的目标。

第四,组织是要使所有职员从事集体工作时和个人单独工作时一样迅速和有效的媒介。

第五,组织是为了达到特定目标,通过分工协作、各尽其责、权力配置等方式运转的实体。

因此,我们认为组织是人们在共同目标的基础上依据社会生活的某种要求,按照职能及责、权、利形式组合起来的,具有一定的层次、结构、规程,不断发展和变革的活动体系。

任何一个健全的组织(包括审计组织)都具有以下特征：

(1) 目的性。任何组织都是为了实现某种目的而建立起来的,会在自己的活动中表现出一定的方向,否则,组织就没有建立和存在的必要。

(2) 社会性。任何组织都从不同的侧面体现人类社会生活对不同集体、不同活动、不同成员的要求,因而具有政治、经济、科技、文化、心理等方面的社会属性,组织是社会的产物,依据社会规律而发展变化。

(3) 实体性。任何组织都是由一定的人、单位以及他们掌握运用的物质条件及所进行的活动构成的,是一种看得见,摸得着的实体。

(4) 系统性。任何组织都是由其内部要素根据一定的秩序,按照一定的结构方式组合而成的。组织的各方向、各层次、各要素之间以及组织与外界环境之间,都不断进行着物质、能量、信息的交换。对内部各要素,组织具有协调、统和的机制,组织的整体功能大于各部分的功能；对外界环境,组织具有某种适应机制,在改造环境和改造自身的同时适应环境。因此,组织具有一般系统性。

(5) 职能性。任何组织内的各部分都具有共同的目标,担负着不同的职责,而一个组织在其所属的更大系统内担负着社会赋予它的特殊职能。因此,组织总是具有一定职能的。

(6) 可控性。任何组织都会对组织内各部分相互作用及其活动方向、结果以及内部与外界的关系进行控制。组织本身具有控制功能以及各部分的可控性是组织的一个重要特征。

(7) 发展性。任何组织都不可能一成不变,随着外界环境、内部目标以及社会心理因素的变化,组织总是处于不断发展过程之中,组织发展到一定程度就会发生变革。

9.1.2 国家审计组织的含义及作用

本卷认为,国家审计组织是为了实现国家审计的目标、发挥国家审计的功能而设置的配备审计人员并具备职责权限的有机实体。设置与各种审计工作相适应的国家审计组织,实现国家审计组织的有效管理,是审计职能得以正确履行的基本前提条件,是审计工作任务顺利完成的重要保证。

国家审计组织的主要任务是为审计工作提供一个良好的作业环境和完善的支持体系。加强审计组织的管理对提高审计工作效率、保证审计工作质量都具有重要意义。

9.2 国家审计组织的组织模式

9.2.1 国家审计组织的组织介绍

已有文献大多从中外比较的视角,将国家审计组织模式总结为立法型、司法型、独立型、行政型四种。本卷拟在此基础上,进一步对国家审计组织模式进行界定。

国家审计组织模式由国体和政体决定,是指国家审计在国家治理体系中的地位和制度设计。国体和政体是决定国家审计组织模式的主要因素,决定了国家审计机关的地位。

1. 立法型模式

在立法型模式下,审计机关隶属于立法机关,国家审计对议会负责并向其报告工作,作为立法机关中的监督机构,不受行政当局的干预(吕炜,2005)。西欧、北美等国家的国家审计均是此类模式的代表。立法型模式最早产生于英国。1866年,英国议会通过《国库和审计部法》。1983年,英国颁布《国家审计法》,成立审计署。美国亦是立法型的重要代表性国家,第一次世界大战后,美国债务激增,为了加大对联邦财政的监督,美国国会通过了《预算和会计法》,设立审计署。审计署负有审计监督职责,其负责人职务为审计长。

立法型模式拥有众多特点:一是审计机关隶属于立法机关,独立于政府,具备独立监督权。二是审计机关相对独立,审计长的任免权具有一定独立性。例如,在英国,审计长未经议会上下两院同意不得被免职;在美国,总统无权随意罢免审计长。三是因财政监督而生,以财政监督为主。例如,在英国审计署的工作机制中,预算拨款审计、公共资金使用绩效审计、财务报告审计等以财政资金监督为主;在美国,国家审计内容更为宽泛,但仍以资金绩效审计(财政资金监督)为主。

在立法型模式下,审计机关接受委托,独立地审计受托人的公共受托经济责任履行情况,独立性和权威性较高。

2. 司法型模式

在司法型模式下,审计机关隶属于国家司法机关,除拥有审计监督权外,还拥有一定的司法权限。法国、西班牙和意大利等国家的审计机关均是此类模式的代表。司法型模式最早起源于法国,1303年,巴黎审计法庭在西提岛成立。1807年9月,拿破仑签署16号法令,成立审计法院。司法型模式的特征如下:一是审计机关拥有司法职权,不仅提供案件线索来源,而且同步实施审判执法职能。二是审计机关在地位上与立法机关、行政机关平等且独立,审计法院院长拥有判决权,且为终身制院长,院长除非基于自愿、年龄等原因而主动辞职,否则一经任命便不能被免职或裁撤。

3. 独立型模式

在独立型模式下,审计机关以会计检察院或审计院的形式独立于立法、司法和行政三权之外,独立行使监督权。日本和德国等国家的审计机关均是此类模式的代表。这一模式最早源于德国,德国联邦审计院前身于1714年成立于普鲁士邦。1950年,德国根据《德意志联邦共和国基本法》正式成立了联邦审计院。这一模式的特征在于:一是审计机关是国家政权的分支机构,拥有独立的监督权,不拥有司法立法权限。二是审计院院长拥有独立性。例如,德国联邦审计院院长、副院长任期为12年,不得连任,随意调离、撤职或提前退休等。

4. 行政型模式

在行政型模式下,国家审计机关隶属于政府行政部门,执行政府职能部门的功能。巴基斯坦、泰国和审计管理体制改革之前的中国的审计机关均是此类模式的代表。

综上,立法型、司法型、独立型、行政型是现阶段主流的四种国家审计组织模式。立法型模式的优势在于将立法权与监督权结合。以英国为例,英国审计署针对不同审计业务和内部服务需求,设置了相应负责人,以审计组形式存在,而非通常意义的审计部或审计司。美国审计署则将总部设置在华盛顿,并在洛杉矶等11个城市设有派出机构。司法型模式的优势在于审计机关除拥有审计监督权外,还拥有一定司法权限。以法国为例,法国审计法院包括7个从事具体审计业务的法庭,以及负责行政和审计工作支持的管理部门。独立型模式的优势在于各级审计机关与立法机构、司法机构、行政机构独立,依据法律独立行使审计权。以德国为例,德国联邦审计院总部设置在波恩,共设9个审计局,其下设50个审计处,另设有7个特派办。在前两种模式下,监督权与其他权力融合,导致国家审计的监督权的单一性降低,审计人员无法专注于提高监督职能。独立型模式下的国家审计又因脱离了立法、司法、行政三权,无法充分获取相关信息,对政府的运行也不够熟悉,国家审计容易被边缘化,不利于审计功能的实现。行政型模式的优势在于审计效率高,不足之处是国家审计的独立性容易受到影响。

9.2.2 我国国家审计组织的组织模式——政党治理模式

国家审计组织模式并非固定不变,而是会随着国家治理需求的变化不断改变。现存的四种国家审计组织模式依然有值得商榷之处。基于中国特色社会主义制度,本卷提出第五种组织模式——政党治理模式。

2018年2月,党的十九届三中全会决定组建中央审计委员会,其主要职责包括研究提出并组织实施在审计领域坚持党的领导、加强党的建设方针政策,审议审计监督重大政策和改革方案,审议年度中央预算执行和其他财政支出情况审计报告,审议决策审计监督其他重大事项等。因此,加强党对审计工作的集中统一领导,是我国审计组织模式的重要特征。中央审计委员会的成立有效地提升了国家审计的地位和作用。在党的组织体系中,审计工作服从党中央的领导,向中央审计委员会报告工作。在行政管理体系中,审计工作服从国务院总理的领导,向国务院总理报告工作。国家审计地位的提升,有利于国家审计工作的全面开展,有利于国家审计监督职责依法全面履行,有利于我国构建集中统一、全面覆盖、权威高效的审计监督体系。2021年10月修订的审计法第二条进一步明确:"国家实行审计监督制度。坚持中国共产党对审计工作的领导,构建集中统一、全面覆盖、权威高效的审计监督体系。"

由此可见,我国的审计监督制度,具有典型的中国特色。我们认为政党治理模式是在执政党统一领导下,审计服务于执政党领导的审计组织模式。持续加强党对审计的统一领导,正是这一模式的主要特点和优势所在。这是具有中国特色,世界上独一无二的国家审计组织模式,是我国制度优势的重要体现形式。对于政党治理模式,可以从以下方面来理解。

第一,坚持中国共产党的领导,是中国特色社会主义审计组织体系建立和发展的首要前提。2018年2月,党的十九届三中全会通过的《中共中央关于深化党和国家机构改革的决定》强调要"完善坚持党的全面领导的制度";在关于"建立健全党对重大工作的领导体制机制"的论述中,指出"加强和优化党对深化改革、依法治国、经济、农业农村、纪检监察、组织、宣传思想文化、国家安全、政法、统战民族宗教、教育、科技、网信、外交、审计等工作的领导"。审计是一项事关党和国家事业全局的重大工作,需要加强党对审计工作的领导。2018年3月,中共中央印发的《深化党和国家机构改革方案》提出:"为加强党中央对审计工作的领导,构建集中统一、全面覆盖、权威高效的审计监督体系,更好发挥审计监督作用,组建中央审计委员会,作为党中央决策议事协调机构。主要职责是,研究提出并组织实施在审计领域坚持党的领导、加强党的建设方针政策,审议审计监督重大政策和改革方案,审议年度中央预算执行和其他财政支出情况审计报告,审议决策审计监督其他重大事项等。中央审计委员会办公室设在审计署。"十三届全国人大一次会议审议通过的《国务院机构改革方案》提出:"优化审计署职责。将国家发展和改革委员会的重大项目稽查、财政部的中央预算执行情况和其他财政收支情况的监督检查、国务院国有资产监督管理委员会的国有企业领导干部经济责任审计和国有重点大型企业监事会的职责划入审计署。"

第二,地方审计机关由上级审计机关和本级党委、政府双重领导。我国的地方各级审计机关实行双重领导体制,地方审计机关同时接受上级审计机关和本级党委、政府的双重领导。我国宪法第一百零九条规定:"县级以上的地方各级人民政府设立审计机关。地方各级审计机关依照法律规定独立行使审计监督权,对本级人民政府和上一级审计机关负责。"我国审计法第九条规定:"地方各级审计机关对本级人民政府和上一级审计机关负责并报告工作,审计业务以上级审计机关领导为主。"在我国的中央与地方审计机关的"双垂管"体制模式中,审计署对省级审计机关的垂直管理、省级审计机关对省级以下审计机关的垂直管理,可以最大限度缓解或抑制审计机关层级越低审计独立性和有效性越衰竭的问题。

近年来,在强化上级审计机关对下级审计机关的领导方面,党的十八届四中全会通过的《中共中央关于全面推进依法治国若干重大问题的决定》,明确将审计监督提升为对行政权力制约和监督的八大监督之一,并提出:"完善审计制度,保障依法独立行使审计监督权。对公共资金、国有资产、国有资源和领导干部履行经济责任情况实行审计全覆盖。强化上级审计机关对下级审计机关的领导。探索省以下地方审计机关人财物统一管理。推进审计职业化建设。"2015年,中共中央办公厅、国务院办公厅印发的《关于完善审计制度若干重大问题的框架意见》及相关配套文件要求:"围绕增强审计监督的整体合力和独立性,强化全国审计工作统筹。加强审计机关干部管理,任免省级审计机关正职,须事先征得审计署党组同意;任免省级审计机关副职,须事先征求审计署党组的意见。上级审计机关要加强审计项目计划的统筹和管理,合理配置审计资源,省级审计机关年度审计项目计划要报审计署备案。上级审计机关要根据本地区经济社会发展实际需要,统筹组织本地区审计机关力量,开展好涉及全局的重大项目审计。健全重大事项报告制度,审计机关的重大事项和审计结果必须向上级审计机关报告,同时抄报同级党委和政府。上级审计机关要加强对下级审计机关的考核。"审计法第十七条指出:"地方各级审计机关负责人的任免,应当事先征求上一级审计机关的意见。"

据此,我国国家审计组织的组织模式,在新时代呈现重要变化,主要表现为两个方面:一是加强党对审计工作的领导,二是上级审计机关对下级审计机关的领导。这两个方面的变化受到国体和政体的影响,中国特色社会主义最本质的特征是中国共产党的领导,审计已成为党和国家监督体系的重要组成部分,是推进国家治理体系和治理能力现代化的重要力量。

9.2.3 国家审计组织的机构设置

任何一个组织要达到预定的目标都离不开组织治理,良好的组织治理能够提升组织效率。西方管理学界被誉为"组织理论之父"的德国著名社会学家马克斯·韦伯提出了理想的行政管理体制,其中心思想是:组织是由部门和职位的等级结构形成的,每个部门和职位都依据合法、合理的原则分配权限和职责,每个组织成员的职位行为都有既定的规则制约(马克斯·韦伯,2011)。这种典型的组织体制在各类正式组织中被广泛应用。该组织体制追求高效理性,指出合法的职责和权力是组织管理的核心。

该组织体制意味着一种严密的社会组织,具有明确的责权划分、严格的规则制度,具体而言主要包括以下要素:①明确的职能分工。在该组织体制下,组织对全部活动均进行专业化的职能分工并确定职位,详细制定每个职位的职责权限。②明确的等级制度。组织中的职位均按等级自上而下排列,形成一个严密的行政管理等级体系。③明确相关职责和职权的法规和制度。组织的各项业务均纳入这些法规和制度之中,接受统一约束。④以书面文件处理和传递业务活动的内容。保证业务处理的准确性,使其能够得到正式确认。⑤所有职位均由专业人员担任。⑥根据一定的标准聘用所有职位的管理人员。⑦每个组织成员都必须恪尽职守,不受个人感情干扰。

国家审计组织作为一种正式组织,其组织治理也主要采用理想的行政管理体制。本节讨论国家审计组织的机构设置,重点分析职责与权限和治理结构。

1. 国家审计组织的职责与权限

国家审计组织的机构设置必须与国家审计机关的职责与权限匹配。审计机关的职责与权限是审计机关内部机构设置的依据,而审计机关内部机构设置又为审计机关全面履行审计职责提供支持。

1) 审计机关的职责

根据我国宪法规定,国务院设立审计机关,对国务院各部门和地方各级政府的财政收支、对国家的金融机构和企业事业组织的财务收支进行审计监督;县级以上的地方各级人民政府设立审计机关,地方各级审计机关按照法律规定独立行使审计监督权,对本级人民政府和上一级审计机关负责。

根据宪法的规定,同时为适应社会主义市场经济体制和转变政府职能的要求,审计法等相关法律法规对审计机关的职责作了进一步的细化与调整。目前,我国审计机关的职责主要包括四个方面:一是对法定事项的真实、合法和效益情况进行审计监督;二是对与国家财政收支有关的特定事项,向有关地方、部门、单位进行专项审计调查;三是对依法属于审计机关审计监督对象的内部审计工作进行业务指导和监督;四是对被审计单位所属的社会审计机构出具的相关审计报告进行核查。

目前,依据审计法,我国审计机关对法定事项的真实、合法和效益情况进行审计监督的职责包括:①对本级各部门(含直属单位)和下级政府预算的执行情况和决算以及其他财政收支情况进行审计监督。②审计署对中央银行的财务收支进行审计监督。③对国家的事业组织和使用财政资金的其他事业组织的财务收支进行审计监督。④对国有企业、国有金融机构和国有资本占控股地位或主导地位的企业、金融机构的资产、负债、损益以及其他财务收支情况进行审计监督。遇有涉及国家财政金融重大利益情形,为维护国家经济安全,经国务院批准,审计署可以对前款规定以外的金融机构进行专项审计调查或者审计。⑤对政府投资和以政府投资为主的建设项目的预算执行情况和决算,对其他关系国家利益和公共利益的重大公共工程项目的资金管理使用和建设运营情况,进行审计监督。⑥对国有资源、国有资产进行审计监督;对政府部门管理的和其他单位受政府委托管理的社会保险基金、全国社会保障基金、社会捐赠资金以及其他公共资金的财务收支进行审计监督。⑦对国际组织和外国政府援助、贷款项目的财务收支进行审计监督。⑧对被审计单位贯彻落实国家重大经济社会政策措施情况进行审计监督。⑨对其他法律、行政法规规定应当由审计机关进行审计的事项进行审计监督。

2) 审计机关的权限

为了保证审计机关履行审计监督职责,及时制止和纠正违反国家规定的财政收支、财务收支行为,维护国家财政经济秩序,审计法及其实施条例对审计机关权限作了具体规定。

具体来看,我国审计机关主要有以下基本权限:①要求提供资料权。审计机关有权要求被审计单位按照审计机关的规定提供财务、会计资料以及与财政收支、财务收支有关的业务、管理等资料,包括电子数据和有关文档。被审计单位不得拒绝、拖延、谎报。②共享国家政务信息权。国家政务信息系统和数据共享平台应当按照规定向审计机关开放。③检查权。审计机关进行审计时,有权检查被审计单位的财务、会计资料以及与财政收支、财务收支有关的业务、管理等资料和资产,有权检查被审计单位信息系统的安全性、可靠性、经济性,被审计单位不得拒绝。④调查取证权。审计机关有证据证明被审计单位违反国家规定将公款转入其他单位、个人在金融机构账户的,经县级以上人民政府审计机关主要负责人批准,有权查询有关单位、个人在金融机构与审计事项相关的存款。⑤采取强制措施权。审计机关进行审计时,被审计单位不得转移、隐匿、篡改、毁弃财务、会计资料以及与财政收支、财务收支有关的业务、管理等资料,不得转移、隐匿、故意毁损所持有的违反国家规定取得的资产。审计机关对被审计单位违反前款规定的行为,有权予以制止;必要时,经县级以上人民政府审计机关负责人批准,有权封存有关资料和违反国家规定取得的资产;对在金融机构的有关存款需要予以冻结的,应当向人民法院提出申请。审计机关对被审计单位正在进行的违反国家规定的财政收支、财务收支行为,有权予以制止;制止无效的,经县级以上人民政府审计机关负责人批准,通知财政部门和有关主管机关、单位暂停拨付与违反国家规定的财政收支、财务收支行为直接有关的款项,已经拨付的,暂停使用。⑥提请协助权。审计机关履行审计监督职责,可以提请公安、财政、自然资源、生态环境、海关、税务、市场监督管理等机关予以协助。⑦移送权和建议权。对审计发现的有关问题,审计机关有权移送有关部门处理,或者向被审计单位以及有关部门反映,建议采取相应措施。⑧处理处罚权。对违反国家规定的财政收支、财务收支行为,依法应当给予处理、处罚的,审计机关在法定职权范围内作出审计决定。⑨通报或公布审计结果权。审计机关可以向政府有关部门通报或者向社会公布审计结果。

2. 国家审计组织的治理结构

马克斯·韦伯的理论一方面要求组织必须要有明确的职能分工,即对组织的全部活动均进行专业化的职能分工;另一方面要求组织的各项业务职能分工涉及的职责与权限,均受到法律法规及制度的约束。

1) 按行政层级进行国家审计组织的机构设置

从国家审计的职责范围可以看出,国家审计组织需要进行的审计业务活动非常广泛,必须对其进行合理的职能划分。我国国家审计组织的组织模式为政党治理模式。宪法规定国务院和县级以上的地方各级人民政府分别设立审计机关,进行审计监督。

各级审计机关应围绕地方经济社会发展需要,围绕地方党委、政府的工作重心,全面履行审计职责。因此,国家审计组织可以按照行政层级进行机构设置。

按照行政层级进行机构设置,我国的国家审计组织包括中央审计机关和地方审计机关。其中,中央审计机关的机构包括以下部分:审计署、审计署特派办以及派出审计局等;地方审计机关的机构包括省审计厅、市审计局、区县审计局等。鉴

9 国家审计组织理论

于中国地域广阔,被审计单位数量众多,审计机关审计管辖范围内的审计事项地域分布广泛,审计机关在被审计单位比较集中的地区和一些下属单位较多的政府部门设立了派出机构。审计机关派出机构依照法律、法规和审计机关的规定,在审计机关的授权范围内开展审计工作,不受其他行政机关、社会团体和个人的干涉。

审计署是国家的最高审计机关。审计长由全国人民代表大会选举产生,由国家主席任命,对全国人大常委会负责并向其报告工作。审计署特派办是经国务院批准,审计署在部分中心城市跨地区派驻的18个特派员办事处。特派员办事处隶属于审计署,实行特派员负责制,对审计署负责并向其报告工作。审计署派出审计局,是审计署派驻到部分国务院行政部门及其直属事业单位的审计机构,组织对本部委直属机构和单位实施常规审计及专项审计,其人、财、物均由审计署直接管理,必要的办公条件由被审计单位负责提供。

省、自治区、直辖市审计厅(局)的审计厅(局)长由本级人大选举产生,由本级政府会同审计署任命,各副厅(局)长分工负责组织日常审计工作。

我国国家审计组织的机构设置如图9-1所示。

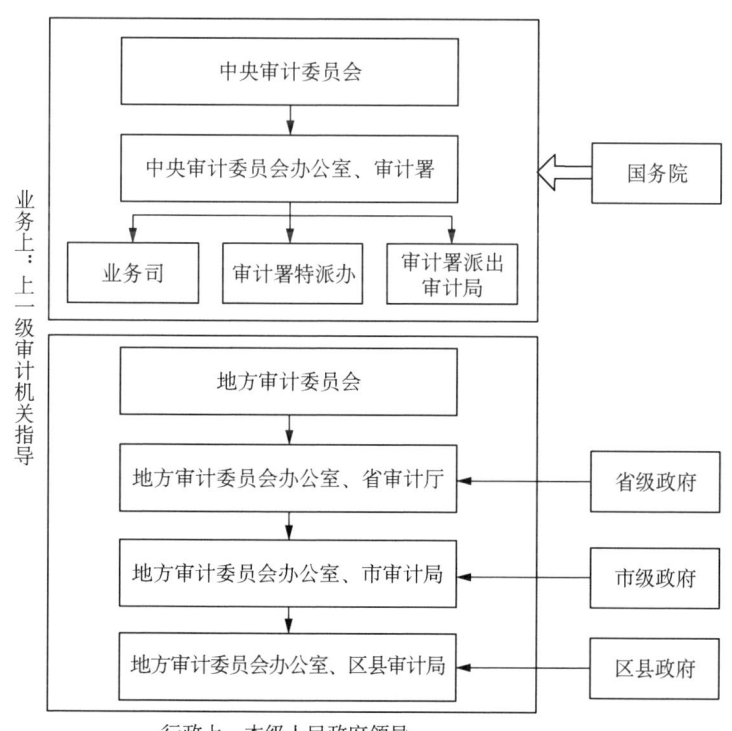

图9-1 国家审计组织的机构设置

2) 按职能分工进行国家审计组织的内部机构设置

马克斯·韦伯的理论要求各项的职责与权限均受到法律法规及制度的约束。从审计法来看,其对以下审计业务内容的职责进行了规定和约束:财政审计、金融审计、企业审计、政府投资和以政府投资为主的建设项目审计、国有资源国有资产(社保基金、社会捐赠等公共资金)审计、涉外审计、国家重大政策落实跟踪审计、专项审计调查、经济责任审计、民生审计、资源环境审计和领导干部自然资源资产离任(任中)审计等。

一个正式组织的机构设置除了要考虑业务职能部门,还应考虑管理职能部门。因此,国家审计组织可以按照法定职责进行职能分工,并相应设置内部职能机构。实践中,审计署内设机构分为审计业务部门和综合管理部门。审计业务部门包括财政审计司、税收征管审计司、教科文卫审计司、农业农村审计司、固定资产投资审计司、社会保障审计司、自然资源和生态环境审计司、金融审计司、企业审计司、涉外审计司、经济责任审计司、国际合作司、电子数据审计司等。它们的主要职责是直接进行审计,开展专项审计和审计调查,组织派出机构和地方审计机关进行行业审计并进行业务指导,受理被审计单位提出的对下级审计机关或派出机构的复议申请等。综合管理部门包括办公厅、政策研究室、法规司、审理司、内部审计监督指导司等。它们主要负责内部综合行政工作、信息综合传递、计划统计、政策法规制定、执法检查、审计质量管理、人事调配等。

从国家审计组织的法定职责视角下的职能分工角度分析国家审计组织的机构设置,可以看出以法定职责权限为依据而设计的原则。同时,也可以看出,实践中审计机关可以根据需要对机构设置进行适当调整。例如,针对目前我国重点推行的政策落实跟踪审计,审计署并未单独设置内部机构,而是安排财政审计司负责;税收征管理论上应由财政审计司负责,但由于其特殊重要性,实践中我国审计署为此单独设置了内部职能机构——税收征管审计司;教科文卫、农业农村领域有其明显的特性,审计署为之单独设置了职能机构——农业农村审计司;随着信息技术的发展,电子数据的应用得到普及,各类型的审计业务均涉及电子数据审计,实践中审计署为之单独设置了电子数据审计司。

省级、地市级、县级三级政府审计机关之间审计事权划分原则为:按政府事权范围决定审计监督的范围,以财权决定审计监督的内容。一般应按财政核算级次或国有资产管理级次或国有企业主要干部任命管理权限划分,涉及纠纷时由上级审计机关裁决。

地方审计机关采用与审计署内部职能机构相对应的方式进行设置。实践中,基层审计机关由于编制或经费限制,也可相应合并设置内部机构。

9.2.4 国家审计组织的项目组织方式

国家审计组织的项目组织方式是指审计业务中项目的组织实施模式。项目组织方式一般会依托审计项目的发展不断优化。项目组织方式一般涉及如何确定审计项目、如何实施审计项目、如何整合审计项目、如何统筹资源、如何分配资源、如何锁定审计重点等。

国家审计项目的构成主要包括上级审计机关统一组织的项目、自行安排项目、授权审计项目等。其中,上级审计机关统一组织的项目需要多个审计组共同实施一个审计项目或者分别实施同一类的审计项目。该类审计项目的组织需要统一审计目标、内容和重点,并对具体组织方式、协作与汇总方式等作出规定,以保证审计工作协同,共同完成项目。

自行安排项目和授权审计项目的组织方式基本一致,即审计业务部门在前期调查研究及可行性研究基础上,开展进一步调查,确定审计目标、范围、重点和项目组织实施等。

9.3 国家审计组织的内在机制

国家审计机关是代表政府行使审计监督权的行政机关,它具有法律赋予的独立性和权威性。各级国家审计组织在制定内部的职责分工过程中,其内在机制既具有统一之处,亦具有差异化特征。对国家审计组织的内在机制进行分析,有助于了解国家审计组织的效率及其变革优化的背景。

9.3.1 国家审计机关内部职能部门的基本设置

审计机关的内部职能部门一般有综合行政部门、审计专业职能部门和事业部门等。审计机关一般按审计单位资金性质分类设置内部专业审计部门。例如,企业审计部门(司、处、科)负责审计所有审计管辖范围内的企业;财政审计部门(司、处、科)负责审计所有使用和管理财政资金的单位,包括财税部门、行政机关、事业单位等专项资金的审计;金融审计部门(司、处、科)负责对中央银行、国有金融机构的审计等。

根据所审计资金性质分类设置内部机构,各组织部门职责清楚、分工明确,能有效地防止审计工作的重复和遗漏,减少各部门在工作中的矛盾,也可以避免因机构分设而产生的沟通困难。例如,一笔预算资金从财政部门拨付到用款单位,由两个机构分别审计财政部门和用款单位,前者不知道其真实的使用情况,后者又不了解使用资金的拨付程序,就很难从整体上了解这笔资金的运动全貌,难以发现在财政资金使用过程中经常产生的诸如改变原定用途、转移挪用等问题。目前审计署的财政审计协调小组与环境审计协调小组就是针对内部部门分割与审计整体性要求的矛盾而设置的。

9.3.2 环境变化背景下国家审计组织的内部职能变化

随着社会经济活动日趋多元化,如环境保护活动的日益重要,社会保障基金的迅速增长,经济责任审计工作量的增加,效益审计的开展等,新的审计对象不断出现。在设置内部机构时,审计机关应考虑新增职能和工作内容,以适应不断发展的审计工作的需要。

我国县级以上地方各级人民政府均设立了审计机关。地方审计机关按照法律规定独立行使审计监督权,对本级政府和上级审计机关负责。一般来说,地方审计机关的主要职责是:结合本地区实际,全面履行审计法赋予审计机关的各项职责;管理本区域的审计工作,制定本区域审计工作的政策和规划,确定审计工作重点,领导下级审计机关的审计工作;完成上级审计机关和本级党委、政府交办的其他事项。

由于各地实际情况不同,我国地方审计机关的设置也不完全统一,内设机构数量多少和职能划分存在一定差异。大多数省级审计机关的内部机构设置与审计署的内部机构设置基本一致,都按照审计业务领域设置了相关的审计业务部门,一些省级审计机关设置了派出机构。县级审计机关一般仅针对其主要审计业务设置相应的内部机构,大多数的县级审计机关没有设立派出机构,相比省级审计机关来说,县级审计机关的内部机构设置就简化了许多。

9.4 国家审计组织理论与国家审计行为理论、国家审计功能理论的关系

国家审计组织理论、国家审计行为理论与国家审计功能理论作为国家审计理论框架的第二圈层要素,具有相互依托、相互促进、相互作用的关系。三者之间的关系既来自理论层面的分解,也来自实践活动的经验。其中,国家审计行为理论主要探讨国家审计目标实现过程的国家审计行为活动;国家审计功能理论主要探讨国家审计为实现国家审计目标所应该具有或发挥的功能;国家审计组织理论则主要探讨如何构建和优化国家审计组织模式及治理结构,以便更好地实现国家审计目标。

国家审计组织理论是保证国家审计组织形成合理有效的治理结构,是推进国家审计功能发挥的重要机制和保障。行为是组织中人员和机构的具体活动。功能是组织本身具有的作用,是以具体的人员和机构为实施载体的。因此,国家审计组织理论是关于如何将国家审计人员和国家审计机构等具有实施特定审计活动的主体进行组织的理论,国家审计行为理论和国家审计功能理论内含于国家审计组织理论之中,国家审计组织理论又是这两个理论的基础。

在实践中,国家审计组织是组织国家审计人员开展审计工作的治理机制设计,从审计委托开始到审计结果公告,每一事项的具体安排涉及的部门和人员都是国家审计组织体系的内容,组织体系的模式和设置将更为深入地影响国家审计人员的行为活动。

同时,国家审计组织模式的设置也是国家审计发挥功能的重要保障。国家审计功能的发挥需要必要的制度安排予以实现,具体包括权力的授予、人员的分配和被审计单位的配合等。高效率的国家审计组织模式可以为国家审计功能发挥提供有力的基础力量和独立地位,有利于国家审计人员充分开展审计工作。

10 国家审计规范理论

国家审计规范理论对国家审计行为的约束与引导机制进行分析,与国家审计信息理论、国家审计方法理论共同构成国家审计理论的第三圈层。本章从国家审计技术规范、国家审计道德规范和国家审计法律规范的角度,阐述了三者之间的内在逻辑和作用方式,并在此基础上,论述了国家审计规范的效力范围、国家审计规范的内部协调机制和国家审计规范的变革与影响。

10.1 国家审计规范的内涵

10.1.1 国家审计规范的含义

在明确国家审计规范的含义前,首先我们需明确规范所指为何。"规范"是指人类行为的一种约束与引导机制,是为人类行为确立的某种标准、准则、模式或方式。从属性上看,规范既有技术性的,如人们从事某种工作或活动必须遵守的技术标准或工作过程,也有社会性的,如人们从事社会活动所必须遵守的道德、法律或其他要求。

审计在确保受托经济责任之全面有效履行方面是一种特殊的经济控制行为,我们可以看到要维持正常良好的审计关系,必须有审计规范对审计主体进行约束,而审计规范由政府机构、职业团体等权威主体制定。如果不存在受托经济责任,也不会存在审计关系,而如果不存在审计关系,也不会有审计规范;反之,如果没有审计规范,审计主体就没有"规矩",也就不可能正确地鉴定和评价受托经济责任。

国家审计规范是对国家审计行为的规范,是国家审计行为的一种约束和引导机制,也包括技术性规范和社会性规范两个部分。从发展至今的审计理论与实务来看,审计的技术性规范主要是指审计职业技术标准,即审计标准或公认审计标准;审计的社会性规范主要是指审计职业道德规范和法律规范,即道德标准和法律标准。因此,一般而言,国家审计规范主要包括国家审计技术规范、国家审计道德规范和国家审计法律规范三个部分。从1983年9月中华人民共和国审计署成立起,到 1994 年 8 月《中华人民共和国审计法》正式颁布,再到 2021 年 10 月审计法第二次修正,我国已形成具有中国特色的国家审计规范体系。

10.1.2 国家审计规范的作用

国家审计规范在理论上具有四点重要意义。

(1) 国家审计规范是国家审计理论结构的一个重要的、独立的要素。审计规范与审计标准存在一定区别,审计规范除了包括作为技术规范的审计标准之外,还包括职业道德规范和法律规范,仅用审计标准无法概括审计规范的全部内容。同时,国家审计涉及的内容之广,若只用审计标准予以约束和引导,恐不能平衡发展。国家审计规范理所当然应成为国家审计理论框架的重要组成部分。

(2) 国家审计规范是国家审计行为的约束与引导机制。国家审计规范同时具有约束与引导双重功能。作为约束机制,国家审计规范要求审计行为必须在它所确立的行为标准或准则框架内进行,即审计行为必须符合特定的技术规范、道德规范和法律规范的要求。作为引导机制,国家审计规范指明何为正确的审计行为,应该向什么方向发展,即审计规范是为实现审计目标所确立的一种理想的审计行为模式,因而它可以起到引导或激励机制的作用。

(3) 国家审计规范是实现审计目标的重要保证。国家审计行为是一种有目标的政府治理行为。国家审计规范正是国家审计目标得以实现的重要保证。作为约束机制,国家审计规范将审计行为限定在一定标准框架内进行,不允许其有所偏离,因而有助于国家审计目标的实现。作为引导机制,国家审计规范引导国家审计行为向确立的理想或优秀行为模式方向发展,因而它能促使国家审计目标的实现。作为评判依据,国家审计规范又是衡量审计目标实现程度的重要参照。没有国家审计规范,就不会有现实有效的、井然有序的国家审计行为以及衡量国家审计行为品质的客观依据,国家审计目标也就难以实现。

(4) 国家审计规范是支撑国家审计职业所必需的要素。任何一项职业的存在,都离不开一套职业行为规范,包括职业技术规范、职业道德规范和职业法律规范。这是一种职业走向成熟与规范化的重要标志,国家审计职业亦不例外,也必须有一套技术规范、道德规范和法律规范,并且还应通过教育、培训使审计人员理解和接受,从而形成一种必备的职业知识体系。

10.2 国家审计规范的内在逻辑结构与作用方式

从系统论的观点看,国家审计规范也是一个系统,主要由国家审计技术规范、国家审计道德规范和国家审计法律规范三个子系统构成。作为一个系统,国家审计规范自有其内在逻辑结构与作用方式。这是国家审计规范理论需要研究的一个重要问题。本研究将先考察国家审计规范作为一个整体的内在逻辑结构及其基本作用方式,然后再分别对三种审计规范进行研究。

任何规范,无论是技术性规范,还是社会性规范,其内在逻辑结构都至少包括行为准则和规范力这样两个部分,国家审计规范亦不例外。从内在结构上看,它也应包括两个部分:一是约束和引导审计行为的标准或准则,包括技术的、道德的和法律的标准或准则,主要说明国家审计行为必须和应该怎样操作、怎样进行以及审计行为不得如何。这即我们通常所谓的国家审计规范,即狭义的国家审计规范。二是国家审计规范力,即引导或促使审计人员遵守审计规范所确立的各种标准或要求的力量,这种力量既有内在动力,也有外在压力。所谓内在动力就是指国家审计规范的标准或要求已为审计人员完全理解与信服,从而转化成其内在的追求与目标,进而产生的使之自觉自愿地按照审计规范行事的力量。所谓外在压力是指迫使审计人员遵循国家审计规范的外部强制力量,如法律的强制力、社会舆论的威慑力和组织监督与检查的影响力等。国家审计规范力说明的是国家审计规范如何约束的问题。我们可将国家审计规范的此种内在逻辑结构描述为图 10-1 的形式。

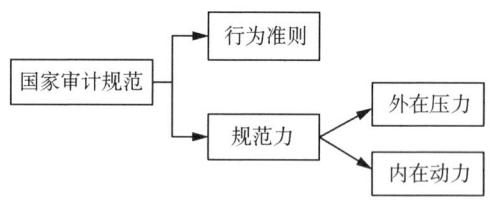

图 10-1 国家审计规范内在逻辑结构关系图

国家审计规范正是通过规范力发挥作用的。国家审计规范凭借内在动力发挥作用的方式称为自律,其借助外部压力发挥作用的方式则称为他律。因此,国家审计规范的作用方式按所用规范力的不同,有自律与他律两种。区别这两种作用方式的关键是看作为行为主体的国家审计人员是主动接受进而主动服从,还是被动接受进而被动服从。前者属自律,后者属他律。例如,当国家审计人员理解并接受了审计职业标准并自觉按其要求处理审计实务,那么,审计标准这种技术规范的作用方式就表现为自律。又如,国家审计法律规范在国家机器赋予的强制力下要求审计人员必须无保留地予以遵循而不管其是否理解与接受,这种作用方式就是典型的他律。

在任何规范中,此两种作用方式都可能发挥作用,有的可能以自律为主,有的可能以他律为主,也可能两律并重。因此,按照所用作用方式之侧重点的不同,规范可划分为三类:以自律为主的规范,即自律性规范;以他律为主的规范,即他律性规范;自律与他律共同作用的规范,即两律性规范。对于审计规范来说,一般认为其中的技术规范属于自律性规范,法律规范属于他律性规范,而道德规范则属于两律性规范,如图10-2所示。

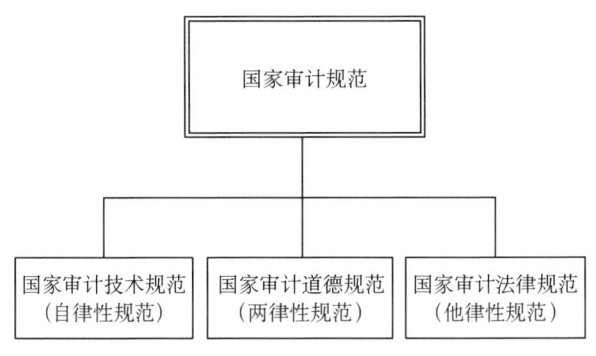

图 10-2　国家审计规范构成关系图

下面将分别讨论国家审计规范的三个类别,即国家审计技术规范、国家法律规范和国家道德规范的内在逻辑结构与作用方式,这是以上讨论的进一步深化与具体化。

10.2.1　国家审计技术规范的内在逻辑结构与作用方式

国家审计技术规范,具体说,就是审计职业标准对国家审计行为提出的技术性要求,是国家审计工作应该和必须遵循的技术标准。此种规范是以审计行为所应达到的技术要求(即技术目标为)起点,以相应的实现技术要求的方法或操作程序为终点。因此,审计技术规范之内在逻辑结构一般包括技术目标和实现该目标的方法或操作程序这两个部分,即审计技术规范→"技术目标+方法或操作程序"。

在此,技术目标和方法或操作程序共同构成了国家审计行为所应遵循的技术性标准或准则的具体内容。但是,从表现形式看,审计职业标准往往并不是明显地表现为"目标+方法或操作程序"的形式,而更多表现为具体的"方法或程序性"要求,目标只是隐含其中。这从权威性较高的十条公认审计准则的表达形式中即可看出。例如,"审计工作应由受过充分技能训练并精通胜任业务的一位或数位审计人员承担",这条标准中就隐含着"审查人员必须训练有素"这一技术目标;"在有关审计任务的全部事务中,审计人员应该在精神状态上保持独立",这里隐含的技术目标是"审计的独立性";"审计工作应有充分的计划,如果有助手参加,则需要对其进行适当的监督",这里强调的技术目标是"审计工作的计划性与严谨性";"审计人员应通过检查、观察、询问与函证的方法获取充分有效的证据材料,作为审查财务报表并表达合理意见的依据",这里隐含的技术目标即"收集合格的审计证据"。由此可见,这些具体的技术性要求中都包含着某种特定的目标,也可以说,这些技术性要求都是为了实现特定的技术目标而提供的方法或操作程序。

国家审计职业标准是一种以自律为主的审计规范,或称自律性审计规范。要进入并从事审计职业的人士都必须理解、承认审计职业标准,并将其内化为自己的一种内在追求目标,从而自觉遵守它的要求,努力按其要求从事审计工作。审计工作不遵循职业标准,就好像一个产品的生产没有按照特定的技术规程进行,其结果必然是不合格的,所以审计职业标准又是评价审计工作质量的依据。审计职业标准确立的是审计工作应达到的各种技术目标及其方法与程序,它一方面阻止审计工作有悖于这些目标和方法程序,另一方面又引导审计工作朝此方向进行。

10.2.2 国家审计法律规范的内在逻辑结构与作用方式

国家审计法律规范是由国家制定或认可的反映统治阶级意志,并以国家机器的强制力保证其实施的一种审计行为规范。和所有法律规范一样,在内在逻辑结构上,审计法律规范也应包括三个部分:假定、处理、制裁。可将其表达为:审计法律规范内在逻辑→"假定+处理+制裁"。

假定是指说明审计规范适用条件与情况的部分。法学理论认为,特定的法律规范是适用于特定的条件和情况的。

处理是指说明法定行为标准或准则的部分,它以规定行为人之权利与义务或责任的形式指出允许做什么,要求做什么和禁止做什么。这里的行为人包括法律关系辐射到的有关方面。在审计法律规范中,这部分涉及规定审计人、被审计人和审计委托人的法定权利、义务或职责。这是审计法律规范的最基本部分。

制裁是指说明行为人法律责任的部分。在审计法律规范中,制裁是指规定违反审计法律、法规,特别是法定权利与义务,将要承担的法律后果,即法律责任。所有法律规范都必须有制裁这一要素,否则,起不到法律规范的作用。

这三个要素是所有法律规范共有的。法律规范不等于法律条文或文件,后者是前者的文字表达形式。在一个法律条文或文件里,法律规范的三个要素不一定同时具备并表现出来。有的可能没有"假定",有的可能没有"制裁"。例如,我国的刑法即没有"假定"部分,这部分内容在刑法总则中才能找到。又如,我国婚姻法中对子女赡养父母之规定,即只有"假定"和"处理",而没有"制裁",对违反这方面规定而构成犯罪的行为人的制裁,在刑法分则中才能找到具体规定。因此,法律规范的三个要素往往分别反映在不同的法律条文或文件之中。

尽管国家审计法律规范是典型的他律性规范,但它也可能不排除自律的作用。一旦为人们完全接受并自觉遵循,其作用方式也就变成自律。这正是我们之所以要大力开展法制宣传教育的重要目的与原因所在。

10.2.3 国家审计道德规范的内在逻辑结构与作用方式

道德规范是一种社会意识形态,是一定的社会向人们提出的应当遵循的行为准则,是调整人们之间及个人与社会之间关系的行为规范的总和。它以善与恶、正义与非正义、公正与偏私、诚实与虚假等作为行动规范之判别标准,并通过各种形式的教育和社会舆论的引导,使人们逐渐形成一定的理想、信念、习惯、传统而发挥作用。

国家审计道德规范是审计人员在职业生活中应遵循的基本道德,是在从事国家审计职业的人们同社会的其他成员发生联系的过程中逐渐形成和发展起来的,是一般社会道德在职业生活中的具体运用与体现,它通常是以公约、守则等形式促使从业者忠于职守、钻研技术与业务、服从秩序与领导、团结协作,推动事业的发展。

与审计技术规范和法律规范相比较,国家审计道德规范的内在逻辑结构似乎最为模糊不清。因为一般道德规范的内在结构就不够清楚,而且人们投入研究审计道德规范的精力也较为匮乏。但是,审计职业道德规范可以起到规范审计行为的作用,必有其内在逻辑结构在起作用。因此,这是一个尚待探讨的问题。任何职业道德规范,其内在逻辑结构都至少应包含四个要素或部分:①职业理想;②职业知识与技能要求;③职业责任感;④职业名誉行为。审计规范的内在逻辑结构亦是如此,可将其表示如下:审计道德规范→"职业理想+职业知识与技能要求+职业责任感+职业名誉行为"。

职业理想,包括职业信念与追求。这要求审计人员必须树立起崇高的职业理想、坚定的职业信念和美好的职业追求。审计人员应以保证受托经济责任的全面有效履行为其天职并为之努力、勤奋工作;审计人员应热爱、信赖和尊重自己所选择的职业,因为这是一种极为高尚的职业,是保证社会经济秩序井然的一种特殊的制衡器,它能给社会经济带来稳定与活力。因此,审计人员应有这样的信念,即选择审计职业是一种荣耀,愿意为之奉献乃至献身;审计人员应追求职业行为与职业形象的日臻完美。审计职业是一种服务——对公众和社会的服务,因此,审计人员还应追求其服务质量的尽善尽美。由此可见,职业理想实际是一种道德价值取向,因此,其在审计道德规范中起统驭作用,决定着其他要素,特别是具体的审计道德行为准则。

职业知识与技能要求这一要素以道德要求的形式提出审计人员从事审计职业必须具备的专业知识与特殊技能。也就是说,审计人员应该明白,具备系统的审计专业知识与技能不仅是一种技术性要求,而且也是一种道德性要求;只有具备了系统的审计专业知识与技能,才有从事审计职业的资格。因此,该要素确立的是审计人员的从业资格。

职业责任感这一要素要求审计人员具有一种职业责任意识,即对职业负责的态度。按照莫兹和夏拉夫的观点,这种责任感应包括:①对委托人的责任;②对社会的责任;③对职业同行的责任;④对自己(即本职工作)的责任。这四个方面缺一不可,否则,审计师就不能恰当地履行其职能。一言以蔽之,职业责任感要求审计行为是一种负责的行为。此种要求的实现要以前两个要素为前提,即审计人员只有具备了崇高的职业理想、坚定的职业信念和美好的职业追求以及广博的专业知识与娴熟的专业技能,才能真正做到认真负责地从事职业工作。

职业名誉行为这一要素明确:对审计人员来说,哪些行为是名誉的、理想的,好的或善的;哪些行为是不名誉的、恶劣的,是与职业地位相抵触的或有损审计职业声誉的,是应予禁忌的。一般来说,名誉行为即应为之行为,也就是符合审计职业道德的行为;而非名誉行为即不应或不得为之行为,也就是不符合职业道德的行为。不管具体表现形式如何,名誉行为这一要素都是审计职业道德规范中重要的和主要的组成部分。在此意义上,审计道德规范就是要对审计职业之名誉行为与非名誉行为作出规范。

以上四个要素有机结合构成完整的国家审计道德规范。从作用方式看,审计道德规范是自律与他律共同作用的规范,即两律性规范。内心信服是道德自律的动力。审计道德规范是一种社会意识,当其通过教育途径使审计从业者的内心信服,进而转化成审计从业者的职业良心,就能实现道德自律。

本节开始时我们提出整个国家审计规范的内在逻辑结构是由行为准则和规范

力这两个基本要素构成。这实际是各种规范的基本结构。而随后讨论的国家审计规范的三个基本类别——国家审计技术规范、国家审计法律规范和国家审计道德规范的内在逻辑结构,则是这一基本结构的具体化或演化。其中,第一个要素依次被具体化为"技术目标+方法或操作程序""假定+处理+制裁""职业理想+职业知识与技能要求+职业责任感+职业名誉行为";第二个要素(即规范力)则分别表现为"以自律为主""以他律为主"和"两律并重"。

10.3 国家审计规范的效力范围

规范的效力范围是指其适用范围,包括时间效力、空间效力和对人的效力。时间效力是指规范的生效与失效时间,即何时开始生效与何时终止效力;空间效力是指规范适用的地域范围;对人的效力则是指规范对什么人适用的问题。正确理解规范的效力范围是正确运用规范的必要条件。本节分别说明国家审计技术规范、法律规范和道德规范的效力范围。

10.3.1 国家审计规范的时间效力

一般说来,审计规范中的法律规范和技术规范都有明确的时间效力范围,而道德规范则不存在明确的时间效力范围。国家审计规范的时间效力分类如图10-3所示。

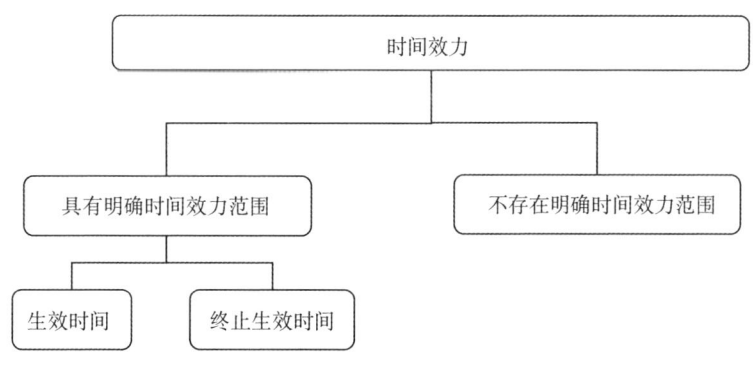

图10-3 国家审计规范时间效力分类示意图

凡法律规范都有明确的生效时间与失效时间。国家审计法律规范亦不例外。其生效时间有两种方式确定:一是在审计法规(如审计条例或审计法)中明文规定,从其通过或公布之日起生效;另一种是公布后并不即日生效,而是在审计法规中另行规定实施时间。我国的一些重要法律、法规的实施多采用后一种方式确定生效时间,以便有必要的时间做好实施前的准备工作。1988年10月21日《中华人民共和国审计条例》经国务院第二十二次常委会议通过,并于1988年11月30日由时任国务院总理李鹏签发,但其生效时间是该条例的最后一条即第四十条规定的1989年1月1日。审计法律规范的失效时间一般遵循以下原则:随着审计环境的变化,新的审计法规出台并替代旧的审计法规,从而使旧的审计法规失效。一般新的审计法规会明确规定,新法规生效之日即是旧法规的失效之时。例如,审计条例第四十条就明确规定:"本条例自1989年1月1日起施行。1985年8月29日发布的《国务院关于审计工作的暂行规定》同时废止"。我国现行的审计法历经两次修订。

国家审计法律规范是否具有溯及力也是一个值得探讨的问题。法律规范中的溯及力是指新的法规对其颁布以前的事项和行为的"溯及既往"的效力。从提高审计职业地位和强化审计之社会威慑力量的角度出发,新的审计法规中可以规定一定程度的溯及力。在新的审计法规颁布以前的审计人和被审计人以及有关关系人之行为,如果以新的法规来衡量是不合法的,也应追究其一定的法律责任。在审计法律规范中运用溯及力应注意两个原则,一是从轻原则,二是严重性原则。也就是说,审计法律规范溯及的范围应是严重的违法行为,且在溯及时需按照从轻处理原则实施法律制裁。规定审计法律规范具有一定溯及力,这对防止钻法规制度和方针政策空子的行为具有积极作用。

国家审计技术规范时间效力的形式与国家审计法律规范基本相同,即审计职业标准也可由制定或发布它的组织机构具体规定其生效时间,而一个新的审计标准的生效时间往往也是某个过时的标准或与之名称相同或内容相关的旧标准的失效时间,但是,国家审计职业标准不存在溯及力,因为它不可能被用于指导以前的审计工作或行为。

国家审计道德规范不存在明确的生效与失效时间。实际上,一般道德规范也是如此。因为道德规范是意识形态层面的,它归根结底是由社会经济关系决定并逐渐发展,它通过深入人心发挥作用,因而没有明确的生效时间。一种道德规范一经形成即具有非常强大的生命力和稳定性,除非社会经济关系发生根本性的变革,否则它是不会被彻底否定或取代的。新的道德意识总是要在与旧的道德意识的长期反复的较量中才能逐渐取而代之。因而,旧道德规范的失效也没有明确的时间界限。

然而,国家审计道德规范没有明确的时间效力范围,这并不妨碍人们或审计职业组织或团体在一定的时期对审计职业道德规范的内容作出系统的归纳、整理以及对某些内容作出修改,并通过教育与社会舆论宣传的形式教育审计职业者。审计职业道德尽管是在审计职业实践中逐渐形成的,但并不是每个审计人员都对其有系统、清晰的理解与认识,需要有人或组织来对其进行系统的归纳与抽象(这是审计理论研究的任务),再据以制定出系统化的审计职业道德规范,让每一位审计从业者都能获得系统的审计职业道德观念(这是审计职业管理的任务),这也正是许多国家的审计机关和审计人员都制定有审计职业道德规范之缘故。但是,一般说来,审计道德规范不能有或不宜有生效日或失效日之类的条款。因为这样做实际是不合逻辑、不合情理的。例如,"审计人员应始终保持客观公正之态度与超然独立之精神"和"真",这即是基本的审计职业道德要求。显然我们不能说,这种要求在规范发布日或发布后某一日开始生效,而在此之前无效或在以后某个时间失效。国家审计道德规范没有明确的时间效力范围这一特点是由道德规范本身的特殊性决定的。

10.3.2 国家审计规范的空间效力

国家审计规范的空间效力一般可按照其制定机构或组织的管理或影响领域来确定。制定规范的机构或组织不同,规范的空间效力也就不同。国家审计规范空间效力分类如图10-4所示。

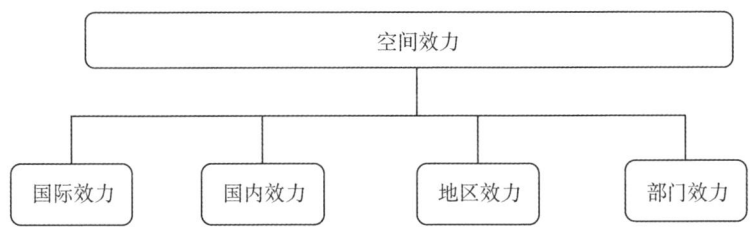

图 10-4 国家审计规范空间效力分类示意图

国家审计技术规范、国家审计职业标准的空间效力有国际效力、国内效力、地区效力和部门效力之分。由国际性审计机构或组织(如最高审计机关国际组织,INTOSAI)制定发布的国际性审计标准或指南,对该组织所属各成员方有效,可对成员方的审计实务起到指导或参考作用。由一个国家的审计机关制定的审计标准在该国领域范围内适用。由某些地区性审计组织机构制定的审计标准自然只适用于该地区。另外,审计标准还有一个适用部门的问题,如国家审计标准适用于国家审计部门,民间审计标准适用于民间审计组织,内部审计标准只适用于内审机构,这即审计标准的部门效力。

国家审计法律规范、国家审计职业法规的空间效力有国内效力、地区效力和地方效力之分。凡由一个国家或地区的立法机关制定的审计法律法规以及由一个国家或地区政府制定的审计法规，适用于该国或该地区。由地方，如省或州的立法机构或政府部门制定的审计法律法规只适用于该省或州。

国家审计道德规范、审计职业道德有国际效力和国内效力之分别。这可以从两个方面来说明。从制定机构来看，国际性审计组织（如国际会计师联合会和欧洲财政经济会计专家联盟所属的职业道德标准委员会）制定发布的审计职业道德规范对其成员方适用。一个国家的审计机关制定的审计道德规范则在本国适用。从国家审计道德规范的内容看，如系反映某一国家特定社会经济关系要求的部分，则只适用于该国；而如属反映审计职业公德要求的部分，它的适用是没有国界的。

10.3.3 国家审计规范的个体效力

国家审计规范对个体的效力与其空间效力密切相关，个体效力主要是指对人的效力。一般来说，审计规范对人的效力与其空间效力是一致的，亦即审计规范对其空间效力所涉及范围之内的所有审计人员或从业者都是适用的。例如，国际性审计组织制定的国际审计标准或指南，对其成员方的所有审计人员或从业者都具有指导意义；一个国家的审计标准、审计法规和职业道德只要求该国的审计人员以及在该国从事审计工作的外国审计人员遵循。在此需特别说明的是，在对人的效力范围方面，审计法律规范要比审计技术规范与道德规范宽。具体而言，后两者只是对审计人员或从业者适用，而前者则不仅适用于审计人员或从业者，而且还适用于被审计人、审计委托人以及凡与审计行为活动有关的人员。

10.4 国家审计规范的内部协调机制

所谓国家审计规范内部协调是指国家审计技术规范、国家审计法律规范和国家审计道德规范三者的相互协调，其基本含义是指这三种规范的基本内容与要求相互适应、相互支持和相互配合，以共同约束和引导审计行为活动向着确保审计目标得以实现的方向进行。显然，如果这三种规范的基本内容与要求不能相互协调，甚至相互抵触，那么，审计行为活动将无所适从，审计目标之实现将无从谈起。因此，很有必要研究国家审计规范内部的相互协调问题。国家审计规范内部协调示意图如图 10-5 所示。

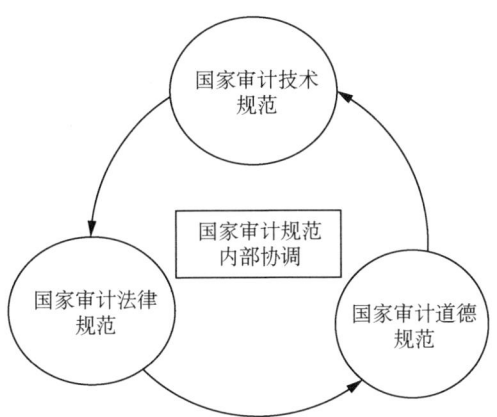

图 10-5　国家审计规范内部协调示意图

10.4.1　国家审计规范内部协调的基本依据

根本目标的一致性决定了三种规范必须相互协调。构成国家审计规范体系的三大支柱——国家审计职业标准、国家审计职业法规和国家审计职业道德,分别是从技术、法律和道德的角度对审计行为活动提出要求,也就是分别要求审计行为活动必须遵循和符合一定的技术标准、法律标准和道德标准。正因为这三种规范各自的直接目的不同,其内在结构、作用方式及效力范围也各具特点。但是,这三种规范的根本目标是一致的,即都是通过对审计行为活动的合理约束与引导以实现审计目标,确保公共受托经济责任的全面有效履行。三者的直接目的都必须服从这一根本目标,也就是说,都必须有利于保证审计根本目标的实现。这种根本目标上的一致性决定了三种规范的基本内容与要求必须相互协调,以保证在其约束与引导下的审计行为是同向行为,否则,现实审计行为可能发生南辕北辙之情形。

客观基础的一致性和国家审计的职业特征要求国家审计法律规范与国家审计道德规范必须相互协调。马克思主义一般原理告诉我们,法律规范和道德规范的产生与存在都是决定于特定的社会经济关系,归根到底是由制定和确立它们的那个阶段的物质生活条件所决定的。这种客观基础的一致性决定了一个社会、一个国家的法律规范与占主导地位的道德规范(即统治阶级的道德规范)在基本内容与要求上是相互协调一致的。亦即,凡是法律规范允许的行为,必然是道德规范肯定和支持的行为;凡是法律规范禁止的行为,也必然是道德规范谴责的行为。这种关系反映在国家审计规范中也就是,凡是国家审计法律规范允许或禁止的行为,也必然是国家审计道德规范要求或反对的行为;违背国家审计法律规范,同时也必然有悖于国家审计道德之要求,违背人员会受到法律制裁,也必将受到道德谴责;在某些情况下,违背国家审计道德规范要求实施的审计行为,也就会触犯国家审计法律规范。例如,国家审计职业道德要求审计人员非经委托人和当事人允许不得泄露客户之秘密。审计人员如若违反这一道德要求而行事,就会触犯国家审计法律规范中有关禁止泄密之规定。又如,国家审计职业道德一般要求审计人员应信守合同。审计人员在实施审计过程中违反这一要求,也就将承担违约之法律责任。国家审计规范内部协调的基本依据如图10-6所示。

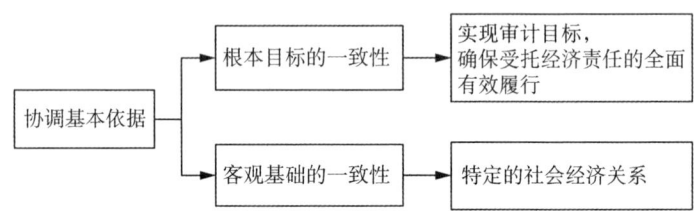

图10-6 国家审计规范内部协调的基本依据示意图

国家审计规范是审计职业之规范,其内容与要求必须反映国家审计职业特征之要求。审计学家瓦特格斯·梅格斯(Walter B. Meigs)等人认为,包括审计职业在内的职业都应至少具备三个特征:服务公众的责任,复杂的知识体系,需要公众的信任。这三个特征反映到三种审计规范中便是三种规范的要求相互协调。就国家审计法律规范与道德规范而言,这种相互协调表现为:其一,国家审计法律规范中规定的审计人员法定权利与义务,应与国家审计道德规范所赋予的审计职业责任相互协调;其二,两种规范对审计人员专业知识与技能的要求,不仅应与国家审计技术规范保持协调,而且还应彼此相互协调;其三,为赢得职业信誉和公众的信赖而规定或提出的有关法律要求与道德要求应相互协调。

但是,相互协调绝不意味着各自内容与要求的完全等同或一致。就国家审计道德规范与国家审计法律规范而言,从其所调整的审计行为的范围看,前者比后者更为广泛。国家审计道德规范几乎涉及审计人员职业行为的一切方面,既包括审计法律规范调整的范围,也包括其调整不到的范围。国家审计道德规范向审计人员提出的要求比国家审计法律规范要高。例如,从职业道德要求出发,可以要求审计人员应具有一丝不苟的工作态度,在专业知识与技能方面,应不断更新和精益求精;应具有献身职业的精神,把推动职业的发展与完善、提高职业的社会声誉作为自己的神圣使命;在与同行共事中,友好相处、诚恳待人、讲究精神文明;等等。然而,若将这些要求作为法律要求来规定却是不恰当的。倘若如此,可能没有人敢于选择审计职业。另外,国家审计法律规范调整的范围中也有一些是国家审计道德规范调整不到的。例如,从对人的效力范围看,国家审计法律规范涉及审计人员之外的人员,而国家审计道德规范只涉及审计人员。还有一些国家审计法律规范调整的问题,如审计法律手续、确立法律责任时要求的一些技术方法等,也很难说是国家审计道德规范评价的对象。

综上可见,国家审计规范内部必须相互协调,但绝非相互等同。

10.4.2 国家审计规范内部协调的基本原则与基本方式

国家审计规范内部相互协调的基本原则是:以审计假设为基础,以保证审计目标实现为前提。这一原则的基本含义是:国家审计规范的制定都必须建立在五项审计假设的基础上,都要为保证审计目标的实现服务。也就是说,国家审计技术规范、国家审计法律规范和国家审计道德规范的制定要以五项国家审计基本假设和保证审计目标的实现为原则。

国家审计规范内部相互协调的基本方式有两个方面:其一是以国家审计技术规范为基础的三者协调;其二是国家审计法律规范与国家审计道德规范之间的相互协调。以国家审计技术规范为基础的三者协调包括两个方面的内容:一是审计人员职业资格上的协调;二是遵纪守法上的协调。审计人员职业资格上的协调是指三种审计规范有关职业资格要求的内容应保持相互协调。一般来说,技术规范提出的职业资格要求,从法律和道德规范应予以肯定和支持;具体协调形式就是法律规范和道德规范提出的职业资格要求之内容必须包括技术规范中对职业资格提出的要求。道德规范对职业资格的要求一般要高于法律规范和技术规范;法律规范与技术规范在此方面的要求基本是一致的,只是前者的规定比后者更为具体。我国1988年颁布的审计条例以法定形式规定了国家审计工作程序的内容,这可视为国家审计技术规范与国家审计法律规范的一种协调形式。

国家审计法律规范与国家审计道德规范之间的协调是指对于审计法律规范允许或禁止的行为,在国家审计道德规范中规定相应的名誉行为或非名誉行为与之相配合。一般来说,凡国家审计法律规范允许的行为,也是国家审计道德规范可接受的行为;凡国家审计法律规范明令禁止的行为,也是国家审计道德规范谴责的行为。

总之,这种协调使国家审计规范内部形成一种相互制约、相互配合、相互支持和相互衔接的作用机制。有了这种作用机制,才能保证三种审计规范所约束和引导的审计行为是一种同向行为,只有这样才能确保国家审计目标的实现。

10.5 国家审计规范的变革与影响

在任何一个国家,法律法规的变革都代表该国的意识形态的变化,体现其国家治理的思路。欲了解国家审计规范的变革,必须先熟悉经济发展与审计规范之间的关系。

20世纪50年代以后,西方社会进入高速发展时期,社会生产力以从未有过的速度向前发展,这对组织、引导社会化大生产的政府及其部门开展业务的效率和效果提出了更高的要求。然而,西方大多数国家政府及其部门的工作效率和效果并没有随社会经济的迅速发展而相应提高,这对社会经济的发展产生了严重的阻碍作用。因此,对政府及其部门的工作效率和效果进行审查,逐步引起了人们的重视,一些国家的审计机关开始考虑将经营审计和管理审计的一些做法用于国家审计之中。20世纪60年代,美国国家审计开始关注政府业务活动的效率。1971年联邦预算出现巨额赤字,政府开支不断扩大,公共投资激增。为此,议会和公众对政府资金使用的效益空前关心,要求美国审计署能提供这方面的情况。于是,审计署将审计范围扩大到政府各项活动的经济性、效率性和效果性,并于1972年颁布了《政府组织、项目和职责的审计准则》(*Standard for Audit of Government Organization, Program, Activities, Function*),规定了国家审计包括财务和遵循性审计、经济性和效率性审计,以及审计人员应该具备的条件和应履行的职责。此后,许多国家的审计机关纷纷对政府部门的工作效率和效果进行审查。这种审计,即所谓的绩效审计。可以看到,审计准则将审计的范围和功能逐渐扩大和强化。

可以看出,美国在制定国家审计法律法规过程中,以明确国家审计的独立性为基础,以扩展国家审计功能合法性为外延。我国国家审计规范的变革也紧紧围绕独立性和功能完善推进,不同的是,我国国家审计规范的变革以法治思想为主线条。

1982年12月五届全国人大五次会议通过的宪法规定:"国务院设立审计机关,对国务院各部门和地方各级政府的财政收支,对国家的财政金融机构和企业事业单位的财政收支,进行审计监督。"1983年9月,中华人民共和国审计署成立,开始履行宪法规定的职责。1985年8月,国务院颁布了《关于审计工作的暂行规定》,对审计工作的职权、范围、职责等作了比较具体的规定;同年10月,审计署制定并颁布了《审计工作试行程序》,对审计工作的具体实施作了统一的规定。1994年8月31日,《中华人民共和国审计法》正式颁布,国家审计工作具备了法律地位。1997年10月21日,国务院颁布了国务院《中华人民共和国审计法实施条例》,该条例2010年2月2日国务院经第100次常务会议修订通过。2010年,审计署修订《中华人民共和国国家审计准则》。2014年,《党政主要领导干部和国有企业领导人员经济责任审计规定实施细则》出台。《审计署关于内部审计工作的规定》自2018年3月1日起实施,国家审计对内部审计的指导与监督进一步加强。2019年,中共中央办公厅、国务院办公厅出台《党政主要领导干部和国有企事业单位主要领导人员经济责任审计规定》。历经30余载,全国各级审计机关不断建立健全审计法规,拓展审计领域,规范审计行为,改进审计方法,国家审计工作逐步步入了法制化、制度化、规范化的轨道,已形成具有中国特色的国家审计规范体系。

  国家审计规范的逐步完善不仅保证了国家审计的独立地位,也为国家审计行为展现了一幅彻底的法治建设路线图。2018年3月,中国共产党中央委员会根据《深化党和国家机构改革方案》组建中国共产党中央审计委员会,为中共中央决策议事协调机构。随后审计法进入了修订议程,2019年6月7日,十三届全国人大常委会第二十九次会议对《中华人民共和国审计法(修正草案)》进行了审议。2021年10月23日,十三届全国人大常委会第三十一次会议表决通过修正后的审计法。蔡春(2021)曾建议以立法形式赋予国家审计对政府财务报告审计监督权等,并对《中华人民共和国审计法(修正草案)》第二条第三款和第四款等提出具体的修改建议。表10-1整理了我国出台的国家审计规范。

表10-1   国家审计规范名称、类型及生效时间表

类型	名称	生效时间
法律类	中华人民共和国审计法	2021.10.23
规定类	审计署关于审计机关办理交办事项的暂行规定	1996.08.29
	审计机关关于审计复核工作的规定	1996.12.11
	审计机关审计统计工作的规定	1996.12.12
	审计机关审计处理处罚的规定	1996.12.16
	审计机关通报和公布审计结果的规定	1996.12.16
	审计机关审计行政强制性措施的规定	1996.12.16
	审计署关于审计专业技术资格管理的暂行规定	1996.12.16

(续表)

类型	名称	生效时间
规定类	审计机关审计档案工作的规定	1996.12.16
	审计机关审计行政复议的规定	1996.12.16
	审计机关审计行政应诉管理的规定	1996.12.16
	审计机关审计管辖范围划分的暂行规定	1996.12.17
	审计署关于驻国务院部门派出机构管理的规定	1996.12.17
	审计机关审计项目计划管理的规定	1996.12.17
	审计机关审计信息工作的规定	1996.12.17
	审计机关公文处理的规定	1996.12.17
	审计机关指导监督社会审计机构的规定	1996.12.17
	审计机关指导监督内部审计业务的规定	1996.12.17
	审计署关于审计专业技术资格管理的暂行规定	1997.01.01
	审计署关于内部审计工作的规定	2003.05.01
	党政主要领导干部和国有企业领导人员经济责任审计规定	2010.10.12
	审计机关封存资料资产规定	2011.02.01
	审计机关审计档案管理规定	2013.01.01
	领导干部自然资源资产离任审计规定(试行)	2017.09.29
	审计署关于内部审计工作的规定	2018.03.01
	党政主要领导干部和国有企事业单位主要领导人员经济责任审计规定	2019.07.07
办法类	中央预算执行情况审计监督暂行办法	1995.07.19
	审计署关于中央银行财务审计实施办法	1996.12.05
	审计署关于国有金融机构财务审计实施办法	1996.12.05
	审计机关对国家建设项目竣工决算审计实施办法	1996.12.13
	审计机关对事业经费审计实施办法	1996.12.13
	审计机关对行政经费审计实施办法	1996.12.13
	审计机关对社会保障基金审计实施办法	1996.12.13
	审计机关对社会捐赠资金审计实施办法	1996.12.13
	审计机关对国有商品流通行业财务审计实施办法	1996.12.16
	审计机关对国外贷援款项目审计实施办法	1996.12.16

（续表）

类型	名称	生效时间
办法类	审计机关专项审计调查实施办法	1996.12.16
	审计机关对国有工业企业财务审计实施办法	1996.12.17
	审计机关对国家建设项目预算（概算）执行情况审计实施办法	1996.12.17
	审计机关对农业专项资金审计实施办法	1996.12.17
	审计机关计算机辅助审计办法	1996.12.19
	政府财务报告审计办法（试行）	2020.09.25
	审计署审计结果公告试行办法	2002.03.19
	审计机关审计项目质量控制办法（试行）	2004.04.01
准则类	中华人民共和国国家审计基本准则	1996.12.06
	审计机关审计方案编制准则	1996.12.11
	审计机关审计证据准则	1996.12.11
	审计机关审计工作底稿准则	1996.12.11
	审计机关审计事项评价准则	1996.12.11
	审计机关审计报告编审准则	1996.12.11
	审计机关审计人员职业道德准则	1996.12.16
	审计机关审计方案准则	2000.08.07
	审计机关公布审计结果准则	2001.08.01
	审计机关专项审计调查准则	2001.08.01
	审计机关审计重要性与审计风险评价准则	2004.02.01
	中华人民共和国国家审计准则	2011.01.01
条例类	中华人民共和国审计法实施条例	2010.02.02
	财政违法行为处罚处分条例	2014.11.05
细则类	党政主要领导干部和国有企业领导人员经济责任审计规定实施细则	2014.07.27
通知类	审计署关于贯彻执行审计规范的通知	1996.12.03
	国务院关于贯彻落实《全国人民代表大会常务委员会关于加强中央预算审查监督的通知》	2000.12.06
	审计署关于严禁通过社会审计组织获取非法收入的通知	2001.12.13

(续表)

类型	名称	生效时间
通知类	国务院办公厅关于利用计算机信息系统开展审计工作有关问题的通知	2001.11.16
	审计署办公厅关于印发《审计报告》文书格式标准的通知	2004.03.22
	审计署关于印发《审计署聘请外部人员参与审计工作管理办法》的通知	2006.06.28
意见类	国务院法制办公室关于审计机关是否有权要求国有商业银行提供存款电子数据的意见	2003.04.22

注:本表系作者根据审计署网站公开信息及相关资料整理而得。

上述国家审计规范的时间跨度较长,每一项规范的确立都见证了当时社会环境的变化。较为明确的是,经济发展推动政府职能转变,政府职能与国家审计的发展有密切的关系。概括来说,政府职能的转变在以下几个方面对国家审计产生影响:①政府职能的转变要求政府对社会事务进行高效管理,对管理绩效进行评估需要审计;②政府职能的发展促使政府的受托经济责任显得更加重要,而要使委托人放心,需要审计;③政府职能的发展促使政府工作人员提高决策管理水平,而提高决策管理水平,需要审计信息作为支撑。这些都是国家审计规范变革的重要原因。

11 国家审计信息理论

国家审计信息理论是指以国家审计在对公共受托经济责任履行状况进行审计的过程中生成的信息为研究对象的理论。本章在对国家审计信息的内涵作出界定的基础上,进一步阐述了国家审计信息分类、获取方式、质量特征等问题。在此基础上,本章还就国家审计信息的披露进行了论述,主要涉及披露载体及形式、报告模式与公告制度,重点剖析了我国特有的国家审计信息——审计结果公告。

11.1 国家审计信息的内涵

尽管人们对"信息是什么"有各种说法,但在以下三点上基本取得了共识。

第一,信息的基础在于变化或差异,即信息总是对客观事物各种变化或差异的反映。没有变化或差异,也就没有信息。

第二,信息总是对客观事物特征或状态的描述,通过描述再现事物的特征。这种特征是指不同事物呈现出的不同状态和同一事物的不同变化呈现的不同状态,所以有时也将"特征"与"状态"连用,即"特征状态"。

第三,信息必须包括传递这个要素。信息都具有可传递性。它正是经过传递,才为使用者接收,并使其知道以前所不知道或需进一步了解的消息、资料、数据、情况或知识。

图 11-1 展示了信息内涵要素。

因此,信息是指对现实世界中各种客观事物的变化与特征的描述或反映,是通过传递而再现的客观事物之变化与特征状态。

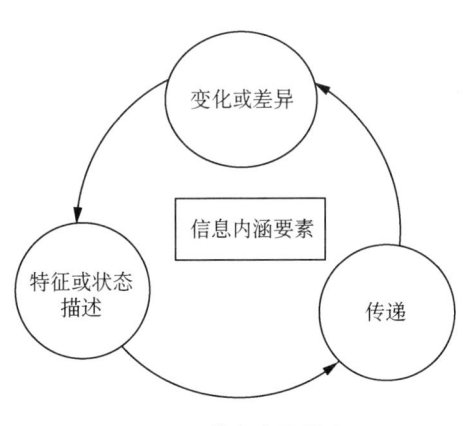

图 11-1 信息内涵要素

11.1.1 国家审计信息的定义

在国家审计理论研究中,国家审计信息的定义应是一种内涵性定义,应相对准确地揭示国家审计信息之本质。依据信息的一般定义,我们可将国家审计信息定义为对国家审计的各种变化与特征的描述或反映,是经过传递而再现的国家审计之各种变化与特征状态。该定义包括下列三个要点:

(1) 国家审计信息是对国家审计之变化与特征的描述。同现实世界中的其他事物一样,国家审计也总是处于不断的变化发展之中。国家审计信息正是对国家审计之各种变化发展及由此形成的各种特征状态的描述或反映。

(2) 国家审计信息对国家审计之变化与特征的描述实际反映了国家审计行为内部及其与环境之间的相互联系与相互作用。国家审计的变化与发展根源于国家审计内在结构所形成的相互联系与相互作用,以及国家审计与其环境之间的相互联系与相互作用。因此,国家审计信息在描述国家审计之变化与发展及由此形成的各种特征状态的同时,也就反映了国家审计内部以及它与环境之间的相互联系与相互作用。

(3) 国家审计信息是经过传递而再现的国家审计之各种变化与特征。如前所述,国家审计是不断变化的,进而呈现出不同的特征状态。但是,国家审计的各种变化及其特征状态只有借助特定物质载体,如纸张、磁带,才能再现于人们面前。当我们能通过各种书籍、报刊、电影、电视、互联网等了解到有关国家审计的某种变化与特征时,也就获得了某种国家审计信息。没有传播媒介,也就没有国家审计信息。

本节讨论的国家审计信息的定义是一种广义的定义,它不仅包括直接生成于国家审计行为活动过程的国家审计信息,而且还包括除此之外的凡与国家审计变化和特征有关的国家审计信息。本章后面将重点讨论前者,我们称其为直接国家审计信息,它是一种狭义的国家审计信息。

11.1.2 国家审计信息的作用

1. 国家审计信息能描述与反映公共受托经济责任的实际履行状况

会计信息是对受托经济责任履行状况的第一描述与反映,或称直接描述与反映。国家审计信息实际是国家审计人员在对这种反映受托经济责任履行状况的会计信息实施审计的过程中生成的,因而,它属于对受托经济责任履行状况的第二描述与反映,或称间接描述与反映。由于会计行为从属于管理当局的行为,反映受托经济责任履行状况的会计信息未经审计,很难被信息使用者信任和接受,其有理由怀疑会计信息中隐含着较大的信息风险。审计的功能正在于消除或降低这种信息风险,而且这种功能已为社会所承认。审计所形成的审计信息是对受托经济责任的实际履行状况的描述与反映,这种描述与反映是为信息使用者所信赖的、为社会所接受的。作为审计重要分支的国家审计产生的信息也具有上述作用。因此,我们说国家审计信息能够令人信服地描述与反映公共受托经济责任的实际履行状况。

2. 国家审计信息是国家审计控制的基础与前提

信息是一切控制的基础与前提。审计信息对于审计控制的作用也是如此。离开了审计信息,审计控制行为将寸步难行,审计控制目标的实现将无从谈起。

审计控制过程本身就是审计信息不断运动(流动)的过程。这里的审计信息包括广义的审计信息。一般而言,一个完整的审计控制过程包括这样一些基本环节:审计机构或组织及其审计师接受或获得委托审计的信息,如指令、委托或委任;实施审计,即收集、评价与鉴定信息,也就是由审计师收集一类信息(即收集审计证据证实有关认定)并依据一定的标准来评价和鉴定另一类信息(即确定受托经济责任报告上的各种断言与既定标准的相符程度以判断责任履行情况);报告责任履行状况,实施信息反馈,即由审计师以报告的形式将受托经济责任实际履行状况的信息反馈给委托人及有关利益关系人;实施纠偏,保证责任的履行。由此可见,审计信息的运动贯穿于审计控制过程的始终;审计控制过程也就是审计信息的不断运动过程。正因为如此,国家审计信息才成为实现国家审计控制的基础与前提。

3. 国家审计信息能提高各种管理职能的有效性

一般经济信息都具有管理功能,都可直接为经济管理服务。这种作用主要表现为:经济信息是各种管理职能——预测、决策、控制、协调、监督与组织等发挥作用的基础与前提。若将国家审计信息,如审计师的意见和经审计过的经济信息运用于经济管理,由于其信息风险已大大降低(甚至消除),信息质量得到了保证,这必将提高各种管理职能的有效性,使其更充分有效地发挥作用。这又将有助于受托人有效地履行其承担的受托经济责任。

4. 国家审计信息能引导经济资源合理流动并实现其最佳配置

审计信息能够令人信服地描述与反映受托经济责任的履行状况,因此,各种委托人可以通过审计信息了解各种受托人责任履行状况的好坏。显然,所有委托人都愿将其资源委托给(即投向)那些能够较好地,特别是能够全面有效地履行受托经济责任的受托人。因此,国家审计信息对所有委托人来说,好像是一个风向标、指示器,它引导着委托人的经济资源合理流动,使社会资源实现最佳配置并得到充分有效的运用。

11.2 国家审计信息的分类

对审计信息进行分类研究,有助于我们从多方面、多角度、全方位了解和把握审计信息的特征,从而为获取和收集审计信息奠定基础。

国家审计信息,根据不同的分类依据,可以形成不同的类别。例如,国家审计的内源性信息和外源性信息,历史信息、现时信息和预测信息,等等。

11.2.1 内源性信息和外源性信息

根据信息产生来源,国家审计信息可以分为国家审计的内源性信息和外源性信息。其中,内源性信息主要是指国家审计行为产生的信息,与审计行为活动密不可分,是在行为过程中形成的对审计行为的描述和反映,包括调查获取的信息和结果公告信息。调查获取的信息是指审计项目开始后,审计报告出具前,审计行为活动产生的描述和反映,主要包括审计计划、审计方案、审计底稿、审计证据等。结果公告信息是指审计行为最终的成果和结论,主要包括审计线索、审计报告、审计结果公告等。

外源性信息不是由审计活动直接产生的,而是在审计的长期发展过程中,由外部和内部环境共同作用,逐步积累形成的经验和反映,包括审计经验信息、审计规范信息、审计环境信息等。审计经验信息是指长期的审计活动形成的经验总结,如重要论文论著、审计工作总结、审计案例等。审计规范信息是指审计活动需遵守的法律法规体系,如相关职能部门颁布的法律法规、审计机关内部规章等。审计环境信息是指宏观政治、经济、文化、社会等环节与审计活动和价值观相关的信息,如审计新闻、审计故事、审计影视作品等。

图 11-2 总结了按信息产生来源对国家审计信息作的分类。

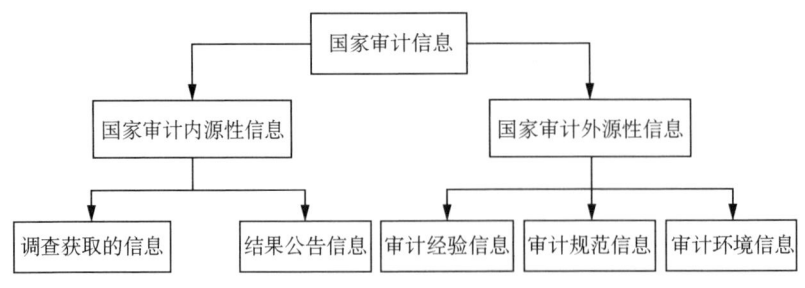

图 11-2 国家审计信息分类——按信息产生来源分类

11.2.2　历史信息、现时信息和预测信息

根据信息产生的时间来看,国家审计信息可以分为国家审计的历史信息、现时信息和预测信息。以审计时点为基准,历史信息是指审计时点之前已经产生的信息,如实施审计时参考的上年度审计报告、审计计划等。现时信息是指在审计时点产生的信息,如审计过程中搜集的审计证据、审计报告等。预测信息是指审计时点之后产生的信息,主要是审计人员依托现有审计证据,对未来趋势做出的合理预测,如审计信息中对问题的趋势分析。

图 11-3 是按时间对国家审计信息作的分类。

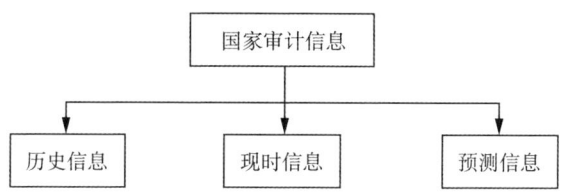

图 11-3　国家审计信息分类——按时间分类

11.3　国家审计信息的获取方式

国家审计信息的获取方式是指通过什么途径与方式获得国家审计信息。国家审计信息来源不同,具体获取方式也不同。

11.3.1　国家审计信息生产者获取信息的方式

国家审计信息生产者获取信息的方式是指国家审计机关及其人员为了完成国家审计工作而主动获取信息的方式。一般而言,其获取方式主要有三种(图 11-4)。

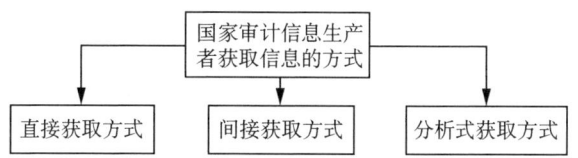

图 11-4　国家审计信息生产者获取信息的方式

1. 直接获取

直接获取是指审计人员从审计活动中直接获得信息。

审计证据是审计结果的重要支撑,大部分的审计证据是从审计活动中直接获取的。直接材料来自审计活动,审计人员只有不断地实践,才能获取丰富的资料和

情况。直接材料的内容包括：

(1) 审计发现的被审计单位存在的重大违纪违规和管理方面的问题。例如，资产负债损益严重不实；弄虚作假，导致国有资产损失；财务、决策、物资、投资等方面管理混乱；不应该亏损而发生严重亏损；改革出现严重失误；等等。

(2) 审计活动中审计主体自身形成的有价值的材料。例如，好的工作思路、出台的重大工作措施、提高工作效率的方式方法等，依法审计、队伍建设、为领导进行宏观决策服务的经验做法和典型成果；审计信息、统计、宣传、档案管理、内部审计、社会审计、乡镇审计等方面的经验做法和典型成果。

2. 间接获取

间接获取是指审计人员从审计活动以外获得信息。

间接材料是审计人员从自身实践以外得到的材料，也称二手材料，如前文所述的部分审计环境信息、审计规范信息和审计经验信息。间接材料的内容包括：党和国家的方针、政策，审计法规和相关经济知识，下级上报、上级下发和与异地同行交流的信息，报纸、刊物、书籍、声像等新闻媒介所传播的有关信息。间接材料也是构成信息的重要材料。例如，法律法规和政策性文件既是材料定性的依据，也是分析原因、提出对策的依据；上级下发的信息有助于我们了解各地情况和上级要求，在知己知彼的基础上，开发出高质量的信息；新闻报道、理论知识则有助于启迪思路，帮助我们准确捕捉信息主题，深入剖析问题本质；等等。

3. 分析式获取

分析式获取是指审计人员在直接材料和间接材料的基础上，进一步通过分析加工形成信息。一方面，审计人员对获取的初步审计证据，通过分析性程序形成审计证据和审计结论，如审计报告、审计意见；另一方面，审计人员对初步审计信息通过加工形成审计经验材料，如对审计报告加工后形成的审计公告、对审计线索加工后形成对外提供的审计问题线索、对审计经验加工后形成的审计工作总结等。从获取信息的技术手段上讲，目前通过爬虫、机器学习、自然语言处理等技术，都可以获取不同于以往的审计信息。

11.3.2　国家审计信息外部使用者获取信息的方式

国家审计信息外部使用者获取信息的方式是指国家审计信息的外部使用人（如公众）获取信息的方式。外部使用者可以获取的国家审计信息包括内源性信息中的审计报告、审计结果公告及大部分外源性信息。对此类信息，外部使用者可以通过电视、报纸、互联网等途径获取。

11.4 国家审计信息的质量特征

本章第 1 节讨论了国家审计信息的作用,很显然,这些作用都必须以高质量的审计信息为基础。也就是说,国家审计信息要发挥这些作用,必须达到和符合特定的质量要求,即国家审计信息的质量特征。

国家审计信息的质量特征是指国家审计信息为了发挥其作用所应达到的基本质量要求,它是评价国家审计信息质量之基本标准。实际上任何信息要发挥一定的作用,都必须符合一定的质量要求,即质量特征。一般经济信息应符合真实性、时效性、系统性、目的性、可传递性、更替性和同质性等质量要求;一个单位对外报告的会计信息应符合的最主要的质量特征是决策有用性、相关性和可靠性。

国家审计信息除应具备一般经济信息之质量特征外,还应具备一些独特的质量特征。本卷认为,审计信息最主要、最重要的质量特征是可信性,而它又是由真实性、相关性、有效性、公正性和明晰性等质量特征来支持的,它们共同构成了国家审计信息的质量特征体系(图 11-5)。

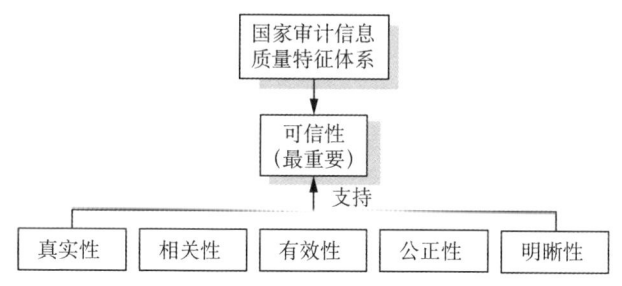

图 11-5 国家审计信息质量特征体系

1. 可信性

国家审计信息的可信性是指国家审计信息应该而且必须是完全可以信任或信赖的,是充分可靠的。这是国家审计信息所应具备的最主要、最重要的质量特征。可以说,它是国家审计信息的生命所在。审计对于经济信息的最大贡献就是尽可能地消除或降低信息风险,赋予并提高经济信息的可信性。国家审计信息之所以能够令人信服地描述与反映公共受托经济责任的履行状况,能够成为国家审计控制之基础与前提,能够提高各种管理职能的有效性,能够引导经济资源的合理流动并实现最佳配置,在于个人和社会都认为或承认它是充分可信的。因此,可信性是国家审计信息的首要质量特征。国家审计信息倘若失去了可信性,也就失去了传递价值,也就失去了被接受的依据,这会导致审计过程的断裂,审计控制之目标就难以实现。为了实现或达到可信性这一质量要求,国家审计信息还必须同时具有或符合真实性、相关性、有效性、公正性和明晰性这样五个质量特征,或者说,符合这五个质量特征的国家审计信息,也就是可信任或可信赖的,也就符合可信性质量特征要求。

2. 真实性

真实性既是一般经济信息与会计信息的重要质量特征,也是审计信息必须具备的质量特征。没有真实性,也就没有可信性;只有真实、正确的信息,才是可信、可靠的信息。信息的真实性主要是指信息从客观存在出发,真实客观地描述经济活动或过程的变化与特征。国家审计信息的真实性则是指国家审计信息对公共受托经济责任的实际履行状况予以真实客观的描述与反映。这种描述与反映绝不是审计师的主观臆断,而是以充分可靠的审计证据为基础。

一般而言,经济信息的真实性有两个方面的基本含义:一是对经济活动过程某一时期的动态和静态都进行如实反映,既不人为夸大、缩小,也不进行修改或修饰;二是对错综复杂的经济活动或过程进行描述时具有系统性,反映出经济活动或过程的最本质的特征与变化。真实信息要拨开假象或现象的迷惑,使信息接收者和使用者获得对经济活动或过程的本质认识。据此,本研究认为,国家审计信息的真实性应达到以下几方面的要求(图11-6)。

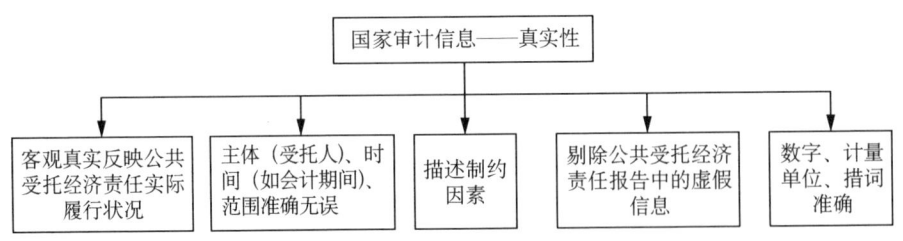

图 11-6　国家审计信息真实性

(1) 国家审计信息必须是对公共受托经济责任实际履行状况及相关经济活动或过程的客观真实的描述,对反映公共受托经济责任履行状况的有关经济信息进行审计处理时,不能使信息发生变异或对信息进行修饰。

(2) 国家审计信息反映的履行公共受托经济责任的主体(受托人)、时间(如会计期间)、范围必须准确无误。

(3) 国家审计信息对影响公共受托经济责任全面有效履行的有关制约因素的

描述，必须真实可靠，绝不能虚构。

（4）国家审计信息必须剔除公共受托经济责任报告中的虚假信息（弄虚作假和营私舞弊的情况），使委托人和其他使用者能对公共受托经济责任的实际履行状况获得真实的认识。

（5）国家审计信息中涉及的数字必须准确，计量单位必须科学，而且措词必须准确，绝不能模棱两可。

3. 相关性

国家审计信息的相关性包括两个方面的含义：一方面，在本质上，国家审计信息必须反映公共受托经济责任的实际履行状况；另一方面，在表现形式上，国家审计信息必须是具体的，以满足使用者的特定信息需要。为此，国家审计信息既需要反映公共受托经济责任总体履行状况，也需要反映公共受托经济责任的每个具体方面的履行状况。

为了保证国家审计信息的相关性，国家审计必须在调查过程与报告过程两个方面双管齐下。在调查过程中，审计人员必须针对所要证实的各种断言来收集相关的、充分的审计证据，然后将各类断言作为调查过程的具体目标，设计审计程序，收集相关证据予以证实。在报告过程中，审计人员必须针对公共受托经济责任（全面的或局部的）实际履行状况作出明确说明，让接收者和使用者对此获得一清二楚的认识。

4. 有效性

国家审计信息的有效性要求国家审计信息必须是国家审计行为活动的作用结果。只有由合格的审计人员通过实施特定的和恰当的审计程序产生的审计信息方为有效审计信息，只有在审计人员的审计调查过程和审计报告过程中生成的审计信息才是有效审计信息。不是完整的审计行为活动作用结果的所谓审计信息是无效的。可以这样说，即便审计报告是由审计人员提出的，但如果在此之前未通过严密的审计程序，那么，这种审计报告反映的所谓审计信息就是无效的；相反，即便特定的审计人员实施了审计程序，但是，如果最终报告是由非审计人员提出的或非实施该次审计之审计人员提出的，或者审计报告是在受到一系列外来因素干扰或左右的情况下提出的，那么这种审计报告所载审计信息也就是无效的，或者说其有效性要大打折扣。审计信息的有效性是其可信性的重要保障。只有作为审计行为活动作用结果的有效审计信息才是充分可信的审计信息。

为了实现国家审计信息的有效性，一般要求国家审计人员做到四个方面

(图 11-7)。

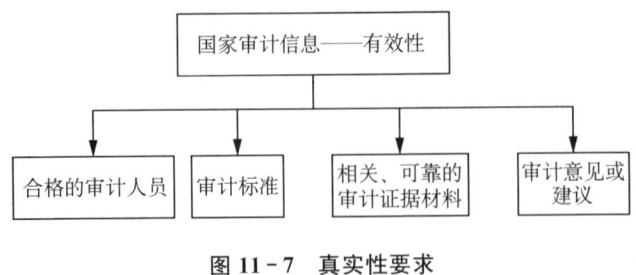

图 11-7 真实性要求

(1) 实施审计者必须是训练有素的合格的审计人员。

(2) 每个审计程序的实施都必须由合格审计人员按照特定的审计标准来进行。

(3) 每一个断言的证实和每一个判断的作出,都必须以相关、可靠的审计证据材料为基础。

(4) 审计报告必须以该次审计过程收集的审计证据和形成的审计判断为基础,有关审计意见或建议必须是由实施该次审计的审计人员或审计小组提出等。

5. 公正性

国家审计信息的公正性是指国家审计信息在描述和反映公共受托经济责任履行状况时必须做到实事求是、不偏不倚。也就是说,国家审计信息形成过程(无论是调查过程还是报告过程)绝不能受到任何设定期望与特定利益需要的影响,尤其是审计人员不能抱有任何偏见或倾向。审计人员犹如律师与法官,公正性是其职业生命所在。国家审计信息缺乏公正性,就好像律师的辩护词和法官的裁决失去了公正性,同样不能让人信服。国家审计信息的公正性需以审计人员的独立性为基础。只有保持了内在与外在的独立性,审计行为才能产生出具有公正性的审计信息。正如莫兹和夏拉夫所言:"最主要的是,审计师在检查财务报告是否公允地反映了财务状况与纯收益时,不要让自己的判断从属于他人,要摆脱可能不知不觉导致判断失误的私利杂念的支配而保持独立。"实现国家审计信息的公正性,必须保证审计人员的独立性免受任何侵蚀或削弱。例如,建立完善的审计规范体系,使审计规范具有的约束与引导功能转化为保障审计人员独立行事的内在动力和外在压力;加强现有国家立法(特别是宪法)的权威,保障审计人员的独立性免受外来因素的影响;等等。

6. 明晰性

审计信息的明晰性,亦可称可理解性,它是指用于表达和传递审计信息的语言文字必须明确、简洁、清晰且易于理解。这一质量特征对支持审计信息的可信性，仍然是必不可少的。审计信息即便符合了真实性、相关性、有效性和公正性之要求，但是，如果语言文字表达不明确，难于理解或不便理解，它也不会得到使用者的信任。因此，诸如定性模棱两可、表述冗长烦琐、字句晦涩难懂、报告缺乏逻辑性等都是审计信息描述所忌讳的。

国家审计信息的六个质量特征中，可信性是核心，其他五个特征都是保障这一核心的必要条件，缺一不可，它们共同构成了国家审计信息质量特征之基本体系。

需要说明的是，我国要使国家审计信息符合审计信息质量特征之要求，除了要关注本章已提及的需要注意的若干方面，还应建立并实施全面系统的审计质量控制体系。而且这实际是保证审计信息质量之根本所在。

11.5 国家审计信息的披露载体及形式

信息的披露载体和形式是指信息呈现的媒介与方式。不同种类的国家审计信息有着不同的信息内容，适用不同呈现载体。《中华人民共和国国家审计准则》列举的审计结果载体主要有审计报告、专项审计调查报告、审计决定书、审计移送处理书、专题报告、审计信息、综合审计报告、审计结果报告、审计结果公告、审计工作报告、审计发现问题整改报告等。

本节重点围绕内源性信息和外源性信息的披露载体及形式展开。

11.5.1 内源性审计信息的披露载体及形式

内源性审计信息包括审计过程类信息和审计结果类信息。审计过程类信息主要包括审计计划、审计方案、审计底稿等。审计过程类信息的载体均以审计主体内部文件和档案的形式存在，由审计主体依据审计需求而选择是否公开。审计结果类信息主要包括审计线索、审计报告、审计结果公告等。相较而言，其披露载体形式多样，主要载体包括报告类、公告类、信息类和其他类。

报告类。审计报告是国家审计的重要审计结果，包括审计项目报告、年度综合报告等，其中，审计项目报告是审计工作最核心的成果之一。《中华人民共和国国家审计准则》第五章中做了详细的规定："审计报告包括审计机关进行审计后出具的审计报告以及专项审计调查后出具的专项审计调查报告。"需要指出的是，审计机关对审计报告类信息现阶段采取选择性披露的方式，故而产生了缩减版本的审计报告，即审计结果公告。

公告类。公告类载体主要指审计结果公告，是审计机关依据审计报告进行选择性信息披露的主要方式。审计结果公告一般通过公开的渠道向社会公众发布。

信息类。信息类载体主要是指国家审计实施过程获得的案件线索,是对审计机关反映审计工作及其相关事务的情报、情况等的总称。信息类载体如重大违法违纪问题线索,普遍性、苗头性、倾向性体制机制制度问题,经济社会运行中的风险隐患和急需解决的突出问题(孙宝厚,2019),是除审计报告外,发挥国家审计监督功能的重要形式。

其他类。其他类载体主要包括其他未被归类的国家审计信息载体,如审计决定书、审计移送处理书等。从国家审计功能发挥角度而言,国家审计作为党和国家监督体系的重要组成部分,更多通过揭示问题而履行审计职责,所以除发布审计报告,审计机关还需要将问题线索移送给相关部门。

11.5.2 外源性审计信息的披露载体及形式

外源性审计信息包括审计经验信息、审计规范信息、审计环境信息。其载体主要有以下几类:综合研究类、总结宣传类、法律法规类等。总体而言,外源性审计信息相对于内源性审计信息更具公开性。

综合研究类载体主要涉及基于审计经验形成的重要论文论著、审计案例、课程培训教材、会议交流材料等。相比而言,这类信息是对审计实践的提炼和归纳。

总结宣传类载体主要包括总结讲话和宣传材料等,如重要的会议讲话精神、审计工作总结、宣传的审计新闻、审计故事和审计影视作品等。这类载体是指导审计工作、弘扬审计精神的重要载体。

法律法规类载体主要包括与审计活动相关的法律法规体系,既包括审计活动本身需要遵守的法律法规,也包括审计过程中需要参考的判断依据。

11.6 国家审计信息的报告模式与公告制度

11.6.1 国家审计信息的报告模式

1. 国家审计信息报告的内涵

国家审计信息的报告模式是指国家审计所形成的审计信息如何向上级报告的模式。我国国家审计现有审计报告实务指导框架主要构成部分:一是审计法的第五章"审计程序",具体涉及第四十四条和第四十五条;二是《国家审计基本标准》的

第四章"报告准则",具体涉及准则第三十条至第三十五条;三是《国家审计基本标准》的第五章"审计报告处理准则",具体涉及第三十六条至第四十五条。另外,该框架主要构成部分还包括《审计机关审计报告编审准则》以及《审计机关审计处理处罚的规定》等法规中的具体详细规定。此实务指导框架的亮点表现为,将审计结果的报告和处理划分成两个部分:一部分是标准对内报告,另一部分是专门性的对外报告。

我国当前的国家审计报告是严格依照审计法的要求编制的。概括来说,我国国家审计报告是指接受审计任务的审计组对具体项目实施审计工作后,根据其具体践行过程中审计对象的客观事实情况、检查观察、审计记录、审计结论等,以纸质或电子形式如实做出的总结性反映、意见和建议。审计组要客观总结审计结果,形成纸质报告,并对报告的真实性承担责任,将纸质报告传递给审计机关,审计机关依法对接收到的报告进行调查、讨论、审核,确定没有问题后发表审计书面报告。审计组提交的审计报告属于国家审计机关的内部报告,是形成审计机关各类相关性报告、通告和公告的基础,对外不具有法律效力。审计报告是审计组工作的一种结论性文件。

2. 不同审计模式下的国家审计信息报告

当今在世界范围内,成功建立与自身国情相匹配的国家审计制度的国家(地区)有200多个,并且绝大多数国家都设有国家审计机构。第9章已有论述,多数国家(地区)采用立法型、司法型、行政型以及独立型审计模式。我国审计管理体制改革之后的审计模式为政党治理模式。下文将比较不同审计模式下审计报告的特点。

在立法型审计模式下,审计机关在政治、法律地位上完全独立于各级政府。这一模式最初起源于英国,进步成熟完善于美国,现在已经成为西欧、北美等地发达国家和众多发展中国家的主流选择。立法型审计模式下的审计报告制度以英美两国为代表。在英国,国家审计人员结束检查后,通过公共账目委员会及时地将审计报告呈报下议院。美国的最高审计机关——审计署隶属于国会,审计署对其负责并报告工作,独立于联邦政府。美国审计署的直接服务对象是国会,也就是为纳税人等社会公众服务,美国审计署不仅要如实向国会提交审计报告,而且具有较大的透明性和公开性,绝大多数审计结果还会同时向社会各界披露,其公告的惯例做法是:审计报告在参众两院召开的听证会上公开,记者和公众皆可参加,并可审查审计报告。

在司法型审计模式下,审计人员多为法官,审计的主要对象是国家财政,同时,负责管理财政部派出的公共会计。法国是司法型审计的典型国家,于1807年通过法令成立审计法院且采用最高法院体制,宣告了司法模式审计制度的最终确立。这种模式被西欧和南美的一些国家(如意大利、巴西)采用,它们设立审计法院,审计法院享有最高法院的某些特权,可以对违法或造成损失的事件进行审理并予以处罚。司法型审计模式的具体特点还包括:第一,对审计法院的法官,特别是高级法官,实行终身制,有效地保证了审计机构的稳定性与审计方针、政策的一贯性。第二,对最高审计机关不实行准则管理而实行制度管理。第三,审计报告具有高效公开性和透明性。审计法院不仅将年度审计报告提交总统、国民议会以及参议院,还有权将其刊登在政府公报上,旨在获得具有广泛意义上的舆论关注,最后形成社会舆论监督机制。

行政型审计模式属于历史最悠久的审计模式,一直保持着独立或半独立的特征,瑞典、泰国、沙特阿拉伯的审计模式属于此模式。这种模式的特点体现在:第一,审计机关隶属于政府,作为政府的一个职能部门,根据政府所赋予的职责权限实施审计,对政府负责并报告工作;第二,最高审计机关的直属领导是国家首脑,并由他对最高审计机关的高级领导进行提名,由国家权力机构对最高审计机关内部员工进行选择;第三,在审计报告工作方面,严格执行层级制度,地方的审计机关要履行相应职责,并向同一级政府以及上一级审计组织及时报告工作。

独立型审计模式具有完全独立的特征,它只对相关的法律法规负责。这种模式的典型代表国家包括德国和日本,尤其是德国,它在审计制度创建上走出了一条"独立审计模式"之路。德国审计署按年度发布审计报告,无保留地让审计对象了解所有审计结果,使被审计单位享有充分的知情权,并针对重要重大的财政管理问题及时提出相对应的改进建议。独立型审计模式特别重视审计报告的公开度与透明度,保证社会公众的知悉权、建议权和监督权。审计机关不仅要向议院呈交审计报告,还要负责公开发表。同时,对于审计程序揭露的政府部门重要管理漏洞,审计机关须高效地将针对性的审计报告呈交到议院和政府。另外,审计机关每一年都要撰写详细的年度审计报告,并将其及时上呈议院、参议院和联邦政府。审计院院长负责媒体发布工作安排,将年度审计报告中有关重大内容刊登到公共刊物上,接受公众检阅。

在审计管理体制改革之后,我国实行的审计模式是政党治理模式。

表 11-1 列示了我国国家审计报告的发展历程。

表 11-1　　　　　　　我国国家审计报告的发展历程

时间	标志性事件	变化
第一阶段 (1983—1993 年)	根据 1982 年 12 月 4 日第五届全国人民代表大会第四次会议通过的《中华人民共和国宪法》第九十一条的规定,中华人民共和国审计署于 1983 年 9 月 15 日正式成立,主管全国的审计工作; 1985 年《国务院关于审计工作的暂行规定》颁布	审计机关需要对本级政府和上一级审计机关报告工作
第二阶段 (1993 年党的十四届三中全会至 2003 年)	1994 年审计法颁布; 1999 年,中央办公厅和国务院办公厅印发《县级以下党政领导干部任期经济责任审计暂行规定》和《国有企业及国有企业领导人员任期经济责任审计暂行规定》	对审计报告作了明确规定,形成了多项定向报告体系
第三阶段 (2003 年党的十六届三中全会至 2008 年)	审计法(2006 年修订)	形成了"1+5"的定向审计报告体系:审计组向审计机关的报告,审计机关向本级人大、政府、上一级审计机关、被审计单位的主管部门、党的组织部门等的报告
第四阶段 (2008 年党的十七届三中全会至 2013 年)	审计法实施条例(2010 年修订)	扩大了可以公布的审计结果范围,增强了报告的透明度
第五阶段 (2013 年党的十八届三中全会至 2018 年)	党的十八届三中全会的召开明确了我国接下来一段时期改革的核心总目标,着重强调:进一步完善具有本国特点的社会主义制度,实现国家治理体系、能力方面的时代目标	提高审计报告质量,拓展审计报告范围和发挥审计报告作用是实现国家治理的需要
第六阶段 (2018 年党的十九届三中全会至今)	党的十九届三中全会审议通过了《深化党和国家机构改革方案》,决定成立中央审计委员会,加强党对审计工作的集中统一领导	审计"全覆盖"要求审计报告随之发生变化,比如审计报告的类型、范围等

3. 国家审计信息报告的作用

目前,我国国家审计信息报告基本由两个部分组成,即审计情况和加强财政管理相关的意见。审计报告作为承载审计评价和审计意见的重要书面材料,有利于促进国家审计"免疫"功能的发挥。

审计报告的具体作用有:

(1)说明审计结果,得出审计结论,代表国家审计法定职责的完成。

(2)说明审计性质,标注审计范围。审计报告往往会添加解释性的内容,说明国家审计的性质,标注国家审计的工作范围。

(3)预防和预警功能。审计报告能够依托国家审计的震慑效力以及客观公正性,充分发挥预防和预警实践中各种潜在风险的作用。

(4)提出审计建议并作为后续审计依据,发挥监督、抑制以及抵御功能。审计机关基于有关审计情况提出以完善制度、健全体制、规范机制为导向的建议。一方面审计机关根据审计报告的结果和建议进行审核、跟踪调查,开展后续审计,发挥审计的监督作用;另一方面审计机关基于审计报告抑制和抵御实践过程中的重大风险,提升了国家治理绩效水平。审计署将审计工作报告呈报全国人大常委会,有利于国家审计的各项功能得到进一步强化,为服务国家治理打下扎实基础。

(5)公开审计报告,接受公众的监督检查。审计报告特别是审计结果公告增加了被审计单位及其人员工作和审计机关及其人员工作的透明度,保证国家治理政策的切实贯彻,提升社会公众政治参与意识,创造民主监督机会,推动国家良治。

图 11-8 展示了国家审计报告体系及其作用。

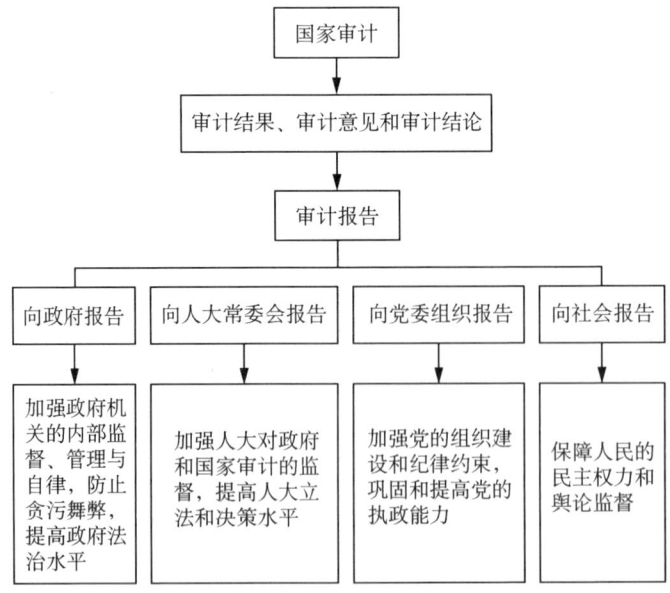

图 11-8 国家审计报告及其作用

11.6.2 国家审计信息的公告制度

国家审计信息的公告制度是指国家审计信息公告主体如何向客体告知审计公告内容的制度。《中华人民共和国国家审计准则》第一百五十七条规定:"审计机关依法实行公告制度。审计机关的审计结果、审计调查结果依法向社会公布。"

在探讨国家审计信息公告制度之前,应先对其制度构成要素进行分析。本卷认为,其主要包括国家审计信息公告制度的理论基础、国家审计信息公告的主体、国家审计信息公告的客体、国家审计信息公告的内容、国家审计信息公告的形式、国家审计信息公告的效率等要素。其中,国家审计信息公告制度的理论基础即公共受托责任观;国家审计信息公告的主体及客体规定了信息由谁和向谁公告;国家审计信息公告的内容主要是指公告应该包括的信息;国家审计信息公告的形式是指公告的渠道;国家审计信息公告的效率是指公告时滞的长短。

1. 国家审计信息公告制度的理论基础

国家审计结果公告的义务主体主要是国家审计机关,权利主体主要是社会公众,结果公告一般由审计机关主动向社会公开。本部分以公共受托责任观为理论基础,从推进民主法治、加强审计监督、提高审计质量的角度,对国家审计信息公告的动因进行阐述。

1) 公共受托责任观与国家审计结果公告

依据公共受托责任关系理论,社会公众与政府之间存在典型的委托代理关系,即社会公众作为委托人将经营和管理公共资源的权力委托给政府行使,政府根据契约依法、合理地使用其被授予的公共权力,并且依据特定的要求向社会公众报告其公共受托责任履行情况。

在我国,公众对公共权力的异化和滥用现象较为关注,对此类信息较为敏感,公众迫切地需要知道官员的履责情况。当前公共权力的滥用较多以贪污腐败的形式表现出来,审计手段的独特性使审计监督能够在经济案件的查处中发挥巨大的作用,可以从源头上防止权力的滥用。因此,国家审计通过对公共资金运用信息的审查和评价,通过对官员公共受托经济责任履行情况的评价和监督,能够给予公共权力适当的约束。

2) 民主法治建设与审计结果公告

现阶段我国大力推进民主法治建设就必须不断提高政府的透明度,建设责任型政府,不断加大政府政务公开的力度,使政府广泛接受群众监督。

让群众监督政府、批评政府已经成为我国现阶段政治体制改革的重要内容,成为推进民主法治建设的有效手段。让群众监督政府,就必须充分尊重公民的知情权,就必须加大政府政务公开的力度。推行经济责任审计结果公告制度为国家机关加大政务公开提供了一个良好的范本。审计机关实施经济责任审计结果公告制度,可以让社会公众了解被审计领导干部在任职期间对本地区、本部门、本单位的财政收支、财务收支以及有关经济活动的履责情况,可以让广大人民群众监督被审计领导干部及其所在单位对违法违规问题的整改情况。审计结果公告制度把领导干部履职的情况置于阳光之下,可以最大限度地减少各种违规问题,在源头上防止腐败,有利于维护人民群众的根本利益,有利于我国民主法治的建设。

3) 加强审计监督与审计结果公告

当前,我国政府和人民群众对加强审计监督的呼声很高。在深化干部人事制度改革、加强对权力的监督和制约方面,审计被寄予了厚望。然而,从1983年审计署成立到2003年的"审计风暴"之前,人们对审计机关的职能、作用却知之甚少。2003年6月25日,时任审计署审计长李金华向全国人大提交了一份审计清单,并点名曝光了多个国家部委的违纪违规问题,这份报告于次日被刊登在了审计署的官方网站上,引起了社会各界的广泛讨论,掀起了一场前所未有的审计风暴。社会公众对审计信息有着强烈的需求,只有加大审计信息的公开力度,才能让社会公众知道审计在做什么,才能更好地发挥审计的监督功能。

4) 提高审计质量与审计结果公告

审计质量是审计工作的生命线,如果不能开展高质量的审计工作,得出可靠的审计结论,那么国家审计也就失去了其应有的作用和意义。国家审计具有其复杂性和特殊性,审计的对象是政府及其部门或国有单位,具有较大的影响力。因此,审计人员形成的审计结论、做出的审计决定,都需要做到事实清楚、证据确凿、定性准确、评价客观。

实施审计公告制度有利于审计机关提高审计质量,有利于促使国家审计工作朝着规范化、法制化的方向发展。一方面,实施审计公告制度,把审计机关置于阳光之下,能够防止其徇私舞弊,减少其"信息寻租"的机会。审计机关开展审计工作,掌握了大量被审计单位及其领导干部受托经济责任履行情况的信息,如果信息不对外公开,审计机关就有可能利用此信息进行寻租,实施暗箱操作,在获得一定的租金之后,掩盖、隐瞒甚至篡改审计过程中所发现的被审计单位及其领导干部的违规违纪问题。另一方面,实施国家审计公告制度能够促使审计机关不断钻研业务、规范审计行为,进而降低审计风险。审计结果公告后,社会公众、被审计单位及其领导干部都可能会对审计机关工作的客观公正性、审计结论和审计决定的合法合规性进行评价和审查,发挥再监督的作用,这就进一步增大了审计机关开展经济责任审计工作的风险。如果审计公告制度开展得好,有利于维护审计机关的权威性;开展得不好,则会使其审计机关陷入非常被动的局面,甚至面临被诉讼的风险。因此,实施审计公告制度会促使审计机关不断增强责任意识、规范审计执法行为,进而提高审计质量。

2. 国家审计信息公告的主体

一般是由审计活动实施的主体对审计质量负责,对审计报告进行公告。相关法律法规虽然对不同审计类型的公告有着不同的规定,但是公告主体均为实施审计的审计机关。例如,审计法第十九条规定:"审计署在国务院总理领导下……向本级人民政府和上一级审计机关提出审计结果报告。"

3. 国家审计信息公告的客体

不同的审计项目和审计类型,有着不同的公告对象。公告的对象具有层级性、保密性等。不同类型的审计公告,需要向不同的对象进行公开。经济责任审计的委托方是组织部门,审计公告需要向组织部门进行公开;预算执行审计的结果则由审计机关每年向本级人大常委会呈交有关预算执行情况、财政收支情况等方面的审计工作报告;政策执行效果审计的结果公告主要通过审计机关网站进行公开。

4. 国家审计信息公告的内容

国家审计信息公告作为保障公民知情权、发挥社会监督功能、实现民主政治的重要手段,具有公开性的特点和公共产品的性质,其服务对象主要是社会公众。由于服务对象不同,国家审计信息公告与审计报告在内容方面具有很大的差异。国家审计信息公告内容具有可选择的特性,无须面面俱到,但要事实依据清楚,并且将国家审计信息公告的风险控制在可承受范围之内。对国家审计信息公告内容的研究实际上就是要合理确定审计结果公告的边界。国家审计信息公告的内容是动态的,随着公共受托经济责任内涵与外延的不断丰富和拓展而不断变化和发展。

我们认为,国家审计信息公告应该包括以下内容:

第一,审计项目简要说明。它包括被审计对象的有关情况,如个人的信息,包括任期、担任职务等信息;被审计单位的有关情况,如被审计单位对提供资料的责任说明等。

第二,审计人员的职责、目标及审计依据。其包括审计依据的标准、审计人员的责任、审计的目标和时间等。

第三,被审计单位的目标责任及简要说明。

第四,审计发现的主要问题。主要是指审计发现的被审计单位不履责、不正确履责以及违反国家规定的有关情况。

第五,审计意见及审计评价意见。

第六,审计建议及处理处罚决定。

第七,被审计单位及其领导干部的反馈意见。主要是指针对审计发现的问题、提出的审计意见、得出的审计结论以及审计评价的反馈意见;如果被审计单位及其领导干部对有关的问题进行了整改,也需报告整改的情况。

第八,其他需要公布的情况。

5. 国家审计信息公告的形式

信息的传播需要借助一定的形式,国家审计结果作为一种特殊的政府信息,向社会公开它需要采取一定的形式、借助一定的渠道,这样才能保证公民的信息权利,发挥广泛的社会监督作用。一般而言,政府信息公开的渠道较为广泛,如政府公报、新闻发布会、政府官方网站、新闻媒介(广播、电视、报纸、杂志、微博等新媒体)以及特定的公共查阅点等。针对不同的审计内容,审计机关需要选择恰当的形式进行公告,以最大化审计结果的信息效能。

6. 国家审计信息公告的效率

国家审计信息公告的效率主要是指国家审计信息自完成至向公告客体公布的滞后时间。信息具有时间效力,审计公告的披露越及时,决策有用性越大,越利于缓解信息不对称。不同的审计项目难度不同,审计周期也各不相同,因此,不同项目的审计结果公告的时间不同,审计机关要求被审计单位整改的披露时间和方式也不同。财政、财务收支审计和政策执行效果审计从审计实施到公告的周期相对较短;经济责任审计或资产负债损益审计的公告周期则普遍较长。同时,审批流程越长,审计效率越低,但审计流程较短,又无法保障审计质量。因此,审计机关需要在审批流程和效率中做好平衡,在提高效率的同时保障质量。

12　国家审计方法理论

国家审计方法理论主要探讨实现国家审计目标所运用的审计方法。有效的审计方法不仅可以助力国家审计全面有效实现保障和促进公共受托经济责任有效履行的目标,也有利于提高审计效率,保证审计质量。本章在对国家审计方法的内涵作出界定的基础上,依次探讨了国家审计方法的程序、创新的内在逻辑、分类、选用和发展等问题。在"大智云移物区"的时代背景下,为了更好地实现审计目标,国家审计方法不断推陈出新,据此,对其展开相关的理论研究显得更为重要。

12.1　国家审计方法的内涵

12.1.1　国家审计方法的含义

对审计方法的定义,《当代百科知识大词典》指出:审计方法是实现审计目标的手段。广义地看,审计方法包括审计态度和审计方法性程序两个方面含义。狭义地看,审计方法是审计人员在审计工作中所运用的一系列技术和方法的总称(胡泽君,2019)。在审计行为发生过程中,审计人员需要根据不同的审计目标,选择恰当的审计方法,收集所需的审计证据,为审计判断提供充分依据。

美国会计学会在《审计基本概念公告》中对审计的定义是:审计是一种客观地收集与评价有关经济活动和事项认定的证据,以确定其认定与既定标准之相符程度,并将其结果传递给利害关系人的系统过程。对这一定义,可以从以下几点加以理解:一是审计是一种调查活动,该种调查活动包含多种审计目的和特定审计对象;二是审计是一种系统过程,该系统过程包含审计调查和审计报告,意味着审计人员需制订恰当的计划,选择和实施一系列相互关联的证据收集与评价活动,以实现一系列审计目标;三是证据收集和评价证据是审计的核心和精髓,证据收集和评价证据所用标准的类型因审计类型而异,但各种类型审计的重心都在于收集和评价证据;四是审计对象包括对与经济活动和事项相关的各种形式的认定。以上审计的定义意味着,审计方法是具有学科和哲学基础的。审计理论之父莫兹教授和审计学者夏拉夫将审计方法类比为科学研究的方法。

遵循莫兹对审计方法论的阐述思路,本研究进一步提炼总结,从审计态度、审计技术、审计判断三个维度对国家审计方法理论进行阐释。

审计态度是指审计需进行判断时保持的客观、公允、独立的立场。关于审计态度的探讨,学术界已初步形成了一致意见,即独立性是审计的灵魂,这是审计职业与其他职业的区别,不会随着方法论的发展而变化。

审计技术是指审计所需要的用于收集审计证据的工具、方法、技巧等。收集审计证据是审计工作的重要部分,科学技术不断进步,审计技术也随之发展,审计技术服务于审计证据收集,审计技术要不断与时俱进和创新以提高证据收集的效率。审计技术创新的动力来自审计实践、审计对象、审计环境的发展变化。

审计判断是指审计人员对审计中涉及的问题属性作出判断和进行价值判断等所采用的衡量标准。职业判断是审计专业胜任能力的要求,审计人员在收集证据的过程中需要处理证据事实然后有合理的假设,依赖于科学的假设,才能作出整体判断;需要将整体问题逐一分解,针对具体的审计事项和问题线索,对其属性、重要性、合法合规性、真实性等作出多维度判断。审计判断是以审计假设为前提,以审计收集的证据为支撑而作出的。

12.1.2 国家审计方法的特征

不同学科的方法论有着本质的不同,国家审计方法具有自身的特色,主要在于国家审计的实践性、经验性和创新性。

国家审计方法具有实践性。审计是一门实践性较强的学科,在某些地域或时期内,审计实践的发展甚至超过了审计理论。审计方法主要用于审计证据收集,它能提高审计证据的相关性和可靠性,减少证据收集的成本,提高证据收集效率,最终服务于出具审计报告,实现审计目标。因此,审计方法具有很强的实践性。其来自实践,也在实践中成长。

国家审计方法具有经验性。鉴于审计方法的实践性,这些方法大部分来自长期的经验总结和传承。审计方法的质变大多伴随着科学技术的进步。例如,从早期的账项基础审计到计算机审计的过程就不乏计算机技术的推动。审计方法大部分的量变来自审计人员对审计实践经验的总结,早期审计人员采用固定的公式、流程、制度对审计方法进行了提炼。现在审计人员更擅长采用模型、指标将审计的重要线索提炼到审计计划和工作方案中并不断传承。

国家审计方法具有创新性。审计方法为审计而生，也随审计需求不断提高而发展。因此，审计方法具有创新性。这种创新性来自外部压力和内部动力。外部压力是指科学进步倒逼审计方法创新的压力。内部动力则来自审计人员对提高审计质量的需求。外部压力和内部动力推动审计方法的持续创新和进步。

12.1.3　国家审计方法的作用

审计主体一定要通过它的方法才能与客体相连，才能作用于客体。没有中项，两个端项就无法相连；没有方法，主体和客体就无法相连，主体就不能作用于客体，就不能实现审计目标，由此可见审计方法的重要性。

国家审计方法的作用逻辑如图12-1所示。

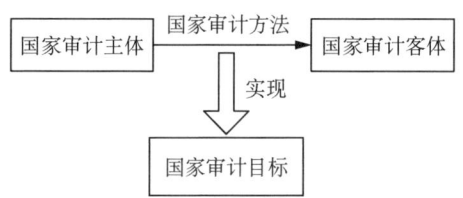

图12-1　国家审计方法的作用逻辑

如果说没有理论的指导，审计尚可摸索前进的话，那么，如果没有方法，审计将寸步难行。主体目的虽具有改造或创造客体的要求，是推动的力量，但它毕竟是观念的东西，不凭借现实的方法是不能实现的。方法正是这样的东西：具有客观外在实有的形态，本身体现了主客观的统一，具有使主体目的超出主观形式的界限而与客观结合起来的优点，具有把主体目的从客观领域衔接到客观现实的引接作用。凭借它，主体目的才能否定自己的主观性，摆脱观念形式，过渡到客观性，使主观目的与客观现实对象相结合，转化为实在的对象，实现目的。

12.2　国家审计方法的步骤

莫兹(1961)在《审计哲学》中指出，处理事实问题的审计方法体系可以用一系列步骤来概括。图12-2展示了审计方法体系的步骤。具体到不同审计理论中，审计方法体系的步骤可能存在一定的区别。

在审计方法体系的步骤中，有三个步骤较为重要。

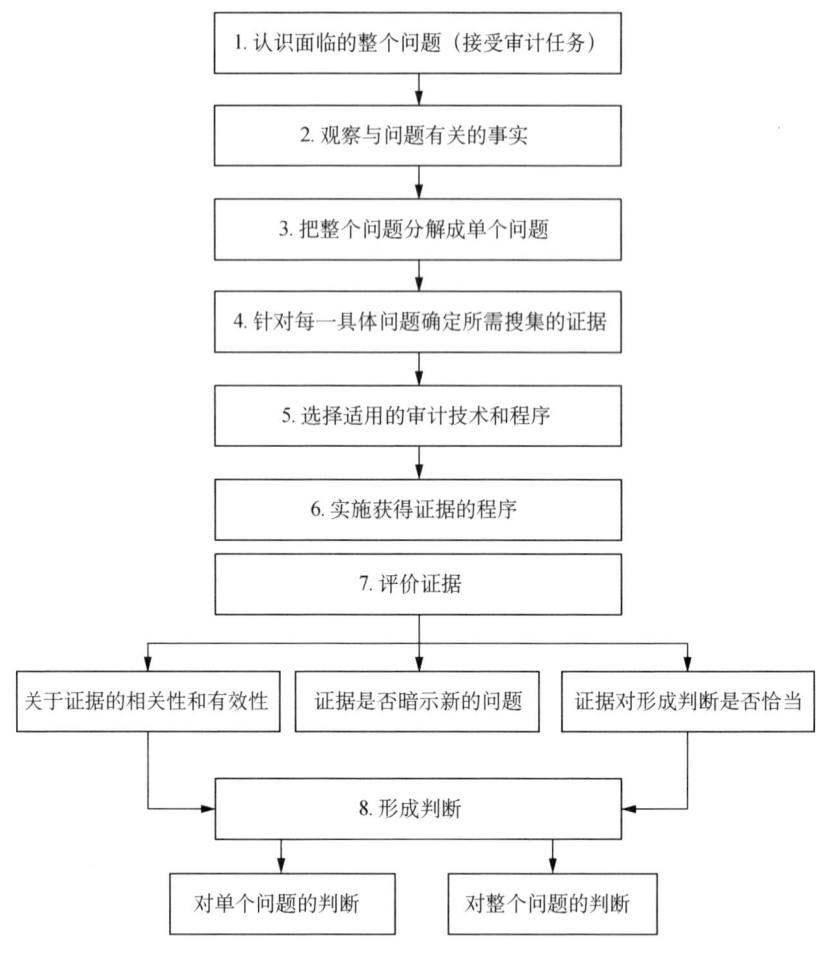

图 12-2 国家审计方法体系步骤

一是观察与问题有关的事实过程。审计方法与一般方法的区别在于,审计人员往往带着职业怀疑观察与问题有关的事实。在收集审计证据的过程中,审计人员需要思考选取何种审计方法能够得到充分适当的审计证据,得出审计结论,实现审计目标。

二是把整个问题分解成单个问题。在这一步骤中,审计人员需要针对每一个具体问题确定所需收集的证据,审计人员一旦做出假设,需要对每一个具体问题进行检验;选择适合于相应问题的审计方法,以便获取充分适当的审计证据。当审计人员对某些问题保持怀疑时,需进一步选取相应的审计方法,扩大审计范围,严格执行审计程序;若审计证据支持对问题线索不再保持怀疑,则可以减少审计程序,而将审计力量更多聚集到问题线索中去。

三是评价证据。审计证据评价是一个不断判定的过程。收集审计证据后,审计人员需要对证据的有效性、相关性等进行判断,若无法得出可靠的审计结论,则需要再次选择审计方法,进一步扩大审计范围,不断循环反复,直到可以得出可靠有效的审计结论。

因此,审计方法与普通的方法不同的地方:一是审计人员在使用审计方法的过程中,需要不断地融入审计判断,而这依赖于审计人员的专业胜任能力。二是审计过程不同于自然科学方法,审计是不可复制的。只要可以实现审计的目标,审计方法可以有多种组合,为了证明某一项拆分出的单个问题,审计人员也可以采用不同的审计方法,收集众多的审计证据,因此,只要在成本收益原则下能够实现审计目的,审计方法并不唯一,故而审计过程无法复制。三是审计方法的采用有一定的前置条件。比如,在收集审计证据的过程中,审计人员需要假设被审计单位提供了真实的证据,然而在大案要案中,被审计单位提供的数据往往存在一定的偏差。这就需要审计人员及时变更审计思路,变换审计方法,获取其他的外部证据,证实审计判断,得出审计结论。

12.3 国家审计方法创新的内在逻辑

本部分从受托经济责任理论出发,理解国家审计方法不断创新的内在逻辑。国家审计环境日新月异,促使受托经济责任观的内涵不断拓展。国家审计方法需要不断创新,以适应不断提高的审计需求,以便更好地实现审计目标,服务国家治理。

国家审计方法创新的内在逻辑如图 12-3 所示。

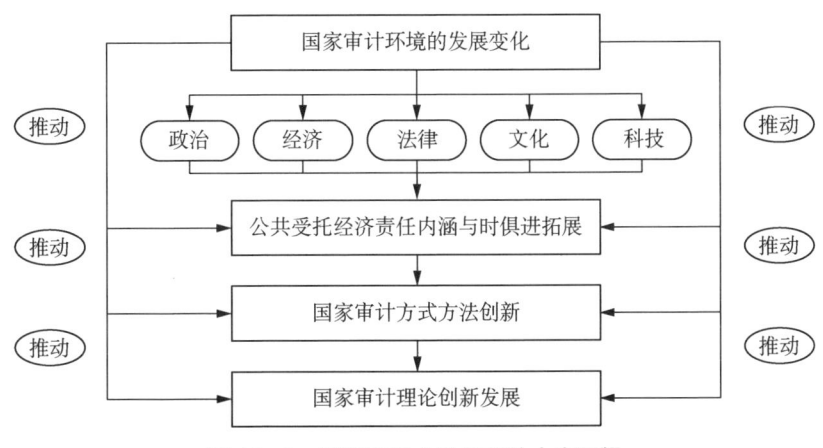

图 12-3 国家审计方法创新的内在逻辑

我们之所以需要不断创新国家审计方法,源于其需要服务审计调查与报告,服务审计目标的实现,服务审计证据的收集与评价,服务确定或确证有关经济活动与事项的认定与既定标准之相符程度等。

12.4 国家审计方法的分类

从不同的角度,国家审计方法可以有不同的分类,常见的是基于导向类型的分类和基于审计程序的分类。

1. 基于导向类型的分类

审计发展经历了不同的阶段。我们经常看到的制度基础审计、风险导向审计等说法就是基于导向类型的分类。具体到国家审计,它经历了制度基础审计、风险导向审计和治理导向审计阶段。

首先,在传统的制度基础审计阶段,国家审计有着较为传统的方法,主要包括审查书面资料的方法和证实客观事物的方法两大类。在审查书面资料时,常用的方法包括查阅法、核对法、询证法、比较法、分析法、顺查法、逆查法、详查法、抽样法等。在证实客观事物时,常用盘点法、调节法、观察法、鉴定法。在早期账项基础审计中,国家审计就已经开始采用上述的方法,并沿用至今。在早期,国家审计关注的是真实性、合法性和效益性。因此,在审计证据方面较为关注财务信息,审计方法也较为简单。

其次,在风险导向审计阶段,国家审计开始聚焦不同的风险领域。随着审计风险模型的提出,审计思想发生了部分转变,从关注细节的问题到关注宏观的重大错报风险。国家审计也聚焦不同的风险领域,采用风险导向的思想揭示问题线索。在具体的审计中,除了延续使用上文提到的审计方法,审计人员开始基于风险的视角,将不同的数据进行交叉复核来揭示问题线索。审计证据的范围开始扩大,在同一领域的数据开始形成交叉审计证据,具体审计方法也随之拓展,计算机审计开始普及,审计人员关注被审计单位财务信息与非财务信息的比较等。

最后,在治理导向审计阶段,伴随国家审计的不断发展,审计技术进一步提升。国家审计进一步拓展到促进政策落实、揭示风险隐患、维护经济安全、规范权力运行等方面。国家审计所需的审计证据进一步拓展,单单被审计单位的证据已不够,审计人员需要全方位证据来得出审计结论。因此,在企业财务数据和非财务数据的基础上,审计人员还综合运用更多的海关数据、税务数据、工商数据、电力数据等。海量数据的融合推动了这一时期具体审计技术的发展,大数据审计也应运而生。

2. 基于审计程序的分类

根据审计程序,我们主要介绍审计抽样、审计取证、审计判断、审计沟通、审计分析等环节的审计方法。

国家审计抽样是指国家审计人员在审计工作中,采用恰当的抽样方法从被调查和评价的审计总体中抽取一定数量有代表性的样本进行检测。审计抽样环节的技术方法主要涉及以下几类:一是统计与非统计的抽样方法。统计抽样与统计学科发展相关,需要考虑抽样风险、容忍偏差等因素。非统计抽样也需要考虑统计学中的各种因素,但最终无须给出量化结论。二是通过定位技术对调查样本进行的抽样。这种方法普遍运用于资源环境审计或入户调查。审计人员通过信息系统抽取调查样本,既符合随机性原则,也具有较强的客观性。审计抽样环节的技术方法对审计活动的影响是基础的。

在国家审计取证环节中,审计取证是审计活动中重要且工作量较大的一环。常见的审计取证方法有三类:一是长期固定的经验取证方法,如顺查法、逆查法、详查法、抽查法,以书面资料审查为基础的审阅法、核对法、分析法、重新计算法,以及以实物证据为基础的盘存法、调节法等,这些方法是人们从国家审计、社会审计和内部审计发展的历史中有效地提炼和总结出的,适用于各种类型的审计。二是大数据技术发展影响下的取证技术方法。科技的发展给审计方法带来了重大影响。使用大数据的前提在于拥有大数据,因此,取证的前提在于搭建大数据分析平台。在我国,审计署和上海、四川等地的审计机关均搭建了一定的数据分析平台,可利于迅速定位取证,这也是现阶段科技强审的重要体现。三是受卫星遥感等科技影响的取证方法。这一方法被广泛应用到审计调查取证中,如审计署在长江经济带的自然资源环境审计中,对水土流失的调查采取了卫星定位云图对比等。不难发现,这些新的技术,给审计带来了高效便利。

在国家审计判断环节中,审计判断方法主要在于对问题属性判断、价值判断采用什么衡量标准。实践中,审计人员主要依据前人基于经验总结的分析模型和人工智能技术。关注一项经济活动,需要对问题线索的方向进行判断,也需要对问题本身的属性进行判断。例如,对经济活动中贯穿的资金流、业务流和关系流进行分析。在分析资金流时,关注资金的整体流动脉络,找到供给端和使用端,打通资金运行线索;在分析业务流时,跟随经济活动中的经营业务流向,判断可能存在的风险领域;关系流的判断重点在于对利益输送的揭示。科技进步的一大特征在于人工智能的逐步应用,现阶段四大会计师事务所已经先后开始运用财务机器人进行初步的辅助工作。人工智能成了审计判断的辅助工具之一,但是这种判断仍需结合审计的思维,人工智能对可以固定化、标准化的判断可以有效地进行辅助,如原始凭证要素的审核、账户金额核对等。当然未来人工智能在更深一步的审计判断方面还有广阔的发展空间,作出这种判断需要设计人员把不同的审计思路,用流程图、模型和公式的语言表述出来,输入人工智能程序中。

在国家审计沟通环节中,审计沟通是指审计机关与被审计单位及其相关人员就审计事项进行的探讨、交流和谈判。审计沟通贯穿于审计整个流程。首先,在初步审计调查阶段,审计人员会与被审计单位高管、负责人等重要领导进行访谈,了解单位具体情况;其次,在收集审计证据阶段,审计人员会采用周旋迂回、精准出击、换位思考、虚实结合等谈判技巧,突破被审计单位人员的心理防线,获取直接、确凿、关键的审计证据;最后,在意见交换阶段,审计人员需要采用问责引导、攻心为上、直面证据、隔离分化等手段,让被审计单位人员接受并承认审计问题。

在国家审计分析环节中,审计综合分析是指审计人员运用一系列方法对现有审计证据进行整理、归纳、判断,并从中提炼重要的审计证据,推断出审计结论。审计分析方法主要包括几类:一是传统的分析方法,包括比较法、分类法、对比法、因果关系法、系统分析法、趋势分析法和归纳推理法等。这些经典方法在历史实践中被不断完善修订,已经趋于成熟。二是基于数据关联的结构分析方法。它主要依靠将不同渠道获取的数据进行关联,利用SQL等基础语言进行线索的筛选。数据的关联结构分析是伴随审计电算化的应用而发展起来的,逐步发展到结构化数据分析阶段。三是数据平台的动态分析。数据平台的动态分析较数据关联的进步在于平台归属于审计人员。另外,数据平台的动态分析使动态预警成为可能。数据平台使审人员对数据拥有了开展更多分析的可能,可以通过模型化、指标化等做到动态指标预警,充分发挥审计的经济体检优势。四是可视化技术的角色分析。在数据的呈现形式上,可视化技术发挥了重要的线索揭示功能,如审计人员通过桑吉图可以有效地看清资金的流向,通过关系图可以很好地定位利益输送人之间的相关影响等。

12.5　国家审计方法的选用

审计人员对审计方法的选用取决于审计目的,目的在于服务审计过程。因此,审计人员采用何种方法需要综合审计假设、审计目标等进行考虑。

一是坚持国家审计目标与国家审计行为相结合。无论何时,审计人员采取何种审计技术方法,关键要看审计是为了实现什么样的具体审计目标。针对不同的审计目标,需要聚焦不同的审计重点,实施对应的审计行为,选择恰当的审计方法。例如,在政策执行效果审计中,审计人员更关注的是国家重大政策是否得到了有效地贯彻落实;在自然资源环境审计中,卫星遥感技术和无人机就更能发挥作用。

二是坚持国家审计规范与国家审计技术相结合。不断进步的审计技术,推动审计规范不断发展。在人工智能实施的审计判断中,国家审计更关注保密原则,对新型技术的开发、运用存在顾虑。人工智能审计判断的误差和风险,成为审计规范的挑战。如何在依法审计的背景下,拓展审计技术的发展空间,是审计界需要不断思考的问题。

三是坚持历史经验与新兴技术相结合。国家审计技术是审计经验长期积淀的结果,坚持历史经验与技术相结合,要求审计人员选用审计技术时,不单纯地故步自封,也不要一味排斥经验。传统的技术往往是无数审计人员长期完善修订的,是经过历史检验的优良技术;新兴技术往往对审计人员的技术水平要求更高,但是也带来更高的审计效率。因此,需要坚持历史经验与新兴技术相结合,更好地在传统技术与新兴技术间找到契合点,将其融合为新型的系统的国家审计技术。

12.6 国家审计方法的发展

在"大智移云物区"的时代背景下,国家审计实务对大数据技术的应用在不断被完善。下文将重点介绍几种具有代表性的大数据技术在国家审计中的应用和展望。

大数据和云计算。在审计过程中,审计人员对审计数据要采集、整理并标准化。将审计数据库建设成分主题的、集成的、稳定的和反映历史变化的数据仓库,供数据审计进行联机分析处理和提供决策支持,成为一个方向。现阶段,审计已经不仅限于审计,审计项目可以融合工商、税务、电力等多维度数据。当然,建立数据平台,运用云计算和大数据技术,采用分布式存储和并行计算架构,构建数据库,是大数据分析的基础。其中,数据库的分层设计、数据清洗、数据标准、数据合并、数据更新、数据安全等是困扰数据库发展的难题。

地理信息技术中的大数据分析。地理信息技术是获取、存储、管理、处理、分析和应用地理信息的现代技术的总称,是以计算机、数据库、网络和现代通信技术为基础,以"3S"(GIS、RS、GPS的统称)技术为核心的现代信息技术,是空间技术、传感器技术、卫星定位与导航技术和计算机技术、通信技术相结合,多学科交叉和高度集成的产物,其目标是实现对空间信息的采集、处理、管理、分析、表达、传播与综合应用。现阶段,地理信息技术在国家审计中被广泛采用,以自然资源环境审计为例,国家审计人员通过将不同时期的卫星图片对比,可以有效地展示一段期间内植被变化,将其与建设用地规划进行对比,也可以直接呈现是否存在违规开发的证据等。

可视化技术。可视化技术指的是运用计算机图形学、图像处理技术和人机交互技术等,将数据转换为图形、图像、视频或动画在屏幕上显示出来,对数据进行直观的可视表达,以增强认知,并允许用户对数据进行交互处理,以便于人们接受、理解原始数据或信息的理论、方法和技术,是解释图像数据和根据复杂多维数据集合生成图像的一种工具。根据处理对象以及目的不同,可视化技术可以分为四类:科学计算可视化、数据可视化、信息可视化和知识可视化。可视化技术在审计中有着广泛的应用空间,解决审计人员不懂技术的难题,促使技术应用变得更加人性化。

文本挖掘技术。文本挖掘技术来自数据挖掘技术,数据挖掘以处理数据库中的结构化数据为主,利用关系表等存储结构来发现知识。文本挖掘处理的数据源一般具有非结构化特征,形式具有不确定性,且缺乏机器可理解的语义。在国家审计过程中,审计人员会面对众多文字证据,如制度汇编、会议纪要、工作计划总结等文字材料,从其中迅速捕捉问题线索,具有一定难度。文本挖掘技术,可以有效地提高审计效率,锁定审计重点,挖掘审计线索,揭示审计问题。文本挖掘技术还可以进一步模型化,用以建立审计知识库,帮助审计人员发现犯罪特征,识别案件间的网络关系,研究腐败案件发生规律等。

13 国家审计环境理论

在国家审计理论框架中,国家审计环境理论是第四圈层仅有的要素,主要研究影响国家审计的政治、经济、法律、文化和科技等环境因素。国家审计环境理论作用于其他三个圈层的理论要素,而其他理论要素随环境的变化而不断发展,又反作用于国家审计环境。

本章从国家审计环境理论的基础概念出发,分别探讨政治环境、经济环境、法律环境、文化环境和科技环境对国家审计行为的影响,以期搭建较为完整的环境分析框架。

13.1 国家审计环境的内涵

"环境"的含义有二:一是周围的地方;二是周围的情况和条件。在国家审计理论中,国家审计环境特指审计活动的环境。

系统观是马克思主义哲学的组成部分(钱学森,1982)。系统是指相互作用要素的综合体,是由相互联系和作用的要素或子系统组合而成的具有特定功能的有机整体。对国家审计环境即可从系统观的角度进行分析,国家审计环境也是一个系统(孙宝厚,2019)。国家审计环境是由相互联系和作用的构成要素及子系统构成的有机整体。

国家审计环境理论作为"以公共受托经济责任为理论原点构建的圈层结构式国家审计理论框架"第四圈层的理论要素,促进各个圈层不断发展,对第一圈层的国家审计本质、国家审计假设和国家审计目标,第二圈层的国家审计行为、国家审计功能和国家审计组织,第三圈层的国家审计规范、国家审计信息和国家审计方法均产生了不同程度的影响。第四圈层也受其他各圈层影响,各个圈层相互作用,构成了国家审计理论的生态系统。

行为活动从来不是独立的,环境影响活动,活动适应环境。国家审计作为保障和促进公共受托经济责任全面有效履行的独特经济监控活动,受到环境的影响,又因适应环境的变化而发展。国家审计作为党和国家监督体系的重要组成部分,服务于国家治理的需求,也基于国家治理需求而不断发展。

国家审计环境具有以下三个方面的特点:

一是变化性。马克思唯物辩证法认为物质世界既是发展变化的,又是普遍联系的,每一个事物都同周围事物互相制约、互相作用。审计活动作为社会活动的一个组成部分,它与周围事物之间相互联系和相互影响。随着全球一体化程度进一步加深,无论是外部环境的变化,还是我国政治体制和经济体制的进一步改革和完善,以及人口、资源、环境等方面的问题,都将是影响我国审计事业发展不容忽视的内部因素,可见审计环境的内容非常丰富。基于以上因素,国家审计将在审计本质、审计假设、审计目标、审计行为、审计功能、审计组织、审计规范、审计方法、审计信息等方面发生比较深刻的变化。

二是复杂性。影响审计发展的环境因素究竟有哪些?这本身就是有争议和尚要讨论的一个问题,我们认为主要包括五个因素,即政治因素、经济因素、法律因素、文化因素和科技因素。国家审计作为审计的一个分支,其发展必然也受到政治因素、法律因素、经济因素、文化因素和科技因素的影响。一般来说,国家审计环境主要包括政治环境、经济环境、法律环境、文化环境和科技环境,内容非常丰富。审计环境由多种因素构成,但各种因素并不总是同步变化。经济或者政治环境因素的剧烈变化对审计实践的影响往往有较大的不确定性。从时间的跨度上看,某种或多种环境因素对审计实践影响程度的变化和效果可能迥然不同。或直接或间接,或渐变或突变,或正面或负面。由此可见,国家审计环境自身具有一定的复杂性。

三是客观性。国家审计环境产生、存在和发展的前提、基础和条件,具有不以人的意志为转移的客观性。国家审计受诸多环境因素的影响和制约,同时国家审计又影响和改变着审计环境。任何事物的产生和发展都依赖于客观环境,并与其他事物相互联系和互为条件。

环境的客观性体现:一是环境发展本身符合一定的规律,在一定条件下,无法发生趋势性的改变,发展是必然。二是国家审计环境的发展虽然受到国家审计行为的反作用,但是环境对国家审计行为的作用远大于国家审计行为对环境的反作用。回顾历史,计算机审计技术的出现,源于被审计单位原始数据和资料的电子化,同时,审计资料电子化促进了计算机审计技术的发展。

13.2 国家审计环境及其影响因素

任何事物的产生、发展与完善离不开与之相关环境的影响。环境会影响国家审计活动的发展,国家审计活动的发展适应环境的变迁。

13.2.1 国家审计环境对国家审计理论要素的影响

环境是指一个系统之外的一切与系统相关的事务构成的集合,即系统以外与系统有不可忽略的联系的事物的集合。系统与环境的关系表现为:系统是在一定环境产生并在一定环境中运行、延续、演化的,不存在没有环境的系统。环境是相对某一系统而言的。系统的环境有时只能在相对意义上明确。将系统与环境分开的是系统的边界。系统边界可能是明确的,也可能是模糊的,边界也是相对的。国家审计随着国家审计环境的变化而不断发展变化,这种变化体现在国家审计理论框架的各个理论要素中,如国家审计本质理论、国家审计假设理论、国家审计目标理论、国家审计行为理论、国家审计功能理论、国家审计组织理论、国家审计规范理论、国家审计信息理论、国家审计方法理论。

任何事物的产生、发展与完善都离不开与之相关的环境的影响,这种影响不是单向的,而是双向的。不断变化发展中的事物也会积极地引导环境向一个更好的方向发展,从而形成一个利好共赢的和谐局面。国家审计理论具有一般事物的基本特征,自然而然就与国家审计环境形成了这样的关系。国家审计环境主要由政治环境、经济环境、法律环境、文化环境和科技环境组成。与其他理论要素相比,国家审计环境是一个相对外生的变量,它给其他构成要素提供了发展的土壤。两者的互动主要表现为其他九大国家审计理论要素与国家审计环境之间物质、能量、信息的交换。

13.2.2 国家审计理论要素对国家审计环境的影响

国家审计也影响着审计环境。理论指导着实践,伴随国家审计理论的发展,国家审计行为也在发生着变化,进而影响国家审计环境的变迁。这种变化主要体现在政治环境、经济环境、法律环境、文化环境和科技环境等方面的变化。

(1) 国家审计理论要素对政治环境的影响。国家审计是党和国家监督体系的重要组成部分,审计机关是重要的国家行政机关。因此,国家审计本身即为政治环境的组成部分,同时也影响着政治环境的发展。进一步来看,国家审计理论中其他的构成因素,也对政治环境发挥着一定影响。例如,国家审计的本质、国家审计的假设和国家审计的目标受政治环境影响,又反作用于政治环境,国家审计服务于国家治理,发挥审计监督功能,在推动政策落实中发挥积极的作用,然而正是由于国家审计有效地发现问题、揭示问题、解决问题,其监督功能发挥得越好,越能提高国家审计在监督体系中的地位,国家越会加大对审计工作的重视,越会增加对审计资源的倾斜,国家审计对政治环境的影响越大。

(2) 国家审计理论要素对经济环境的影响。第一,基础理论要素指导国家审计行为,推动经济环境的发展。国家审计目标决定审计行为,国家审计行为通过揭示问题、整改反馈、制度完善等多渠道作用于被审计单位。例如,经济责任审计作为我国国家审计特有的审计方式,规范经济行为,维护经济秩序,促进经济发展。第二,国家审计功能的逐步拓展,促进国家宏观经济环境的不断改善。政策落实跟踪审计作为国家审计的重要类型,以促进政策贯彻落实为目标。持续关注扶贫、小微企业发展、资源环境、减税降费、简政放权等不同的政策,以期促进实体经济发展,揭示小微企业融资难、融资贵的梗阻问题等,最终推动我国经济的高质量发展。第三,国家审计促进政府治理效率的提升。审计机关可以对地方政府开展绩效审计,及时监控公共财政资金的去向,减少政府的低效率或无效率投资,确保其健康有效地投资,促进经济的长期发展。国家审计揭示公共权力的滥用问题,揭示腐败的问题线索,以期促进提升地方政府的治理效率(李明和聂召,2014)。

(3) 国家审计理论要素对法律环境的影响。国家审计监督具有综合性,其监督范围涉及各个行业、各个部门和各个地区,还可以对其他监督部门进行再监督。审计机关在审计一个单位或项目之后,通过分析其中存在的共性和倾向性问题,找出政策法规方面需要改进和完善的地方,提出意见和建议,促进相关方面制定政策和完善法规,从而加强管理。在依法审计背景下,审计执法环境得到不断改善,审计自我约束能力不断增强,国家审计法定职能得以充分发挥。国家审计在对国计民生工程和党政领导干部以及预算执行等内容的监督过程中,通过揭示问题,加大处理处罚力度,分析问题产生的深层次原因,提出科学合理的审计建议,对堵塞漏洞和制度建设起到了至关重要的作用,从这个角度来说,国家审计促进依法治国方略的实施。

(4) 国家审计理论要素对文化环境的影响。国家审计的重要功能之一就是保障公共资金的安全,因而维护文化资金和资产的安全是其发挥功能的应有之义。国家审计开展农村文化建设专项资金、文化事业发展专项资金、宣传文化发展专项资金等专项资金的审计,推动文化建设的发展。

(5) 国家审计理论要素对科技环境的影响。国家审计理论要素对科技环境的发展主要体现在两个方面。一方面,国家审计通过其功能的发挥保障国家一系列支持科技发展的政策措施的贯彻落实;另一方面,随着国家审计功能的拓展,国家审计的对象和内容日益丰富,这对国家审计方法提出了更高的要求,对科技在国家审计程序中的应用提出了更多和更高的要求,促进了科技的转化和应用。

13.3 国家审计环境的变迁及其对国家审计的影响

基于公共受托经济责任观的国家审计环境理论主要探讨国家审计环境因素对国家审计保障和促进公共受托经济责任全面有效履行所产生的影响,以及对不断丰富和发展国家审计理论框架的要求。审计环境是审计理论与审计实践研究的逻辑起点,即审计环境因素在一定时空条件下的综合趋势为审计理论与审计实践研究的基本起点。这种综合趋势是环境在各种环境因素的积极作用和制约作用相互融合后表现出的一种基本的方向性的趋势,即审计环境影响审计行为,审计行为为了满足审计目标而不断发展,进一步推动审计理论的创新与完善。本研究对国家审计环境主要从政治环境、经济环境、法律环境、文化环境和科技环境五个视角进行剖析,探讨其对国家审计尤其是国家审计理论的影响。

13.3.1 政治环境对国家审计的影响

政治环境是环境因素中最为重要的影响因素。这主要是由于国家审计的本质目标是保障和促进公共受托经济责任的全面有效履行,其功能需要不断拓展,以满足国家治理的需求,而国家治理需求主要体现政治环境的影响。政治环境本身包括诸多方面,既包括宏观的政治环境,也包括审计体制的环境(微观的政治环境)。

(1) 宏观的政治环境的影响。国家是一个庞大而复杂的政治系统,时刻都与政治环境发生和保持着有机的联系,一方面政治环境直接对政治系统产生影响,另一方面政治系统亦对政治环境发挥作用。宏观的政治环境主要是指受国家政治系统影响的环境体系,如国体、政体,它们决定了国家审计在国家机构设计中的地位、机制和作用,既包括审计机关受谁领导、向谁汇报的问题,也包括向谁揭示审计问题、如何揭示、揭示程度如何的问题。从理论上看,宏观政治环境影响着国家审计本质、假设等基础。在中国特色社会主义国家审计理论体系中,政治环境中的制度优势,是国家审计理论的重要研究主题。国家审计机关首先是政治机关,服务于国家治理。在我国,国家的主人是人民,人民通过人民代表大会行使自己对公共资源的所有权。人民作为委托者,委托作为受托者的政府来管理和使用公共资源,从而有效地管理使用受托公共资源,这是委托者对受托者的必然要求,也是受托者必须履行的义务。

（2）微观政治环境的影响。在不同期间,国家审计为适应国家治理需求所作的及时调整会影响国家审计内部的运行机制,包括审计权限、审计重点、审计程序、审计方式等,并进一步影响审计目标、审计行为、审计规范等。首先,微观政治环境受宏观政治环境影响,是宏观政治环境的具体表现形式。我国国家审计模式是政党治理模式,是由执政党统一领导的,具有中国特色的审计组织模式,是我国制度优势的重要体现。加强党对审计工作的集中统一领导,这是我国政治环境对国家审计最重要的影响和重要保障。例如,中央审计委员会的成立有效地提升了国家审计的地位和作用。在党的组织体系上,国家审计组织服从中央的领导,向中央审计委员会报告工作,有利于审计工作的全面开展,依法全面履行审计监督职责,构建集中统一、全面覆盖、权威高效的审计监督体系。其次,微观政治环境在不同时期呈现不同特征,对国家审计理论框架里面三个圈层理论要素的发展产生不同影响。在不同时期,国家审计的职责被赋予了不同的重点,推动着第一圈层国家审计本质、假设和目标的发展。以审计目标为例,其从早期以合法性、真实性和效益性为重点,发展为更为全面的以防风险、增效益、促改革为目标。第一圈层理论要素的发展推动了第二圈层国家审计行为、功能和组织的发展。审计的目标在不断完善,对审计行为和功能提出了更高要求,为了实现不断发展的审计目标,审计类型在不断创新,经历了从财务审计、经济责任审计等,到政策执行效果审计、专项审计等,还有奥运审计、疫情审计、地方债务审计的过程。第二圈层理论要素的发展对第三圈层国家审计规范、方法和信息提出了进一步要求。例如,修订审计法、引用大数据技术等。

13.3.2　经济环境对国家审计的影响类型

经济环境对国家审计的一个重要影响是经济环境拓展了国家审计理论的广度和宽度。经济环境是指经济制度、经济结构、财政金融、商业产业、宏观调控手段、方法等影响审计活动的宏观经济状况。经济环境对审计具有深刻影响。经济环境影响经济行为,而经济行为是审计监督的重要内容。根据马克思主义唯物史观,经济基础决定上层建筑。因此,经济环境对审计行为的影响最终传导至审计内容、审计目标等,经济环境是影响审计活动的重要因素。

从经济环境对国家审计的影响来看,经济制度的变革往往会推动国家审计变革。从审计史的角度不难发展,审计最开始是以国家审计的形式出现的,根源在于在国家治理中,国家需要有人监督财政、考核官员。财政是国家经济的表现,不同的财政监督目标,对国家审计的功能拓展等有着不同需求。我国国家审计的发展正可证明这一观点。我国国家审计中,无论是西周的宰夫,或是西秦的上计,抑或隋唐的比部,无一不是为监督财政而设。中华民国设立了审计院。中国共产党在革命根据地也设立了审计制度。但是 1949 年以后,我国并没有设置独立的审计机构,1983 年才成立审计署。在社会审计方面,我国 1980 年开始恢复和重建注册会计师制度。这与我国从计划经济转向市场经济的历程有关,在计划经济阶段,经济环境不需要审计监督体系的独立存在。改革开放后,经济制度发生了一系列的变化,催生了不同的经济主体和监管部门。审计署于 1983 年成立是典型的经济环境影响国家审计的事件。审计制度是探讨审计理论的基础。国家审计机关最初是财政部的下属部门。1983 年,审计署依据宪法成立,审计署成为党和国家监督体系的重要组成部分,对财政、财务收支的真实、合法和效益性进行监督。由于国有企业的发展和对经济效益的追求,1985 年,黑龙江、吉林、安徽和江西等省的部分审计机关也开始探索对国营企业厂长(经理)开展离任审计,我国的经济责任审计雏形也由此产生。因此,经济环境影响审计理论发展的方向,是国家审计重要性的重要影响因素。

另外,经济体制决定了审计客体的范围及构成。在我国,关系国民经济命脉的相关行业大多有着国资背景,成为审计监督的重要对象,在审计全覆盖思想的影响下,国家审计每五年将会对审计对象实施全覆盖审计,有效地为国家治理提供经济发展的前沿数据和经济动态。首先,经济体制决定了审计客体的范围,也进一步决定了审计权限,影响着审计目标、审计行为等因素。国家审计与社会审计和内部审计的区别之一在于审计对象的差异,而不同的审计对象意味着不同的审计权限。我国有着规模大、范围广、涉及领域多的国有企业,国有经济是生产资料归国家所有的一种经济类型,是社会主义公有制经济的重要成分,是国家审计的被审计对象,这是我国国家审计区别于其他国家国家审计的重要方面。其次,经济体制也决定了审计对象和审计内容,在更深层次上推动审计理论的发展。国家的发展、人民生活水平的提高离不开经济的发展,伴随经济的不断发展,审计对象的类型、范围等也不断变化。例如,互联网经济下审计客体行为的变化,推动了国家审计的方法、组织方式等不断变化。最后,经济体制下审计客体的边界是影响审计功能变化的因素。审计有边界,审计的对象亦有边界。理解这一问题,需基于公共受托经济责任理论。国家审计的委托人是谁,需要代表谁的利益?在我国,委托人是人民,代表人民利益的行为需接受审计监督。虽然现阶段法律仅规定国家审计对国有企业的审计权限,那么对国家参股而非股制的企业,国家审计是否应加大审计监督力度？对于影响国民经济,掌握国民经济数据的非公有制互联网企业,是否需加大审计监督力度？对这一些问题的回答均需落脚于审计本质。

同时,经济环境的变迁推动了审计目标和审计内容的发展。在不同的经济发展阶段,监督重点和审计目标也在发生着变化。例如,我国国家审计由以前注重微观监督检查逐步向服务国家经济高质量发展转变;从注重经济发展规模的单项衡量到关注生态环境、自然资源等多维度的审计,这些均是不同的经济发展阶段给国家审计带来的挑战。

13.3.3 法律环境对国家审计的影响

法律环境对国家审计影响深远,法律环境决定了我国国家审计的权责和职能。国家审计是国家政治制度的重要组成部分,是依法用权力监督与制约权力的制度安排(刘家义,2012)。法律环境是指一国法律的完善程度、执法力度和社会的法律意识。

我国的法律制度属于大陆法系。大陆法系和英美法系在长期的发展完善中形成了各自的特点,两大法系的比较如表13-1所示。

表13-1 大陆法系与英美法系特点比较

大陆法系	英美法系
1. 以制定法特别是编纂法典为主要法律形式 制定法是大陆法系最主要的法律形式,也是大陆法系区别于其他法系的标准之一	1. 以判例法为主要法律形式 与大陆法系主要以制定法、法典法作为法律形式相反,英美法系的主要法律形式则是不成文法、判例法
2. 判例在法律上没有约束力 在大陆法系国家,法官一般并不从事创制法律的工作	2. "遵从先例"原则和司法优越地位 英美法系从其判例主义出发,产生了"遵从先例"原则。这一原则对法官的要求是,要求凡与前例相同的案例,必须做出同样的判决
3. 以实体法为中心 大陆法系则以实体法为中心,大陆法系的法学家一贯把他们的注意力集中于确定每个人的权利与义务,即法的实质性规定上面	3. 以诉讼法为中心 英美法系以诉讼法为中心,英美法系的法学家则集中注意力与程序问题,认为程序优于权利
4. 大陆法系是从罗马私法的基础上发展起来的,经过不断发展,大陆法系的私法显得非常精致,其他法律部门都是以私法为核心或迟或早发展起来的,形成了大陆法系以私法为基础,以宪法、民法、商法、刑法、行政法、刑事诉讼法、民事诉讼法等为主体的法律结构	4. 英美法系独特的法律结构 英美法系没有严格的公法和私法的划分。在英美法系几乎没有大陆法系法学家所习惯和熟悉的诸如民法、商法、行政法那样的法律分类,以及相应的法律概念

(续表)

大陆法系	英美法系
5. 注重抽象和演绎的法律观念与教育方法 大陆法系法律文化发展的关键在于立法人员的抽象和演绎	5. 注重具体和实际的法律观念与教育方法 英美法系国家法律文化发展的关键在于司法机关。司法机关通过判例发现和宣布法律,这些法律(判例)是对具体案件所做出的具体判断,里面所包含的能约束以后案件的规范只有在两个案件的具体事实大致相似的时候才能适用,这就要对各个具体因素详加分析比较,不然就无法适用

法的运行可以分为立法、执法、司法、守法、法律监督五个环节。其中执法、司法和守法可以合称为法的实施。历史上任何一种法律的制定都是在一定思想指导下进行的,社会主义国家制定法律的指导思想是马克思主义。社会主义法律文化是社会主义文化的组成部分之一,是由工人阶级为领导的广大人民群众的物质生活条件决定的,具有阶级性、人民性、社会性和科学性等属性,是新兴的法律文化,核心是马克思主义法学。我国的立法体制是一元的,全国只有一个立法体系,同时,又是多层次的。从广义上讲,根据享有立法权的主体不同,立法权可以划分为国家立法权、地方立法权、行政立法权、授权立法权等。国家立法权是立法体系中居于基础和主导地位的最高立法权,具体指全国人大及其常委会制定法律的权力。与之相对应,法律的位阶包括宪法、法律、行政法规、地方性法规、自治条例与单行条例、经济特区法规、规章等。

法律环境对国家审计的影响主要是通过约束审计活动体现的。法律环境对国家审计的作用主要体现在三个方面。

第一,国家审计的权限来自法律的授予。国家审计依法全面履行审计监督职责,审计机关靠制度提高管理和治理能力。法律体系明确界定的审计活动的权限和边界问题,成为审计活动的依据。审计工作的开展需要良好的法律环境和完善的法律体系保障,以发挥其在国家治理中的重要作用。在依法审计的要求下,法律成了审计活动约束的准绳,继而对审计行为、规范、信息等均产生一定影响。

2018年修订的宪法的第九十一条规定:"国务院设立审计机关,对国务院各部门和地方各级政府的财政收支,对国家的财政金融机构和企业事业组织的财政收支,进行审计监督。"宪法是我国的根本大法,具有最高的法律效力,任何法律不得与其规定相抵触,宪法是一切国家机关、社会团体和全体公民的最高行为准则。审计机关的设立、职责和独立性都由我国的根本大法宪法规定,即宪法为国家审计机关开展行政执法提供了强有力的法律根据。1994年审计法的颁布奠定了国家审计的法律基础,进一步规定了国家审计机关的领导体制。随后国务院制定并颁布了配套的行政法规审计法实施条例,对国家审计的实施提出了具体的操作方式和方法。与此同时,审计署又制定了财政收支审计规范、财务收支审计规范、专项审计调查规范、计算机辅助审计规范、审计人员管理规范、审计项目管理规范、审计结果管理规范、审计信息管理规范、指导监督管理规范等多个部门规章,细化了国家审计操作方式。我国逐步形成了宪法、审计法、审计法实施条例及部门规章等多位阶的国家审计法律法规体系,为审计机关更好地发挥监督功能,进而促进公共受托经济受托责任的全面有效履行,提供了坚实、可靠的法律基础,切实做到了有法可依。

第二,法律环境是保证审计质量的条件。法律明确遵循审计指南和相关法律法规的行为被认为是可靠的、正确的和审慎的。法律环境有效地为审计活动提供了标准,降低了审计风险。

我国绝大多数的法律法规属于成文法,具有明确的法条,法官在法律适用中经常运用演绎推理的方式,能够有效、准确地保证行使职权。政府和公众之间的委托代理关系并不是由普通的合约来约束和维护的,依靠的是具有强制力的法律。为了委托代理关系有效地运转,国家需要及时制定出符合社会主义现代化建设需要的各种法律,真正做到一切国家机关、企业事业单位的工作和公民的活动都有法可依、有章可循、有制度可遵守,以维护社会主义秩序。法律具有一定的稳定性,在一段时间内基本不会发生太大的变化。政府和公众之间的特殊社会契约一般只签订一次,不会出现反复签订的情形,与普通的社会契约相比,通过法律的形式对其进行明确,充分体现了国家审计中委托代理关系的严肃性。如果法律法规对审计机关的权力授权不明确,导致审计机关权责不匹配,没有办法实施惩罚性的措施,被审计部门将有恃无恐,这会对审计机关的公信力和权威性造成极大的冲击。法律法规明确的授权和强有力的惩罚机制改变了审计机关以前的被动局面,大大增强了审计机关的执法自信和执法的效力。

第三,法律环境为审计工作提供了较好的指引。法律环境的变迁,对于审计行为也起到了指导、约束和保障的作用,进而促进了审计理论的完善。不同时期的法律环境为国家审计提供了不同的指引。

社会经济环境日新月异,法律法规也需要不断地适应新的现实环境,但由于立法程序的严格性、人类认识的滞后性,法律法规的制定往往会落后于现实。也就是说,法律可能不适合现实,这会导致一些领域无法可依。环境审计、政策执行效果审计、经济责任审计等已成为国家审计机关的重要任务,在当前法律法规允许的情况下,审计署可以进一步细化部门规章,不断地总结实践经验,为将来法律的调整和修改提供基础。党的十八届四中全会提出,要完善审计制度,保障审计机关依法独立行使审计监督权,对公共资金、国有资产、国有资源和领导干部履行经济责任情况实行审计全覆盖。审计机关依法履行审计职责,充分发挥审计作用,全面推进依法治国,更好地服务于推进国家治理体系和治理能力现代化。审计制度是中国特色社会主义法治体系的组成部分,审计监督权是宪法确立的,审计的依据、程序和标准都是法定的,这就要求审计机关牢固树立法治理念和法治思维,严格依照法定权限、程序行使权力,做到依法审计、客观公正。

表13-2呈现了审计署历次工作发展规划中法治建设和结果公告制度的相关内容的一个纵向的对比。可以明显地看出,国家审计在不同的阶段与法律环境有着不同的互动。

表13-2　　　　　历次审计署工作规划中法治建设相关内容

	法制建设	结果公告制度
《审计署2003至2007年审计工作发展规划》	加强审计法制建设,规范审计行为	推行审计结果公告制度,充分发挥社会舆论监督作用
《审计署2006至2010年审计工作发展规划》	—	逐步健全科学规范的审计结果公告制度
《审计署2008至2012年审计工作发展规划》	强调加强审计法治化建设,修订国家审计准则,探索建立审计质量责任追究制度,防范审计风险	丰富和完善审计结果公告制度,探索建立特定审计事项阶段性审计情况公告、重大案件查处结果公告制度
《审计署"十二五"审计工作发展规划》(2011)	审计法治化建设。进一步完善中国特色审计法律规范体系,规范审计行为,推进依法审计	坚持和完善审计结果公告制度,逐步规范公告的形式、内容和程序,把对审计发现问题的整改情况作为审计结果公告的重要内容
《审计署"十三五"审计工作发展规划》(2016)	推进审计法治化建设。以保障依法独立开展审计监督为目标,坚持依法审计、文明审计,加强审计质量控制,强化对审计监督权运行的制约和监督,不断完善审计法律法规和内部规章制度体系,使审计工作有章可循、有规可依	加大审计结果和信息公开力度。完善审计机关政府信息公开工作规定和审计结果公告办法。除涉及国家秘密、商业秘密、个人隐私以及公开后可能危及国家安全、公共安全、经济安全和社会稳定的信息外,依法依规全面公告审计结果,推动被审计单位公告整改结果

(续表)

	法制建设	结果公告制度
《审计署"十四五"审计工作发展规划》(2021)	健全审计质量控制体系。推动审计法及其实施条例修订工作。加强全流程审计质量管控,建立与信息化相适应的审计质量控制体系,切实防范审计风险。编写、修订各专业领域的审计指南、法规向导,加强对审计工作的实务指引,加强对审计法律法规执行情况的检查,严格落实分级质量控制责任。发挥优秀审计项目对审计质量的示范引领作用	加强审计结果运用。建立健全各级审计机关之间审计结果和信息共享机制,加强审计结果跨年度、跨地域、跨行业、跨领域的综合分析,提炼普遍性、规律性、倾向性、苗头性问题,提出有针对性的意见建议。加大审计结果公开和审计整改情况公告力度。强化与其他监督部门和主管部门的沟通协调,健全完善重大问题线索移送和重要问题转送机制

注:根据审计署网站公开资料整理。

13.3.4 文化环境对国家审计的影响

文化环境影响我国国家审计理论的内涵和特色。文化是一种历史现象的传承,是社会形态的凝练。文化对行为的影响是潜在的、深远的,也是根本的、无法回避的。中国拥有五千年的文明历史,文化源远流长。中国文化对审计行为的影响更具多元性。文化环境对审计行为具有约束、引导、凝聚等影响。

群体效应的职业荣誉感和职业价值观。精神是价值观、人生观和世界观的总结。审计精神在长期的锤炼和打磨中已经成为尽职、尽责、无私、廉洁、奉献的代名词。在群体效应的影响下,审计群体的价值观逐步形成了,成为审计职业的组织文化,潜移默化地指引、约束着审计人员的行为。这种职业的荣誉感以及职业价值观潜在影响着审计行为,也塑造了审计职业的良好形象。

群体价值的约束作用。文化环境的约束作用在于通过建立有形和无形的约束机制,促进审计人员思想和行为的统一。一方面,这种约束影响审计人员职业道德。审计人员的独立性、专业胜任能力和使命,促使其自身接受职业道德约束,而职业道德准则也很好地成为外在的强制要求。另一方面,这种约束影响群体价值观的形成。审计职业群体对行为有着一致的认知,一旦脱离行为的标准,容易被群体所排斥,因此,群体的价值观更利于审计人员约束个人行为,最终实现群体行为的一致性。群体职业价值观会进一步影响审计行为。价值观对行为做方向性指引,逐步形成被广泛接受的道德观念,且这一过程不断循环往复,形成"观念→行为→观念"的循环,最终搭建起审计群体的职业道德和职业价值观。

群体文化的凝聚和激励。群体文化的形成需要一个漫长的过程,但是一旦形成,可以成为群体的核心竞争力。群体对于价值观的认可,可以有效地促进个体行为与群体行为无限趋同。审计人员对职业的精神追求、服务国家治理的愿望,可以逐步引导其更好地实现审计目标,而这种价值观是高尚的,是不可撼动的。群体文化同样具有激励作用,其激励作用在于对审计个体热情和潜能的激发,有利于激励审计人员突破难关,积极向上,这种自我激励和群体激励的驱动力,促使审计群体不断推动审计事业蓬勃发展。

核心价值观是文化的重要组成部分,国家审计作为服务于国家治理的重要力量,更需要以核心价值观为方向,指引国家审计行为。审计文化建设一直以来也是国家审计规划的重点。《审计署"十二五"审计发展规划》和《中共审计署党组关于加强审计文化建设的意见》提出了"责任、忠诚、清廉、依法、独立、奉献"的审计人员核心价值观。2018年5月,习近平总书记在中央审计委员会第一次会议上发表的重要讲话中提出"以审计精神立身,以创新规范立业,以自身建设立信"。

13.4.5 科技环境对国家审计的影响

科技环境对国家审计理论的影响主要是扩大了国家审计理论的外延。科技环境的变化根源于科技的持续进步,而科技进步是生产工具发展的重要标志,不断推动着生产力的变革。科技进步促进了审计技术的提高,改变了审计行为的模式和特征,对审计方法理论和审计行为理论等影响较为深远。科技作为环境的重要组成部分,成为提高审计效率的重要手段,也倒逼着审计技术的发展。"科技强审"的理念正是科技环境影响审计的重要体现。中央审计委员会第一次会议指出,各地区各部门特别是各级领导干部要及时、准确、完整地提供同本单位本系统履行职责相关的资料和电子数据,不得制定限制向审计机关提供资料和电子数据的规定,已经制定的要坚决废止。

科技的进步对国家审计的影响主要来自两个方面,既包括被审计单位信息技术水平提高带来的对审计要求的提升,也包括科技进步带来的审计效率提高。

科技进步推动了被审计单位信息技术的发展,提高了对审计的要求。从审计功能的视角来看,由于技术进步,国家审计的审计对象、审计内容一直在不断丰富,为了满足审计目标的实现,审计功能不断拓展。科技的进步提高了会计信息的记录方式,从纸质凭证到会计信息系统,会计数据的电子化推动了审计资料电子化的发展。同时,随着互联网技术的发展,一批新型的被监督对象,包括新型的互联网企业、新型的发展模式涌现,这倒逼着审计功能不断拓展,只有这样,审计才能进一步揭示重大的问题和风险,有效实现审计目标。随着审计功能的拓展,审计的组织模式、审计规范等均随之完善,这就是科技环境对国家审计理论框架其他圈层理论要素的作用路径。

科技进步提高审计效率。"向大数据要效率"是近年来审计改革的重要和重点内容。在科技进步的推动下,科技强审的理念深入人心。科技进步不仅加快了被审计对象的发展速度,也提高了审计的工作效率。科技的进步在不同时期,被赋予了不同的意义。从计算机技术的应用,到大数据分析、卫星遥感、可视化等技术的引入,国家审计的技术也在发生着不同的变化。

科技进步虽然不足以影响国家审计理论框架第一圈层中国家审计本质理论、国家审计假设和国家审计目标理论的变化,但是却可以通过作用于第二圈层的国家审计行为理论,推动国家审计功能理论、国家审计组织理论,以及国家审计理论框架第三圈层的国家审计规范理论、国家审计方法理论和国家审计信息理论的发展。尤其是对国家审计方法理论的影响,是更为突出和明显的。例如,地理信息技术和数据分析平台技术对国家审计的影响很大。地理信息技术已经广泛运用到了国家审计的资环审计中。国家审计人员不仅可以通过GIS技术对已有的国家地质数据库、水土保持、江河流域规划、水资源保护等进行分析,判断规划审批的延续性和可行性,也可以分析城市规划选址、市政道路规划与管理等。现有的地理信息技术还有很多,如全球定位系统(GPS),这些技术在国家审计中的运用,不仅提高了审计效率,也增加了数据资料的完整性和准确性,最大限度地减少了审计人员延伸审计的时间。

14 国家审计理论框架的中国特色

中国特色社会主义国家审计制度是国家审计与中国实际相结合的产物,即在中国特色社会主义制度下所形成的国家审计相关制度安排的总称。本书提出的包含"一个原点、四个圈层"的圈层结构式国家审计理论框架极具中国特色。

与其他国家的国家审计相比,中国特色社会主义国家审计基于审计权限的不同,在审计对象、审计目标、审计功能等方面均有所不同。结合本卷的研究思路,本章从国家审计本质理论、国家审计假设理论、国家审计目标理论、国家审计行为理论、国家审计功能理论、国家审计组织理论、国家审计规范理论、国家审计信息理论、国家审计方法理论和国家审计环境理论十个方面对国家审计理论框架呈现出的中国特色进行总结。

14.1 国家审计本质理论的中国特色

关于国家审计的本质,本书的主张是经济控制论——国家审计是确保公共受托经济责任得以有效履行的经济控制行为。国家审计人员就其在对受托人进行审计的过程中所发现的问题直接进行处理、处罚,同时将公共受托国家审计人员责任履行情况的信息反馈给委托人,由委托人进行判断和实施纠偏,发挥信息在系统运行控制中的重要作用。本书之所以主张经济控制论,是因为其内涵更具中国特色。

14.1.1 经济控制论的中国特色之一——控制方式的全面完整性

前文分析指出,若在审计中发现公共受托经济责任履行不符合相关要求,国家审计机关在有处理权和无处理权两种情况下控制方式有所不同。与大多数国家不同,我国审计机关在发现与公共受托经济责任履行不符合相关要求时,可以通过其拥有的责令纠正和改进权、处罚权、采取强制措施权等对未被恰当履行的公共受托经济责任进行直接控制;同时,还可以利用其所拥有的移送权、建议处分权、提请协助权等实施间接控制。

14.1.2 经济控制论的中国特色之二——控制措施的层层递进和设计的合理性

一般情况下,审计机关拥有责令纠正和改进权,在被审计单位财政收支、财务收支行为不符合国家规定时,可以对其进行纠正和处理,可采取的措施包括责令被审计单位限期缴纳应当上缴的款项、退还被侵占的国有资产、退还违法所得等。发现严重违规事项时,审计机关可以根据其所享有的处罚权对违规被审计单位采取处罚措施,如通报批评、给予警告、罚款、没收违法所得及其他处罚措施。在面对更严重的违规行为时,审计机关可以利用制止违法行为、封存资料或资产等的强制措施权对被审计单位采取强制措施,有效制止其违法行为,保护国家利益。我国国家审计所实施经济控制措施在不同公共受托经济责任未被恰当履行情形时存在不同,这体现了措施的层层递进性;在不同公共受托经济责任未被恰当履行情形时,控制措施具体内容也有所不同,并且各种具体控制措施都以尽可能保护国家利益为原则,这体现了措施设计的合理性。

14.2 国家审计假设理论的中国特色

14.2.1 公共受托经济责任关系假设

公共受托经济责任关系假设是国家审计假设理论的主要内容之一。公共受托经济责任的内涵与时俱进,并与新时代中国特色社会主义紧密结合。

国家审计的本质目标是保障和促进公共受托经济责任的全面有效履行。国家的一切权力属于人民,国家拥有的一切资源,均属于人民所有。因此,基于公共受托经济责任,人民是委托方,政府是受托方,依法接受审计机关监督,确保一切公共资源被合理利用,各项权力平稳运行。

党的十八大以来,以习近平同志为核心的党中央把审计监督作为权力制约与监督体系的重要一环,高度重视发挥审计在权力制约与监督中的重要作用。完善审计制度,保障审计机关依法独立行使审计监督权,要求对公共资金、国有资产、国有资源和领导干部履行经济责任情况实行审计全覆盖,这既是国家审计确保公共受托经济责任全面有效履行的具体体现,也是新时代中国特色社会主义对国家审计的必然要求。

14.2.2 独立性假设

独立性假设是国家审计假设理论的又一主要内容。在新时代下,享有高度的独立性是国家审计保障和促进公共受托经济责任全面有效履行的坚强后盾。

独立性是国家审计之魂,国家审计的独立性是由法律法规保障的:一是审计机关依法设立,根据审计法第二条的相关规定,我国实行审计监督制度,在国务院和县级以上地方人民政府设立审计机关;二是审计机关依法开展审计,根据审计法第二条和第三条的相关规定,被审计单位具有依法接受审计的义务;三是审计机关依法独立行使职权,根据审计法第五条和第七条的相关规定,审计机关依照法律规定独立行使审计监督权,不受其他行政机关、社会团体和个人的干涉。审计机关作为监督部门,应以自身建设立信。审计机关自身的建设和管理是其依法有效履行监督职责的前提和保障,是维护审计工作的独立性、客观性和公正性的内在要求。

14.3 国家审计目标理论的中国特色

14.3.1 国家审计目标与时俱进

国家审计的本质目标是保障和促进公共受托经济责任的全面有效履行。在新时代,国家审计的目标与时俱进并有所拓展。

随着我国经济的发展,公共受托经济责任的内涵和外延也在不断拓展。其中,对行为责任和报告责任的要求不断提升促使国家审计的目标随之不断完善。目前,国家审计目标主要有以下拓展:维护经济安全,监督与制约公共权力运行,推进民主政治,服务国家治理,促进经济高质量发展,以及服务重大风险防控。党的十九大提出改革审计管理体制,强调"构建党统一指挥、全面覆盖、权威高效的监督体系,把党内监督同国家机关监督、民主监督、司法监督、群众监督、舆论监督贯通起来,增强监督合力"。这是为了从根本上确保国家审计本质目标的实现,并不断丰富和拓展国家审计的具体目标,进而实现国家良治。

14.3.2 实现国家审计目标的落脚点

实现国家审计的本质目标,最终落脚点在于服务国家治理,实现国家良治。

国家审计是宪法和法律确定的一项基础性制度安排,是国家治理体系的重要组成部分。国家审计通过其独立、客观、公正的监督、评价与鉴证,为国家治理体系中的其他子系统规范和高效运转提供了重要保障;其全面性与专业性是推动国家治理体系和治理能力现代化的不可或缺的保障,可以促进国家治理的拓展功能的发挥。国家审计产生于公共受托经济责任关系的确立,它作为一种特殊的经济控制,通过发挥监督、评价等功能,促进国家治理的完善,推进民主政治的建设,确保公共权力的阳光运行,促进公共资源的合理有效配置,妥善处理或均衡各方的利益诉求等。

14.4 国家审计行为理论的中国特色

14.4.1 国家审计行为的全国联动

我国国家审计行为能够全国联动,实现全国一盘棋,大力开展上级审计机关统一组织的项目,体现了中国特色社会主义制度的优势。

2018年5月,习近平总书记在中央审计委员会第一次会议上强调要加快形成审计工作全国一盘棋。国家审计机关的审计项目构成主要包括上级审计机关统一组织项目、自行安排项目和授权审计项目等。国家审计大力开展上级审计机关统一组织的项目,可以形成全国性或区域性的统一审计行为,能够集中全国或区域审计机关力量对政府高度重视、群众普遍关心、经济发展迫切需要的事项进行集中审计,发挥国家审计整体合力。

当开展上级审计机关统一组织项目审计时,审计机关需要预先编制审计工作方案,控制项目的质量,保障较大范围的国家审计行为统一有效。统一的国家审计行为体现了中国特色社会主义制度优势——能够在党的领导下集中力量办大事。

14.4.2 国家审计行为的"全覆盖"

国家审计行为的对象和内容"全覆盖"体现了中国特色社会主义对审计监督的需求与力度。

国家审计行为面向的审计对象及国家审计行为内容具有全面性特征。2015年11月,中共中央办公厅、国务院办公厅印发的《关于完善审计制度若干重大问题的框架意见》及相关配套文件明确指出:对公共资金、国有资产、国有资源和领导干部履行经济责任情况实行审计"全覆盖"。理论上,公共受托经济责任延伸覆盖到哪里,国家审计就应跟进到哪里。这也是国家审计实施、实现"全覆盖"的重要理论基础。国家审计的本质目标是保障和促进公共受托经济责任的全面有效履行,国家审计对象和内容基本涵盖国家经济、政治、文化、社会、生态文明治理的各个领域。

国家审计行为对象和内容的"全覆盖"体现了中国特色社会主义对审计监督的需求与力度。中国特色社会主义制度以人民为中心,需要对全部的公共受托经济责任进行审计监督;同时,在党的统一领导下,国家审计能够实现全面覆盖的审计力度。

14.4.3 在党的领导下实现党内协同

国家审计将党的领导干部涉嫌违纪的问题线索向党组织报告并按规定移送相关纪律检查机关,体现了中国共产党领导下的党内协同。

中共十八届六中全会通过的《中国共产党党内监督条例》强调："审计机关依法进行审计监督……审计机关发现党的领导干部涉嫌违纪的问题线索,应当向同级党组织报告,必要时向上级党组织报告,并按照规定将问题线索移送相关纪律检查机关处理。"

国家审计行为包括审计报告行为,审计机关对审计中发现的违法违规行为,在审计机关的法定职权范围内的,审计机关可以作出处理,出具审计决定书。对超出审计机关法定处理权限的,需要依法移送其他有关主管机关或者单位的事项,审计机关还应当出具审计事项移送处理书。对审计发现的党的领导干部相关问题,审计机关需要向党组织报告。这些都体现了中国特色社会主义制度下党对审计工作的全面领导,审计监督协同其他组织的监督形成了党内监督合力。

14.5 国家审计功能理论的中国特色

14.5.1 监督与制约公共权力的功能突出

我国的国家审计被视为党和国家权力制约和监督体系的重要一环,其监督与制约公共权力的功能得到高度重视。

公共经济权力决定着公共资金和公共资源的运用,政府部门需要有效行使公共经济权力,全面有效履行公共受托经济责任。公共经济权力的寻租会带来私人利益,即公共经济权力异化会形成腐败,而腐败治理则需要强有力的监督与制约机制。国家审计的本质目标是保障和促进公共受托经济责任的全面有效履行。国家审计通过监控公共经济权力的运行,及时发现违法犯罪现象,搜集犯罪线索证据并移送相关部门处理,实现监督与制约公共权力的功能,有效治理腐败。

党的十八大以来,以习近平同志为核心的党中央高度重视发挥审计在权力制约和监督体系中的重要作用,并在党的十八大及中共十八届三中、四中、五中、六中全会上对审计监督提出明确要求。

14.5.2 宏观管理功能突出

我国的审计机关被列入宏观管理部门,国家审计的功能拓展到维护经济安全、推进民主政治和服务国家治理等方面,体现了其宏观管理功能。

中共十九届三中全会通过的《中共中央关于深化党和国家机构改革的决定》在"优化政府机构设置和职能配置"部分强调,构建统一高效的审计监督体系,实现全覆盖。

国家审计维护经济安全,主要以政策跟踪审计、财政审计以及对国有企业和金融机构进行审计等方式开展。我国的国家审计从保护人民群众的根本利益出发,通过对一系列民生项目的审查,促进民生政策措施的落实,保障和改善民生权益,推进民主政治。国家审计在国家治理体系中起着权力制衡的重要作用,服务国家治理成为国家审计的一项重要功能。

14.5.3 体现中国特色社会主义治理观

国家审计的监测、预防、预警、控制及修复等作用方式,实质上体现了"常态化经济体检"和"查病、治已病、防未病"的中国特色社会主义治理观。

在新时代中国特色社会主义制度背景下,审计工作不仅要"查病",更要"常态化经济体检"和"查病、治已病、防未病",要通过审计发现问题,更要积极推动问题整改长效机制的建立,完善体制机制,发挥审计的建设性作用。

具体而言,国家审计在监控活动中,通过五种具体的作用方式——监测、预防、预警、控制及修复,发挥国家审计功能,最终保障和促进公共受托经济责任的全面有效履行。国家审计的各类拓展功能的发挥依赖于国家审计行为的作用方式。其中,监测是基本层次的作用方式,是其他作用方式赖以有效发挥的基础;预防、预警、控制及修复属于衍生层次的作用方式,是监测有效发挥作用的结果。这五种作用方式,实质上体现了"常态化经济体检"和"查病、治已病、防未病"的中国特色社会主义治理观。

14.6 国家审计组织理论的中国特色

14.6.1 政党治理模式

我国国家审计组织的组织模式为政党治理模式,即由执政党统一领导的国家审计组织模式。

政党治理模式是具有中国特色的国家审计组织模式,是我国制度优势的重要表现形式。国家审计组织模式并非固定不变,而是随着国家治理需求不断完善。2018年2月,中共十九届三中全会提出组建中央审计委员会,优化审计署职责。中央审计委员会主要职责包括研究提出并组织实施在审计领域坚持党的领导、加强党的建设方针政策等。2021年修订的审计法第二条规定:"国家实行审计监督制度。坚持中国共产党对审计工作的领导,构建集中统一、全面覆盖、权威高效的审计监督体系。"因此,加强党对审计工作的集中统一领导,是我国审计组织模式的重要特征。中央审计委员会的成立也有效地提升了国家审计的地位和作用。在党的组织体系中,审计工作服从中央的领导,向中央审计委员会报告工作。在行政管理体系上,审计工作服从国务院总理的领导,向国务院总理报告工作。审计地位的提升,有利于审计机关全面开展审计工作,依法全面履行审计监督职责。

14.6.2 双重领导体制

根据《审计法》相关规定,地方审计机关接受本级人民政府和上一级审计机关的双重领导[①]。在业务上,地方审计机关接受上一级审计机关的指导,向其负责并报告工作,提高了国家审计机关的独立性,也有利于中央与地方审计机关统筹审计力量,协作开展审计项目。在行政上,地方审计机关在干部任免、项目开展等方面接受本级人民政府领导,亦向其报告工作,这有利于国家审计更好地服务于国家治理。地方审计机关围绕政府工作重心,组织实施审计项目,监督公共经济权力运行,促进公共受托经济责任的全面有效履行,进一步服务于国家治理。

14.6.3 强化监督与相互监督

国家审计是党和国家监督体系的重要组成部分,同时也受其他监督体系的监督,以保证审计权力的有效运行。

我国的审计机关接受中共中央纪律检查委员会的监督。中共中央纪律检查委员会通过设置驻审计署纪检组、任命审计署党组成员和纪检组组长等方式,强化对审计机关的监督。同时我国采取中央巡视、署内巡视等多种方式的监督,以确保审计权力的有效运行。另外,各级党组织以党员教育为手段,强化审计队伍素质,积极开展党组织生活,提高审计队伍凝聚力。例如,各级机关企事业单位定期开展组织生活,强化党员教育,开展批评与自我批评,一方面可以有效成为审计队伍内部沟通的有效方式,另一方面可以及时发现审计工作中存在的不足和问题,进一步促进审计工作的有效展开。

14.7 国家审计规范理论的中国特色

14.7.1 贯彻落实"三个区分开来"[②]

我国国家审计保持客观公正的审计立场,坚持依法审计,贯彻落实"三个区分开来"。

独立性是审计的灵魂,客观公正是审计职业道德的要求。坚决贯彻落实依法审计,就是严格在宪法、审计法的授权范围内实施审计监督,这是我国国家审计重

---

① 2021年修正的《中华人民共和国审计法》第九条规定:地方各级审计机关对本级人民政府和上一级审计机关负责并报告工作,审计业务以上级审计机关领导为主。

② 习近平总书记在2016年省部级主要领导干部贯彻党的十八届五中全会精神专题研讨班上的讲话中指出,要把干部在推进改革中因缺乏经验、先行先试出现的失误和错误,同明知故犯的违纪违法行为区分开来;把上级尚无明确限制的探索性试验中的失误和错误,同上级明令禁止后依然我行我素的违纪违法行为区分开来;把为推动发展的无意过失,同为谋取私利的违纪违法行为区分开来。

要的规范特征。根据法律授权,审计权力有一定边界,审计评价有一定标准,要始终做到法定职责必须为,法无授权不可为。在"三个区分开来"中,注重判断违规主体的主观意愿,尊重历史客观情况,以期得到正确审计结论,这是我国审计规范理论的重要特色之一。

14.7.2 系统、健全的国家审计规范体系

我国国家审计形成了系统、健全的国家审计规范体系。

立法是执法的基础,完善的法律体系是审计监督的重要保障。我国有着完善的审计规范体系,包括党和国家有关方针和政策,法律、法规、规章和其他规范性文件,党内法规,国家和行业的技术标准等。其中,党和国家有关方针和政策以及党内法规①作为审计依据,是审计规范的重要组成部分,这是中国审计规范体系的重要特色。例如,经济责任审计的依据中,就有由中共中央办公厅、国务院办公厅印发的《党政主要领导干部和国有企事业单位主要领导人员经济责任审计规定》,这正是这一特色的重要体现。

14.8 国家审计信息理论的中国特色

国家审计信息理论中最能体现中国特色的内容在于国家审计结果信息报告制度与公告制度。

14.8.1 国家审计结果信息报告制度

我国国家审计结果信息报告制度与世界上大部分国家的报告制度不同,我国走出了一条有中国特色的国家审计结果信息报告之路。

世界上不同国家的国家审计结果信息报告制度不尽相同,具体体现为报告的对象、报告的内容等不同。我国审计机关的报告制度可以分为两大部分:审计组的报告和审计机关的审计公告。审计组的报告由审计机关派出的审计组在实施审计后编制,其对外不具备法律效力。审计机关的审计公告是审计机关在审计组的报告基础上编制的,其报告对象是外部单位,对外有法律效力。

14.8.2 国家审计结果信息公告制度

我国国家审计结果信息对外披露采用的是公告制度,与其他国家审计结果信息披露制度存在差异,这一制度安排也体现了中国特色。

---

① 《中国共产党党内法规制定条例》第三条规定:"党内法规是党的中央组织,中央纪律检查委员会以及党中央工作机关和省、自治区、直辖市党委制定的体现党的统一意志、规范党的领导和党的建设活动、依靠党的纪律保证实施的专门规章制度。"

不同审计模式下的审计结果信息公告制度各不相同。以美国为代表的立法型审计模式的公告惯例是：审计报告可以在参众两院召开的听证会上公开，记者和公众皆可参加，并可审查审计报告。以法国为代表的司法型审计模式的公告惯例是：在向议会和总统呈交年度审计报告的同时在官方报纸上向公众公布年度审计报告。以德国为代表的独立型审计模式的公告惯例是：德国联邦审计院在向议会和政府提交审计报告之后，按年度将年度审计报告的重点内容向社会公布。以巴基斯坦为代表的行政型审计模式的公告惯例是：审计长公署经财政部负责人批准后公布年度审计报告。在我国，《中华人民共和国国家审计准则》第一百五十七条规定："审计机关依法实行公告制度。审计机关的审计结果、审计调查结果依法向社会公布。"我国国家审计结果公告会基于不同信息特征，在综合考虑保密性、市场反应性等特征的前提下，选择不同的公告边界和范围。这样做是考虑到过量的信息会增加阅读成本和公众对信息的使用效率和效果。我国国家审计结果信息公告制度综合考虑众多因素，权衡社会和公众收益与成本，极具中国特色。

14.9　国家审计方法理论的中国特色

14.9.1　运用大数据审计方法，向大数据要资源，提高审计效率

审计资源具有稀缺性，如何在现有条件下，统筹审计资源，成为各国审计机关面临的重要议题。在我国，向大数据要资源成为提高审计效果的重要方法。我国的大数据审计在世界范围内处于较为领先的水平，我国审计署审计长担任了国际审计组织大数据工作组的主席。我国大数据审计的优势众多：在数据内容上，拥有多维度的数据基础，为跨数据来源分析打好基础；在数据技术上，采用数据平台形式，将多维度数据合并，有利于及时发现审计线索；在审计权限上，审计机关拥有查阅多部门数据的权力，打破了监管部门之间的行政壁垒，有利于揭示部门之间的制度性、体制性问题，进而提高审计效率。

14.9.2　促进审计问题整改，推动解决问题，加强审计效果

我国审计制度要求审计机关建立审计整改检查机制，督促被审计单位和其他有关单位根据审计结果进行整改。审计组在审计实施过程中应当及时督促被审计单位整改审计发现的问题；在出具审计报告后，也要及时检查被审计单位的整改情况，部分单位的审计整改情况需对外公布，公众可通过公开渠道查询；对于定期审计项目，审计机关在结合下一次审计中检查或者了解被审计单位的整改情况。我国采取了一系列措施来敦促审计整改，涉及审计实施中、审计实施后等不同阶段，这是因为揭示问题是审计的

基本职能;但是审计还应该深入分析问题背后的体制、机制和制度问题,提出解决方案,推动问题整改,真正实现"查病、治已病、防未病",这才是审计的根本目的。

14.9.3　开展领导干部经济责任审计,促进权力规范运行

经济责任审计是我国特有的审计类型,2019年7月中共中央办公厅、国务院办公厅印发的《党政主要领导干部和国有企业领导人员经济责任审计规定》规定,经济责任,是指领导干部在任职期间,因其所任职务,依法对本地区、本部门(系统)、本单位的财政收支、财务收支以及有关经济活动应当履行的职责、义务。领导干部履行经济责任的情况,应当依法接受审计监督。经济责任审计具有典型的中国特色,即党政同责、同责同审,根据领导干部的具体岗位和分管领域,科学确定审计内容和评价标准。审计内容不仅涉及财政、财务收支的真实性、合法性和效益性,还包括贯彻国家的政策方针、经济决策等方面的内容。实践中,审计机关将资源环境审计与经济责任审计有机地结合在一起,是对经济效益、社会效益和环境效益的多维度评价。

14.10　国家审计环境理论的中国特色

14.10.1　坚持和加强党对审计工作的集中统一领导

坚持和加强党对审计工作的集中统一领导,是中国特色社会主义国家审计政治环境的体现。

坚持和加强党的领导是做好审计工作的根本保证,是中国特色社会主义审计制度最本质、最鲜明的特征。审计机关首先是政治机关,我国国家审计能够不断取得新成绩,根源在于坚持习近平新时代中国特色社会主义思想的指导,在于党中央、国务院的坚强领导。这是根本性、方向性的问题。中央审计委员会的成立提高了国家审计的权威性和独立性。党对审计工作的集中统一领导,是审计权力的重要保障,是审计事业的政治方向,是审计资源的统筹力量,有利于发挥审计在党和国家监督体系中的重要作用。

14.10.2　国有经济主体成为国家审计实施经济监督的重要对象

国有经济主体成为国家审计实施经济监督的重要对象,是中国特色社会主义国家审计经济环境的体现。

审计功能的发挥离不开审计对象。习近平总书记指出,审计监督首先是经济监督。经济监督的客体是广泛的经济主体,其中,国有经济主体成为审计实施经济监督的重要对象。根据审计法第二十二条中的相关内容,"审计机关对国有企业、国有金融机构和国有资本占控股地位或者主导地位的企业……进行审计监督",在

我国,国有资本占控股地位或者主导地位的企业、金融机构涉及各行各业,这决定了审计机关对相关领域和行业均拥有审计权限,成为发挥审计在党和国家监督体系中的重要作用的具体途径。

14.10.3　完善的法律制度体系,充分的审计授权

完善的法律制度体系给予国家审计充分的审计授权,是中国特色社会主义国家审计法律环境的体现。

依法审计是我国国家审计的重要特色,而依据法律授权开展审计是重要一环。在我国,审计机关拥有广泛的审计授权,不仅对国有资本占控股地位或者主导地位的企业、金融机构,而且对相关的监管机构也有相应的审计权限。这使审计机关既可以纵向揭示政策落实情况,又可以横向了解各部门的监管冲突与监管壁垒,使我国国家审计揭示问题相比于其他行业监管部门更具优势。

14.10.4　坚持立身、立业、立信,注重审计机关建设

坚持立身、立业、立信,注重审计机关建设,是中国特色社会主义国家审计文化环境的体现。

立身、立业、立信是审计机关建设的重要途径。习近平总书记对国家审计提出"以审计精神立身、以创新规范立业、以自身建设立信"的总要求。我国审计机关自觉坚持习近平新时代中国特色社会主义思想指挥审计工作,打造审计铁军。同时,审计人员加强党性修养,以党纪党规、组织生活、党员学习等方式,深入开展党员的廉洁自律教育,提高审计人员素质和职业道德,成为我国审计人员塑造审计精神的重要方式。

14.10.5　坚持科技强审

坚持科技强审是中国特色社会主义国家审计科技环境的体现。科技环境推动了我国国家审计理论的外延拓展和变迁。科技环境的变化根源于科技的持续进步,而科技进步是生产工具发展的重要标志,不断推动着生产力的变革,引导着审计技术的提高,改变了审计行为的模式和特征,对审计方法理论和审计行为理论等影响较为深远。科技作为环境的重要组成部分,成为提高审计效率的重要手段,也倒逼着审计技术的发展。"科技强审"的理念正是科技环境对审计产生影响的重要体现。中央审计委员会第一次会议指出:"各地区各部门特别是各级领导干部要及时、准确、完整地提供同本单位本系统履行职责相关的资料和电子数据,不得制定限制向审计机关提供资料和电子数据的规定,已经制定的要坚决废止。"我国也在金融审计、财政审计、自然资源与生态环境审计等类型中积极运用卫星遥感、可视化分析、模型提炼、预警监测等技术。

附 录

附录1　国家审计理论基本概念

1961年,罗伯特·莫兹教授和他的学生侯赛因·夏拉夫在合著的《审计哲学》(*The Philosophy of Auditing*)中首次把审计视作一门科学,勾画出审计理论的基本架构,开拓了审计理论研究的先河。《审计哲学》一书借鉴哲学、逻辑学、法学、史学、数学等方面的知识,从多个角度全面、系统、综合地提炼出了审计科学的五个基本概念:审计证据、应有关注、公允表达、独立性、道德行为。

随着事物的不断发展变化,随着人们对审计认识的不断深入以及对审计理论研究的不断深化,审计的基本概念得到进一步完善与拓展。本研究将国家审计基本概念拓展为十个,包括:公共受托经济责任、独立性、正当怀疑、国家利益、国家治理、监控机制、审计证据、应有关注、公允表达与合理保证。

1. 公共受托经济责任

1) 含义

公共受托经济责任是指政府及其部门按照特定的要求和原则,经营和管理受托公共经济资源并报告其经营和管理状况的义务。

国家审计以公共受托经济责任关系的存在为前提,国家审计以保障和促进公共受托经济责任全面有效履行为本质目标。一国政府是一类特殊的特大型的复杂组织,因接受人民的委托,经营和管理包括公共资金、国有资产和国有资源在内的公共经济资源,而成为公共受托经济责任的组织载体。国家治理的核心要义就是国家要对人民负责,即全面有效地履行好公共受托经济责任。

现有国家审计工作实践中,国家审计工作重点关注的国家重大措施贯彻落实情况,公共资金、国有资产、国有资源的管理分配使用情况,以及领导干部经济责任、自然资源资产管理和生态环境保护责任,都是公共受托经济责任的应有内容和重要内容。

理论上,公共受托经济责任延伸覆盖到哪里,国家审计就应跟进到哪里。这是国家审计实现、实施审计全覆盖的重要理论基础。

2) 作为基本概念的理由

公共受托经济责任应该成为国家审计的核心概念。著名审计学者 David Flint 认为,作为一种几乎普遍的真理,凡是存在审计的地方,就一定存在受托经济责任关系。此种关系的存在是审计的前提,可能还是最重要的第一前提。

著名审计学者 Tom Lee 也认为,要求人们的行为对他人负责是人类活动的一个共同特征,正是这一特征构成从古至今审计功能之基础。在此意义上,审计正是作为强化受托经济责任过程的手段而被运用的。

美国《政府审计准则》开篇就指出,GAO 的审计和准则制定是建立在公共受托经济责任关系基础上的。

2. 独立性

1) 含义

独立性是指审计行为活动必须具有和保持独立性,必须秉公实施检查、调查,并揭出客观公正的专业判断,做出专业报告,这是审计行为活动区别于其他行为活动最重要的特征,是审计的灵魂和生命线。在国家审计中,独立性是指审计机关必须依法独立地开展审计工作,不受外来的干扰和影响,特别是不受来自行政部门的干扰和影响。

独立性包括两个层面的含义:一是内在独立性(也称精神态度上的独立性),指实施审计行为活动的主体必须在精神态度上保持客观公正的立场,得出公正无偏的判断、意见和报告;二是外在独立性(也称形式上的独立性),指审计机关必须具备组织地位独立、经济基础独立、工作过程独立和伦理关系独立的条件,不受外来干扰和影响。

2) 作为基本概念的理由

独立性是国家审计中重要的基础概念。1961 年,罗伯特·莫兹教授在他和学生侯赛因·夏拉夫合著的《审计哲学》(*The Philosophy of Auditing*)中提炼出的审计科学的五个基本概念包括独立性,而且他们认为独立性是审计的灵魂。

1977年,世界审计组织第9届大会发布的"利马宣言——审计规则指南"(简称"利马宣言")在导言中指出:"每个国家都必须设置一个其独立性受法律保障的最高审计组织。"并在第二章聚焦独立性,重点阐述最高审计组织的独立性、最高审计组织成员和官员的独立性、最高审计组织财政上的独立性等内容。

3. 正当怀疑

1)含义

正当怀疑是指审计行为活动的实施是以正当怀疑为直接动因的。也就是说,之所以需要审计,就是因为委托人有理由正当怀疑被审计对象不可能百分之百地符合既定的要求或标准。由于委托代理关系、逆向选择和道德风险的普遍存在,公共受托经济责任不可能得到百分之百的全面有效履行,相关经济行为活动的开展、相关经济信息的编报、政策的执行、自然资源资产管理和生态环境保护责任的履行、领导干部经济责任的履行,不可能完全符合既定的要求和原则,营私舞弊和权力滥用不可避免,所以公众需要国家审计。

2)作为基本概念的理由

正当怀疑概念确立了审计包括国家审计的直接动因。没有正当怀疑,就不需要审计,也不需要国家审计。因此,正当怀疑作为国家审计体系中重要的基础概念,是国家审计开展的合理性前提,对其进行界定和运用十分重要。

4. 国家利益

1)含义

在国家审计中,国家利益的基本含义是指国家审计制度的建立、国家审计的行为活动是以维护和保障国家利益为宗旨和使命的,包括促进国家社会经济的发展,增进人民福祉,维护政治统治,保障国家整体安全利益。这是体现国家审计社会属性的重要概念和基本概念。

2)作为基本概念的理由

这是世界各国国家审计研究中普遍重视的一个概念,国外研究通常主张维护公共利益。本研究认为维护国家利益这一说法更恰当,国家利益概念可以代表和包含公共利益。

世界范围内各国的国家审计实践都可证明,国家审计是维护和保障国家利益的制度安排(通俗地说就是工具和手段)。

5. 国家治理

1）含义

在国家审计中，国家治理的基本含义是指国家审计是服务于国家治理的需求和目标的，国家审计是国家治理结构和体系中内生的必不可少的组成部分，是国家治理机制中不可或缺、不可替代的一种。完善的、高效的国家治理必须包括完善的、高效的国家审计。没有科学合理的国家审计体制机制，不可能有完善的国家治理。促进国家治理完善、效率提升，进而促进国家实现良政善治，应成为国家审计的愿景和追求。

2）作为基本概念的理由

事实上，世界各国普遍把国家治理作为国家审计的重要概念和基本概念，这有利于我国把国家审计有机地嵌入国家治理的大框架，有利于各界深入地研究国家审计推进国家治理体系和治理能力现代化的内在逻辑、实现路径和体制机制等，有利于全社会增进"无审计，不治理"的认知。

6. 监控机制

1）含义

监控机制是指国家审计属于国家监控体系和监控机制的一部分。国家审计作为一种特殊的监控机制，主要是对政府的经济行为活动实施监控，以保障和促进相关经济行为活动的开展和运行符合既定目标，遵循既定规则，防止和纠正偏差。经济监督是监控机制概念的应有之义，是国家审计的基本职能，是国家审计发挥作用的基本方式。

2）作为基本概念的理由

监控机制是国外国家审计研究中普遍使用的基本概念。我国习惯于使用监督的概念。本研究认为，监控机制的概念比监督概念更宽泛，是更具包容性和可扩展性的概念。

国外很多学者和组织都是把审计作为特殊的监控机制来看待的。著名审计学者 David Flint 就认为，审计是一种保证和落实受托经济责任有效履行的监控机制。

基于相关治理理论，监控机制本身是国家治理体系必需的重要机制之一。确立监控机制概念有利于我们更好地理解"审计监督是党和国家监督体系的重要组成部分"，有利于构建权威高效的监督体系。

7. 审计证据

1）含义

审计证据是指国家审计过程必须以收集和评价审计证据为重心,所有审计判断、审计意见、审计结论和审计报告都必须以客观地收集和评价充分有效的审计证据为依据。国家审计过程中大量的时间应被配置到收集和评价审计证据上。国家审计工作必须重视审计证据的运用,一般不能仅基于分析和推断来进行审计专业判断,形成审计意见和审计结论,做出审计报告。

2）作为基本概念的理由

审计证据概念是《审计哲学》中提出的审计科学的五个基本概念之一。本研究认为,其同样应作为国家审计的基本概念。

《蒙哥马利审计学》中有一个数据表明,证据的收集和评价是整个审计工作的重中之重,其时间分配应占整个审计工作时间的 3/4(75%)。

8. 应有关注

1）含义

应有关注也称应有职业关注或应有职业谨慎,是指国家审计机关和审计人员在实施审计行为活动、开展审计工作中,对法律法规、职业准则和相关政策所规定和指向要求应予审计到的所有具有重要的方面(即可能存在重大风险隐患的问题)必须给予重点的、充分的关注,不能有所遗漏,要做到应审尽审。应有关注是界定国家审计职责范围和职业责任的重要概念。在国家审计涉及纠纷时,应有关注概念的恰当运用是审计人员维护自身合法权益,划分和承担法律责任的重要依据。

2）作为基本概念的理由

应有关注概念是《审计哲学》中提出的审计科学的五个基本概念之一。国外大多数国家的审计(包括国家审计)法律责任界定和职业准则中都普遍运用应有关注这一概念。应有关注是确立审计职业责任范围、划分界定审计法律责任的重要概念和基本概念。

9. 公允表达

1）含义

公允表达概念包含两层意思:第一,在国家审计实施过程中,审计机关和审计人员对被审计单位在经济行为活动和相关信息编报中法规制度和准则运用的公正性、恰当性、允当性首先要做出专业判断;第二,审计机关和审计人员在实施专业判断、提出审计意见、得出审计结论和出具审计报告时,必须要以高度的专业严谨性做到真实可靠、公正无偏,审计方法的运用是恰当的、被普遍认可的。

2) 作为基本概念的理由

公允表达概念是《审计哲学》中提出的审计科学的五个基本概念之一。在国家审计中,本研究认为,公允表达同样应成为一个基本概念和重要概念。公允表达概念也是世界各国审计理论、审计准则和审计实践中普遍运用的关键核心概念。

公允表达概念的确立有利于形成审计的职业特色,维护和提升审计的职业声誉。

10. 合理保证

1) 含义

合理保证概念是指审计机关和审计人员做出的专业判断、形成的审计意见、得出的审计结论、编制的审计报告,对被审计对象、被审计事项只能是起到合理保证的作用,而不是绝对的担保。这是因为始终存在审计行为主体认知的有限性、审计方法和审计行为的天然局限性和被审计对象被审计事项的复杂性等多种因素影响审计活动。

2) 作为基本概念的理由

合理保证是世界各国审计理论和实践中通行的概念,应该作为我国国家审计的基本概念。

合理保证概念和应有关注概念共同构成划分、界定国家审计职责范围和决定国家审计功能发挥程度的重要基础依据。

附录2 利马宣言——审计规则指南

导　言

国际最高审计组织在利马召开第九届代表大会。

——鉴于恰当有效地使用公共资金是适当管理公共财政事务和保证主管当局决策有效性的先决条件之一；

——为了达到这一目的，每个国家都必须设置一个其独立性受法律保障的最高审计组织；

——鉴于各国已将其活动扩展到社会和经济的各个部门，其业务已大大超出了传统的财务工作范围，因此，更有必要设置这种审计组织；

——要保持各国的稳定和发展，达到联合国的目标，就必须实现审计工作的特定目标，如恰当有效地使用公共资金、建立健全财务管理、有条不紊地开展政府的各项活动、通过客观性报告的公布向主管当局和公众传播信息等；

——鉴于在上届最高审计组织代表大会全体会议上通过的决议已经所有成员方同意对其作广泛的宣传；

决定：出版并宣传《利马宣言——审计规则指南》。

第一章　总　则

第一节　审计的目的

公共资金的管理意味着一种委托关系，因此，有公共财务管理就一定要有审计。审计本身不是目的，而是控制体系不可缺少的组成部分。这种控制系统的目的是要及早地揭露背离公认标准、违反原则和法令制度及违背资源管理的效率、效果和经济原则的现象，以便在各种情况下尽可能及早采取改正措施，使当事人承担责任、赔偿经济损失或采取措施防止重犯，至少也要使今后更难发生。

第二节　事前审计和事后审计

1. 在行政管理或财务活动发生之前进行审计叫事前审计，反之，叫事后审计。

2. 要对受托的资金进行妥善的公共财务管理，就必须有有效的事前审计。事前审计可以由最高审计组织执行，也可由其他审计机构执行。

3. 事前审计的优点是可以防患于未然，缺点是需要的工作量过多并会模糊法律责任。事后审计着重于追究当事人的责任,可以补偿已造成的损失并防止再犯。

4. 最高审计组织是否进行事前审计取决于各国的法律状况、具体条件和要求。无论是否实行事前审计,事后审计总是各国最高审计组织必不可少的任务。

第三节　内部审计和外部审计

1. 内部审计机构建于各组织机构内部。外部审计机构则不是受审单位组织机构的组成部分。最高审计组织是外部审计机构。

2. 内部审计机构应当从属于所在单位的领导,但应尽可能在组织机构方面保持它在职能上和组织上的独立性。

3. 作为外部审计机构的最高审计组织,其任务是审查内部审计机构的工作效果。如果认为内部审计机构的工作是有效的,应在不损害最高审计组织权力的情况下开展全面审计工作,并在最高审计组织和内部审计机构之间实行最佳的分工协作。

第四节　传统审计和绩效审计

1. 最高审计组织的传统工作任务是审计财务管理与会计帐目、会计工作是否符合法律和规章制度。

2. 除了其重要性和意义都不容置疑的财务审计之外,还有另一种类型的审计,即对公共当局的绩效、效果、经济性和效率进行审计。这种审计不仅包括具体的管理活动,而且还包括主管当局的组织机构和管理系统的全部活动。

3. 最高审计组织的审计目标——财务管理的合法性、合规性、效率、效果和经济性——基本上是同等重要的。究竟侧重于哪一方面,由最高审计组织决定。

第二章　独立性

第五节　最高审计组织的独立性

1. 最高审计组织必须独立于受审单位之外并不受外来影响才能客观而有效地完成其工作任务。

2. 国家机构是国家整体的一部分,因此,它不可能绝对地独立。但最高审计组织必须具备完成其任务所需的职能上和组织上的独立性。

3. 最高审计组织的建立及其独立性的程度应在宪法中加以规定。其细节可另外立法予以规定。特别是应由最高法院提供充分的法律保护,以保证最高审计组织的独立性和权威性不受损害。

第六节　最高审计组织成员和官员的独立性

1. 最高审计组织的独立性是和其成员的独立性密切关联的。所谓成员是指负责为最高审计组织作出决策的人员以及对这些决策向第三方负责的人员,通常是决策机构的成员或组织上集权的最高审计组织的领导。

2. 最高审计组织成员的独立性也应由宪法予以保障,尤其是罢免其成员的程序应列入宪法,以保证其独立性不受损害。最高审计组织成员的任免方法取决于各国的宪法规定。

3. 最高审计组织的审计人员在任职期间应独立于受审单位之外,不受该单位的影响。

第七节　最高审计组织财政上的独立性

1. 应向最高审计组织提供经费以保证其完成任务。

2. 如果需要,最高审计组织有权直接向制定国家预算的公共机关申请必要的经费。

3. 最高审计组织在自己职责范围内有权安排使用预算拨给的专项资金。

第三章　与议会、政府和行政机构的关系

第八节　与议会的关系

最高审计组织的独立性是由宪法和法律保障的,因此,它具有高度的主动权和自主权,即使在作为议会的一个办事机构和根据议会指示进行审计时也是如此。各有关国家的宪法应当根据各国的具体情况和需要明确规定最高审计组织和议会的关系。

第九节　与政府和行政机构的关系

最高审计组织的审计对象是政府及其所属各部门和各单位,但这并不意味着政府从属于最高审计组织,尤其是政府对其活动和过失要负全部责任。政府不能把责任归咎于最高审计组织的审计工作和审计专家的意见,除非审计专家的意见是以具有法律效力和强制裁决的形式提出的。

第四章　最高审计组织的职权

第十节　调查权

1. 最高审计组织有权查阅与财务管理有关的一切文件和记录,也有权要求受审单位以口头或书面形式提供任何它认为是必要的资料。

2. 最高审计组织有权根据自己的方便确定审计地点,确定是在受审单位还是在最高审计组织所在地进行审计。

3. 向最高审计组织提供资料或提交包括会计决算在内的有关文件和记录的

期限应根据具体情况由法律或最高审计组织确定。

第十一节　最高审计组织审计结论的执行

1. 受审单位要在一定时间内对最高审计组织的审计结论表示意见并说明它根据审计结论采取了哪些相应措施。这段时间的长短通常由法律规定，在特殊情况下也可由最高审计组织规定。

2. 在最高审计机构不以有效的法律和强制的判断形式发表其审计结果时，它有权与有关当局联系，由当局采取必要措施，要求负有责任的一方承担责任。

第十二节　专家意见和其他协作权

1. 在某些重要情况下，最高审计组织可以在议会和政府部门的安排下，利用专家意见，利用专家的专业知识对拟订中的与财务问题有关的法律和条例提出意见。采纳和拒绝这些专家意见是行政当局的责任。此外，这项额外的工作不应影响最高审计组织未来的审计结论和其审计工作的有效性。

2. 另一方面，有关使会计程序恰当和尽可能统一的规章制度只有经最高审计组织同意之后才能通过。

第五章　审计方法、审计人员和国际知识交流

第十三节　审计方法和程序

1. 最高审计组织根据自己确定的方案进行审计，这不应影响某些公共机构在特定情况下要求进行一定的审计的权利。

2. 由于很难对受审单位的所有活动全面进行审计，通常有必要采用抽样方法。要按一定的模式进行抽样，抽样的数量应足够，以使判断管理部门工作的质量和合规性成为可能。

3. 审计方法必须适应管理科学和技术进步的要求。

4. 应准备内部审计手册，便于审计人员进行工作。

第十四节　审计人员

1. 最高审计组织的成员和审计人员应具备必要的资历和道德品质，以便更好地完成其工作任务。

2. 最高审计组织招聘工作人员时应适当重视较高的知识水平和能力及足够的专业经验。

3. 应当充分重视提高审计组织所有成员和审计人员的理论水平和实际工作水平。培训工作可在审计机构内部、各大学和国际范围内进行，要采取一切财政上

和组织上可能的措施鼓励开展这项工作。培训工作要超出传统的法律、经济和会计学知识的范围,应包括其他企业管理技术,如电子数据处理在内。

4. 为保证审计人员具有良好的素质,在工资待遇上要力求适应审计工作的特殊需要。

5. 在某一最高审计组织的审计工作人员因为缺少某一方面的专业知识而不能处理一项特殊案例时,应从外界聘请专家。

第十五节 国际知识交流

1. 在国际最高审计组织范围内交流审计方面的意见和经验是帮助最高审计组织完成其任务的有效方法。

2. 实现上述目标的途径有:召开专业会议、与联合国和其他机构共同举办培训班、组织地区性的工作组和出版专业性刊物。

3. 加强和扩展这些工作和活动是非常必要的。重要的是要在比较法的基础上统一公共财务审计的术语。

第六章 报 告

第十六节 向议会和公众报告

1. 宪法授权和要求最高审计组织每年独立地将其审计结论向议会和其他公共机构报告。报告应予公布,以保证资料的广泛传播和深入开展讨论。同时公布报告也能给执行审计机构的结论创造一个更为良好的气氛。

2. 最高审计组织也有权在每次年度报告之间就特别重要的审计成果提出报告。

3. 年度报告应包括最高审计组织的全部活动。只有在某些方面的利益值得保护或者其利益受到法律保护的情况下,最高审计组织应慎重地权衡利害关系,决定是否予以公布。

第十七节 报告的方法

1. 报告应当以精炼、清楚的方式陈述事实和对事实的评价。报告的用语应准确易懂。

2. 应适当考虑受审单位和机构对最高审计组织审计结论的意见。

第七章 最高审计组织的审计职权

第十八节 审计职权的宪法依据、对公共财务管理的审计

1. 最高审计组织的基本职权应列入宪法,其细节由立法机关制定。

2. 应根据各国的要求和具体情况制定最高审计组织职权的具体条款。

3. 所有公共财务管理部门的收支,不论其是否反映或以什么形式反映在国家总预算中,都应由最高审计组织进行审计。公共财务管理部门未列入国家预算的部分也由最高审计组织进行审计,不属免受审计的范围。

4. 最高审计组织采用这种方法可以促使政府机构进行明确的预算分类,采用尽可能简单和精确的会计制度。

第十九节 驻外机构的审计

根据一般原则,设在国外的政府机关和其他驻外机构也应由最高审计组织进行审计。对这些机构进行审计时应适当考虑国际法的限制。然而,这些限制将随着国际法的发展而有所减少。

第二十节 税务审计

1. 最高审计组织有权最大限度地对征税工作进行审计。在进行审计时有权对个人的税务档案进行检查。

2. 税务审计属于传统的合法性和合规性审计。在审计税法的实施时,最高审计组织也要检查税收组织工作和效率以及收入预算的完成情况。如果必要的话,也可向立法机关提出改进建议。

第二十一节 承包合同和市政工程

1. 公共当局的资金有相当数量用于承包合同和市政工程,因此,对这些资金的使用应进行特别彻底的审计。

2. 向社会招标是在价格和质量上获得最有利条件的方法。如果发现未公开招标,最高审计组织就应追查原因。

3. 在进行市政工程审计时,最高审计组织应鼓励为工程的连续管理制订适当的标准。

4. 对市政工程进行审计不仅应包括支出的合规性,还应包括建筑工程管理的效率和建筑工程的质量。

第二十二节 电子数据处理设备的审计

应根据在电子数据处理设备上所花费用的情况进行适当程度的审计,这种审计建立在系统的基础上。要特别注意以下各方面:制订需求计划;经济地使用数据处理设备;设备应由专业人员使用,最好由受审单位管理部门的专业人员使用,获得适用的信息;防止使用不当。

第二十三节 对有政府投资的工商企业的审计

1. 政府常常采取参与根据私法创办企业的形式开展经济活动。如果政府握有这些企业的很多股份,最高审计组织就要对之进行审计,在政府握有多数股份或具有决定性影响时更应如此。

2. 这项审计宜以事后审计的形式进行,也应考虑经济性、效率和效果。

3. 为保守工商企业的秘密,向议会和公众提交的关于这些企业的报告要受某些限制。

第二十四节 对受资助单位的审计

1. 最高审计组织有权对从公共资金中支付的津贴的使用情况进行审计。

2. 如为了达到审计目的,在必要时——特别是津贴本身数额较大或者津贴数额占该单位收入或资本的很大比重时——可以把审计的范围扩大到受资助单位的全部财务管理活动。

3. 如有滥用津贴的现象应要求偿还。

第二十五节 对国际和超国家组织的审计

1. 对受会员国资助的国际和超国家组织的开支,也应进行与各国类似的外部的独立的审计。

2. 尽管这种审计要适应各个组织的结构和任务,但其方式应与成员国最高审计组织的审计相类似。

3. 为保证这种审计的独立性,外部审计机构的成员应主要从最高审计组织人员中任命。

附录3 西南财经大学中国政府审计研究中心历年发布的审计理论研究指南

西南财经大学中国政府审计研究中心"2014年审计理论研究指南"

经过选题征集、专家投票和西南财经大学中国政府审计研究中心学术委员会专家会议审定,西南财经大学中国政府审计研究中心确定"2014年审计理论研究指南"为以下九大重点研究领域及相关重点研究问题。

ARD1401 审计与国家治理研究

该重点研究领域包括的重点研究问题是:

1. 国家审计在国家治理体系中的地位、功能及实现机制研究;
2. 国家审计在推动国家治理体系和治理能力现代化中的作用与路径研究;
3. 制度环境与国家审计的互动研究;
4. 审计推进渐进式改革的作用机制研究以及国家审计与国企改革路径研究。

ARD1402 审计与国家经济安全研究

该重点研究领域包括的重点研究问题是:

1. 审计维护经济安全的机理及路径研究;
2. 政府审计与财政安全研究;
3. 政府审计与金融安全研究;
4. 安全性审计目标的确立与实现研究以及审计与政府债务风险防范研究。

ARD1403 审计与权力运行监控研究

该重点研究领域包括的重点研究问题是:

1. 审计在权力运行监控体系中的作用研究;
2. 审计强化权力运行监控的机理与制度保障研究;
3. 国家治理结构中审计权优化配置研究;
4. 审计在构建腐败惩治与预防体系中的作用研究以及舞弊审计与腐败治理研究。

ARD1404 政府绩效审计研究

该重点研究领域包括的重点研究问题是:

1. 政府绩效管理与政府审计职能研究;

2. 公共支出绩效审计研究；

3. 公共投资项目绩效审计与廉政建设机制研究；

4. 经济增长质量与绩效审计研究以及公共行政效率与绩效审计研究。

ARD1405　审计基础理论和方法理论研究

该重点研究领域包括的重点研究问题是：

1. 市场决定性背景下审计的职能作用研究；

2. 新 IT 环境下的审计理论与方法研究；

3. 网络经济模式下的审计内容与方法研究；

4. 大数据环境下的审计问题研究以及连续性审计问题研究。

ARD1406　经济责任审计研究

该重点研究领域包括的重点研究问题是：

1. 经济责任审计目标体系研究；

2. 经济责任审计运行机制研究；

3. 经济责任审计对象载体研究；

4. 反腐倡廉环境下的经济责任审计的创新研究以及政府职能转变与任期责任审计研究。

ARD1407　环境审计研究

该重点研究领域包括的重点研究问题是：

1. 环境审计在推进生态文明建设中的作用研究；

2. 自然资源资产负债表构建与环境审计研究；

3. 快速城市化进程中水环境审计研究；

4. 环境正义与环境审计研究以及大气治理与环境审计研究。

ARD1408　政府财务报告审计与审计质量研究

该重点研究领域包括的重点研究问题是：

1. 政府财务报告构建与审计问题研究；

2. 政府资产负债表真实性与公允性研究；

3. 财政预决算审计研究以及政府审计质量及其评价机制研究。

ARD1409　内部控制与内部审计研究

该重点研究领域包括的重点研究问题是：

1. 行政事业单位内部控制研究；

2. 文化价值观与内部控制研究；

3. 内部控制和财务报表联合审计研；
4. 内部审计与企业风险管理研究以及增值型内部审计研究。

西南财经大学中国政府审计研究中心
2014 年 1 月 21 日

西南财经大学中国政府审计研究中心 "2015 年审计理论研究指南"

经过选题征集、专家投票和西南财经大学中国政府审计研究中心学术委员会委员投票表决，西南财经大学中国政府审计研究中心确定"2015 年审计理论研究指南"为以下十大重点研究领域及相关重点研究问题。

ARD1501　审计与国家治理问题研究

该重点研究领域包括的重点研究问题是：

1. 国家审计在国家治理体系中的地位、功能及实现机制研究；
2. 国家审计在推进国家治理体系与治理能力现代化中的作用与路径研究；
3. 国家审计与内部审计和社会审计如何形成更好的治理协同效应研究。

ARD1502　审计与依法治国问题研究

该重点研究领域包括的重点研究问题是：

1. 国家审计与依法治国关系研究；
2. 国家审计推进依法治国实现路径研究；
3. 新预算法下的财政审计与预算执行情况审计研究；
4. 制度合理性审计研究。

ARD1503　审计与国家经济安全问题研究

该重点研究领域包括的重点研究问题是：

1. 审计维护经济安全的机理及路径的深入研究；
2. 国家审计与财政安全问题研究；
3. 国家审计与金融安全问题研究；
4. 国家审计与政府债务问题研究；
5. 经济社会高风险领域的审计监控与防范机制研究。

ARD1504　审计与权力运行监控问题研究

该重点研究领域包括的重点研究问题是：

1. 审计在权力运行监控体系中的作用研究；

2. 审计强化权力运行监控的机理与制度保障研究；

3. 国家治理结构中审计权优化配置研究；

4. 审计与腐败治理问题研究。

ARD1505　经济责任审计问题的深入研究

该重点研究领域包括的重点研究问题是：

1. 目标经济责任体系研究；

2. 经济责任审计对象载体（包括经济责任履行报告体系）研究；

3. 领导人个人责任与特定组织治理层和管理层应负责任如何划分与界定的研究；

4. 党委负责人和行政负责人责任划分与界定的研究；

5. 自然资源资产保护与经济责任审计问题研究；

6. 经济责任审计运行机制研究。

ARD1506　政府绩效审计问题研究

该重点研究领域包括的重点研究问题是：

1. 经济发展新常态下政府绩效审计的特点研究；

2. 经济增长质量与绩效审计研究；

3. 公共行政效率与绩效审计研究；

4. 大型公共投资项目绩效审计研究；

5. 政府绩效管理审计研究；

6. 政府预决算审计效率研究。

ARD1507　环境审计问题研究

该重点研究领域包括的重点研究问题是：

1. 环境审计在推进生态文明建设中的作用研究；

2. 自然资源资产负债表的构建与环境审计研究；

3. 环境治理与环境审计研究；

4. 我国环境审计组织体系与制度体系研究。

ARD1508　政府财务报告审计问题研究

该重点研究领域包括的重点研究问题是：

1. 政府财务报告构建与审计问题研究；

2. 政府财务报告审计的主体、目标、内容与方法研究；

3. 政府资产负债表的真实性、合法性和公允性审计研究。

ARD1509　政府社会责任审计问题研究

该重点研究领域包括的重点研究问题是：

1. 政府社会责任审计的主体、目标、内容与方法研究；
2. 环境保护责任审计研究；
3. 民生持续改善责任审计研究；
4. 社会经济可持续发展责任审计研究；
5. 社会公平正义责任审计研究。

ARD1510　审计方法创新问题研究

该重点研究领域包括的重点研究问题是：

1. 新 IT 环境下的审计理论与方法研究；
2. 网络经济模式下的审计内容与方法研究；
3. 大数据环境和云服务平台下的审计方法问题研究；
4. 连续性审计问题研究；
5. 行为审计研究。

西南财经大学中国政府审计研究中心
2015 年 1 月 10 日

西南财经大学中国政府审计研究中心 "2016 年审计理论研究指南"

经过选题征集、专家论证，西南财经大学中国政府审计研究中心确定"2016 年审计理论研究指南"为以下十五大重点研究领域及相关重点研究问题。

ARD1601　审计重大基础理论问题研究

该重点研究领域包括的重点研究问题是：

1. 审计的基本规定性问题研究；
2. 审计功能拓展与审计职能边界问题研究；
3. 审计的组织模式、管理体制与审计独立性保障问题研究；
4. 国家审计的需求与法理依据问题研究；
5. 国家审计推进民主政治发展完善的机理与路径研究。

ARD1602　审计全覆盖重要问题研究

该重点研究领域包括的重点研究问题是：

1. 审计全覆盖的内涵、目标与实现路径研究；
2. 审计全覆盖与提高国家治理效率的关系研究；
3. 大数据与审计全覆盖问题研究；
4. 公共资金、国有资产与国有资源的审计目标、内容与方法研究；
5. 国家审计对国有企业的审计权及其实现形式问题研究；
6. 境外国有资产审计问题研究；
7. 国家审计购买社会审计服务问题研究。

ARD1603　审计服务国家治理与推进依法治国问题研究

该重点研究领域包括的重点研究问题是：

1. 国家审计在国家治理体系中的功能定位与作用发挥问题研究；
2. 国家审计与其他监控机制如何形成更好的治理协同效应问题研究；
3. 国家审计推进依法治国实现路径研究；
4. 新预算法下的财政审计与预算执行情况审计研究；
5. 制度合理性审计问题研究。

ARD1604　服务经济新常态与全面深化改革审计问题研究

该重点研究领域包括的重点研究问题是：

1. 经济新常态下的审计转型与审计重点研究；
2. "五大发展"理念与审计创新发展问题研究；
3. 服务供给侧结构性改革的审计问题研究。

ARD1605　经济安全审计问题研究

该重点研究领域包括的重点研究问题是：

1. 审计维护经济安全的机理及路径的深入研究；
2. 国家审计与财政安全问题研究；
3. 国家审计与金融安全问题研究；
4. 国家审计与政府债务问题研究；
5. 经济社会高风险领域的审计监控与防范机制研究。

ARD1606　权力运行审计监控问题研究

该重点研究领域包括的重点研究问题是：

1. 审计强化权力运行监控的机理与制度保障研究；
2. 国家治理结构中审计权优化配置研究；

3. 腐败治理的审计监控体系研究；

4. 权力清单制度审计问题研究。

ARD1607　经济责任审计问题的深化研究

该重点研究领域包括的重点研究问题是：

1. 目标经济责任的确定方式研究；

2. 经济责任审计对象载体（包括经济责任履行报告体系）研究；

3. 领导人个人责任与特定组织治理层和管理层应负责任如何划分与界定的研究；

4. 党政同责与党委负责人和行政负责人责任划分与界定的研究；

5. 自然资源资产保护与经济责任审计问题研究；

6. 经济责任审计运行机制研究。

ARD1608　政策执行效果审计问题研究

该重点研究领域包括的重点研究问题是：

1. 政策执行效果的概念界定与理论依据分析；

2. 政策执行效果审计的目标与内容；

3. 政策执行效果审计方法与流程问题研究；

4. 政策执行审计评价与指标体系研究。

ARD1609　政府绩效审计问题研究

该重点研究领域包括的重点研究问题是：

1. 经济发展新常态下政府绩效审计的特点研究；

2. 经济增长质量与绩效审计研究；

3. 公共行政效率与绩效审计研究；

4. 大型公共投资项目绩效审计研究；

5. 政府绩效管理审计研究；

6. 政府绩效预算审计问题研究。

ARD1610　环境审计问题研究

该重点研究领域包括的重点研究问题是：

1. 环境审计在推进生态文明建设中的作用研究；

2. 自然资源资产负债表的构建与环境审计研究；

3. 环境治理与环境审计研究；

4. 我国环境审计组织体系与制度体系研究。

ARD1611　政府财务报告审计问题研究

该重点研究领域包括的重点研究问题是:

1. 政府财务报告构建与审计问题研究;
2. 政府财务报告审计的主体、目标、内容与方法研究;
3. 政府资产负债表的真实性、合法性和公允性审计研究。

ARD1612　政府社会责任审计问题研究

该重点研究领域包括的重点研究问题是:

1. 政府社会责任审计的含义、目标与内容研究;
2. 政府社会责任审计的机理与体系构建研究;
3. 政府社会责任审计与责任政府构建问题研究;
4. 政府社会责任审计与企业社会责任审计的关系研究。

ARD1613　审计质量问题研究

该重点研究领域包括的重点研究问题是:

1. 审计质量影响因素的深入研究;
2. 审计质量衡量指标的比较分析与创新研究;
3. 国家审计质量衡量指标的探索与创新研究;
4. 审计的组织模式、管理机制对审计质量影响的研究;
5. 审计师个人特征与行为对审计质量影响的研究。

ARD1614　审计方式方法创新问题研究

该重点研究领域包括的重点研究问题是:

1. 跟踪审计研究;
2. 政策执行效果审计研究;
3. 制度合理性审计研究;
4. 大数据与云服务平台下的审计方法研究;
5. 连续性审计问题研究;
6. 网络经济模式下的审计方法研究。

ARD1615　内部审计问题研究

该重点研究领域包括的重点研究问题是:

1. 内部审计在公司治理中的关键作用研究;
2. 内部审计与内部控制、风险管理关系的研究;
3. 内部审计质量度量问题研究;

4. 增值型内部审计实现形式研究。

西南财经大学中国政府审计研究中心
2016 年 2 月 4 日

西南财经大学中国政府审计研究中心 "2017 年审计理论研究指南"

经过选题征集、专家论证,西南财经大学中国政府审计研究中心确定"2017 年审计理论研究指南"为以下十三大重点研究领域及相关重点研究问题。

ARD1701　审计重点基础理论问题研究

该重点研究领域包括的重点研究问题是:

1. 审计基本规定性问题的再研究;
2. 现代审计功能拓展及其职责边界问题研究;
3. 审计监督与党和国家监督体系中其他监督形式的关系与作用研究;
4. 国家审计组织模式研究;
5. 预算制度与预算审计研究;
6. 审计学科属性与学科归属问题研究。

ARD1702　完善审计制度问题研究

该重点研究领域包括的重点研究问题是:

1. 审计全覆盖实现方式与突破重点问题研究;
2. 国家审计对国有企业的审计权及其实现形式问题研究;
3. 国有资产保值增值与国有资本安全审计问题研究;
4. 国有资本境外投资审计问题研究;
5. 财政及部门预算执行与决算草案审计问题研究;
6. 省以下审计机关人财物管理改革试点绩效评估问题研究;
7. 市县级审计机关发展问题研究。

ARD1703　审计维护经济安全问题研究

该重点研究领域包括的重点研究问题是:

1. 审计维护经济安全的机理与逻辑研究;
2. 金融稳定与审计作用研究;
3. 政府债务风险的审计防范机制研究;
4. 资本市场系统性风险的审计监测与识别研究;

5. 经济社会高风险领域的审计监控与防范机制研究。

ARD1704　服务全面深化改革审计问题研究

该重点研究领域包括的重点研究问题是：

1. 审计在供给侧结构性改革中的作用研究；

2. 审计在混合所有制改革中的作用研究；

3. 服务深化财税体制改革的审计问题研究；

4. 服务深化投融资体制改革的审计问题研究；

5. 国企改革与审计问题研究；

6. 监察体制改革与审计改革问题研究。

ARD1705　权力监督与制约中的审计问题研究

该重点研究领域包括的重点研究问题是：

1. 公共经济权力审计的机理与逻辑研究；

2. 经济责任审计在强化权力运行监督与约束中的作用研究；

3. 权力腐败的审计治理机制研究；

4. 权力清单与责任清单制度审计问题研究；

5. 国家治理结构中审计权优化配置问题研究。

ARD1706　深化经济责任审计问题研究

该重点研究领域包括的重点研究问题是：

1. 经济责任审计制度规定修订中的重大问题研究；

2. 经济责任审计中经济责任的内涵与目标责任的确定方式研究；

3. 经济责任审计对象载体问题研究；

4. 经济责任审计与其他类型审计的关系研究；

5. 领导干部个人责任与特定组织治理层和管理层应负责任的划分与界定问题研究；

6. 党政同责、同责同审中的责任划分与审计方法研究。

ARD1707　审计促进经济增长质量提升问题研究

该重点研究领域包括的重点研究问题是：

1. 审计促进经济增长质量提升的机理与机制研究；

2. 国家审计全覆盖对提升经济增长质量的作用研究；

3. 政策执行效果审计促进经济增长质量提升的作用研究；

4. 强化公共投资审计与提升经济增长质量的问题研究；

5. 创新审计方式方法与提升经济增长质量的问题研究；

6. 绩效审计创新与提升经济增长质量的问题研究。

ARD1708　生态文明审计问题研究

该重点研究领域包括的重点研究问题是：

1. 审计促进生态文明建设的机理与机制研究；

2. 生态文明审计的对象、目标与范围研究；

3. 生态文明审计的方式与方法研究；

4. 环境审计促进生态文明建设的作用研究；

5. 自然资源资产负债表的编制与审计方法研究。

ARD1709　政府绩效审计问题研究

该重点研究领域包括的重点研究问题是：

1. 政府绩效审计中政府绩效的内涵、影响因素与衡量方法研究；

2. 政府治理效率与政府绩效审计问题研究；

3. 大型公共投资项目绩效审计研究；

4. 政府组织内部控制构建与绩效审计研究；

5. 政府绩效预算审计问题研究。

ARD1710　审计方式方法创新与新领域问题研究

该重点研究领域包括的重点研究问题是：

1. 政策执行效果审计的目标、内容与方法研究；

2. 制度合理性审计的目标、内容与方法研究；

3. 连续性审计问题研究；

4. 整合审计问题研究；

5. 政府综合财务报告的编制与审计问题研究；

6. 政府社会责任审计的目标、内容与方法问题研究；

7. 国家审计质量的内涵、影响因素与评价指标研究。

ARD1711　新 IT 技术环境下的审计创新发展问题研究

该重点研究领域包括的重点研究问题是：

1. 审计思维的培养与审计职业未来发展问题研究；

2. 大数据与人工智能的发展对审计职业发展产生巨大冲击问题研究；

3. 运用大数据提升审计效能问题研究；

4. 人工智能促进审计方式方法创新问题研究；

5. 新 IT 环境下审计职业未来发展形态问题研究。

ARD1712　审计学术前沿问题研究

该重点研究领域包括的重点研究问题是：

1. 审计师个体特征与行为对审计质量影响的研究；
2. 审计师风险感知能力与审计师行为选择研究；
3. 共享审计师与审计质量问题研究；
4. 审计师政治关联与风险规避问题研究；
5. 内部控制审计的效用分析；
6. 审计报告准则与审计行为关系研究；
7. 审计报告结构性改革对提升审计意见信息含量与治理效应的问题研究；
8. 公司社会责任履行的鉴证与审计问题研究；
9. 审计组织模式与监管机制对审计质量影响的研究。

ARD1713　内部审计问题研究

该重点研究领域包括的重点研究问题是：

1. 内部审计在公司治理中的关键作用研究；
2. 内部审计与公司价值创造问题研究；
3. 增值型内部审计的构建与实现形式研究；
4. 内部审计质量评价问题研究；
5. 内部审计对隐私保护的作用研究；
6. 内部审计与风险管理问题研究；
7. 内部审计促进企业文化形成的作用研究。

西南财经大学中国政府审计研究中心
2017 年 7 月 26 日

西南财经大学中国政府审计研究中心"2018 年审计理论研究指南"

经过选题征集、专家论证，西南财经大学中国政府审计研究中心确定"2018 年审计理论研究指南"为以下十四大重点研究领域及相关重点研究问题。

ARD1801　重点审计基础理论问题研究

该重点研究领域包括的重点研究问题是：

1. 现代审计的职责边界与功能拓展内在依据研究；
2. 审计基本规定性与基本逻辑研究；
3. 加强党对审计工作的领导问题研究；
4. 审计监督在党和国家监督体系中的定位及其功能作用独特性研究；
5. 审计监督与非审计监督的关系研究；
6. 审计对"事"与对"人"的关系研究；
7. 责任履行审计与权力运行审计的关系研究；
8. 审计机关在国家宪法框架中的定位与职责权限研究。

ARD1802　审计管理体制改革问题研究

该重点研究领域包括的重点研究问题是：
1. 国家审计体制组织模式构建的决定性因素与模式选择研究；
2. 审计管理体制改革的重点与难点问题研究；
3. 适应实现审计全覆盖的审计组织模式改革与优化研究；
4. 整合监督力量、优化职责权限后国家审计运行方式研究；
5. 监察体制改革与审计管理体制改革的关系研究；
6. 省以下审计机关人财物管理改革试点效果评估与经验推广方式研究；
7. 县市级基层审计机关的能力建设研究。

ARD1803　完善审计制度问题研究

该重点研究领域包括的重点研究问题是：
1. 预算制度与预算审计问题研究；
2. 中央预算执行的审计问题研究；
3. 审计全覆盖的推进与实现方式问题研究；
4. 国有企业与国有资本审计问题研究；
5. 国有资本境外投资审计问题研究；
6. 经济责任审计制度的完善与创新问题研究。

ARD1804　审计服务现代化经济体系构建问题研究

该重点研究领域包括的重点研究问题是：
1. 审计服务供给侧改革问题研究；
2. 审计促进创新能力提升的机制与路径研究；
3. 审计服务乡村振兴战略实施的关键问题研究；
4. 审计服务区域协调发展战略实施问题研究；

5. 审计如何促进市场在资源配置中发挥决定性作用问题研究;

6. 系统性金融风险与系统重要性机构的审计监控机制研究;

7. 审计维护金融安全的作用与方式研究;

8. 政府债务风险与PPP项目风险的审计监控机制研究。

ARD1805　审计服务国家治理体系与能力现代化建设问题研究

该重点研究领域包括的重点研究问题是:

1. 审计在国家治理体系与能力现代化建设中的关键作用研究;

2. 国家治理质量水平的衡量与审计评价问题研究;

3. 审计结果公告的完善与促进政府透明度的问题研究;

4. 经济高风险领域的审计监控机制研究;

5. 审计对社会风险的监控与促进社会治理的机制与路径研究;

6. "一带一路"国际合作与审计国际协调问题研究;

7. 扶贫攻坚与审计全覆盖问题研究;

8. 审计促进民主政治建设的机理与作用研究。

ARD1806　审计与经济发展质量问题研究

该重点研究领域包括的重点研究问题是:

1. 审计促进经济发展质量提升的内在机理与路径研究;

2. 经济发展质量的衡量与审计评价研究;

3. 全要素生产率的提升与审计作用研究;

4. 国家审计全覆盖促进经济发展质量提升的机理与作用研究;

5. 政策执行效果审计促进经济发展质量提升的作用研究;

6. 审计方式方法创新对促进经济发展质量的作用研究。

ARD1807　生态文明审计与环境审计问题研究

该重点研究领域包括的重点研究问题是:

1. 审计服务生态文明建设的内在机理与路径研究;

2. 生态文明审计的对象、目标与范围研究;

3. 生态文明审计与环境审计的关系研究;

4. 生态环境治理与审计问题研究;

5. 雾霾治理与审计问题研究;

6. 自然资源资产负债表编制的理论与审计方法研究;

7. 碳排放与碳交易审计问题研究。

ARD1808　政府审计与政府会计问题的联动研究

该重点研究领域包括的重点研究问题是：

1. 政府审计与政府会计的互动关系研究；

2. 政府审计与政府会计促进政府治理效率提升的机理与机制研究；

3. 政府组织的内部控制体系建设与审计问题研究；

4. 政府审计促进政府会计质量提升的作用研究；

5. 政府综合财务报告编制的理论与审计问题研究。

ARD1809　审计与权力监控体系问题研究

该重点研究领域包括的重点研究问题是：

1. 权力运行审计监控的内在机理与机制研究；

2. 公权运行监督全覆盖与审计作用研究；

3. 领导干部经济责任审计对监控公权运行的作用研究；

4. 审计功能与腐败治理问题研究；

5. 权力清单与责任清单制度审计问题研究；

6. 国家治理结构中审计权优化配置问题研究。

ARD1810　政府绩效审计问题研究

该重点研究领域包括的重点研究问题是：

1. 政府审计提升政府绩效的作用研究；

2. 政府绩效的衡量与审计评价研究；

3. 政府投资的绩效审计问题研究；

4. 财政绩效预算与绩效审计问题研究；

5. 政府组织的内部控制、风险管理与绩效审计问题研究；

6. 政府绩效审计对政府问责机制构建的作用研究；

7. 政府绩效审计促进政府治理效率提升的作用研究；

8. 政府绩效审计促进经济发展质量提升的作用研究。

ARD1811　审计方式方法创新问题研究

该重点研究领域包括的重点研究问题是：

1. 大数据分析导向的审计方式方法研究；

2. 人工智能审计研究；

3. 审计仿真模式问题研究；

4. 连续性审计问题研究；

5. 政策执行效果审计的目标、内容与方法研究；

6. 制度合理性审计的目标、内容与方法研究；

7. 神经网络模型在审计职业判断中的运用研究；

8. 新 IT 技术环境下审计职业未来发展形态问题研究；

9. 审计思维培养与审计方式方法创新研究。

ARD1812　审计学术前沿与新领域问题研究

该重点研究领域包括的重点研究问题是：

1. 新审计报告模式对提升审计意见信息含量及其市场效应问题研究；

2. 整合审计与非整合审计对审计质量的影响研究；

3. 会计师事务所组织模式与监管机制改革对审计质量影响的研究；

4. 审计过程、合伙人薪酬方式与审计质量问题研究；

5. 共享审计师与审计质量问题研究；

6. 审计师政治关联与风险应对问题研究；

7. 审计师个体特征与行为选择问题研究；

8. 内部控制审计及效用分析；

9. 社会责任鉴证与审计问题研究；

10. 腐败治理、公司监管与审计质量问题研究；

11. 社会文化环境对审计独立性的影响研究；

12. 审计教育中的职业道德建设问题研究；

13. 道德水准与审计质量问题研究。

ARD1813　学科交叉视角的审计创新问题研究

该重点研究领域包括的重点研究问题是：

1. 审计经济学研究；

2. 审计政治学研究；

3. 审计法学研究；

4. 组织治理审计学研究；

5. 审计行为学研究；

6. 审计伦理学研究；

7. 审计社会学研究；

8. 新 IT 审计学研究；

9. 新经济模式审计学研究；

10. 审计哲学与史学研究。

ARD1814　内部审计问题研究

该重点研究领域包括的重点研究问题是：

1. 内部审计在公司治理中的关键作用研究；
2. 增值型内部审计体系的构建与运行方式问题研究；
3. 财务共享与内部审计研究；
4. 内部审计与合规管理的关系研究；
5. 内部审计与隐私保护问题研究；
6. 内部审计对强化内部控制与风险管理体系的作用研究；
7. 内部审计与企业文化建设研究。

西南财经大学中国政府审计研究中心
2018 年 3 月 21 日

西南财经大学中国政府审计研究中心"2019 年审计理论研究指南"

经过选题征集、专家论证，西南财经大学中国政府审计研究中心确定"2019 年审计理论研究指南"为以下十二大重点研究领域及相关重点研究问题。

ARD1901　重点审计基础理论问题研究

该重点研究领域包括的重点研究问题是：

1. 现代审计的职责边界与功能拓展内在依据研究；
2. 审计元理论的相关研究；
3. 审计基本规定性与基本逻辑研究；
4. 审计的权能属性问题研究；
5. 审计监督在党和国家监督体系中的定位及其功能作用独特性研究；
6. 审计监督与非审计监督的关系研究；
7. 审计对"事"与对"人"的关系研究；
8. 责任履行审计与权力运行审计的关系研究；
9. 审计法修订中的重大审计理论问题研究；
10. 新时代国家审计目标和功能研究；
11. 政府绩效评价的理论与审计问题研究。

ARD1902　审计管理体制改革问题研究

该重点研究领域包括的重点研究问题是：

1. 国家审计体制组织模式构建的决定性因素与模式选择研究；
2. 构建集中统一、全面覆盖、权威高效审计监督体系研究；
3. 中央审计委员会与地方党委审计委员会的关系与作用研究；
4. 完善审计制度体系问题研究；
5. 整合监督力量、优化职责权限后国家审计运行方式研究；
6. 监察体制改革与审计管理体制改革的关系研究；
7. 省以下审计机关人财物管理改革试点效果评价研究；
8. 预算制度与预算审计问题研究；
9. 中央预算执行与决算的审计问题研究；
10. 审计全覆盖的推进与实现方式问题研究；
11. 国家审计与内部审计和社会审计的协同效应研究。

ARD1903　审计服务重大风险防范与化解的问题研究

该重点研究领域包括的重点研究问题是：

1. 经济高风险领域的审计监控机制研究；
2. 审计监控经济运行风险的机制与路径研究；
3. 审计对社会风险的监控与促进完善社会治理的机制与路径研究；
4. 系统性金融风险与系统重要性机构的审计监控机制研究；
5. 审计维护金融安全的作用与方式研究；
6. 国有企业境外投资风险审计研究；
7. 地方政府隐形债务风险的审计问题研究；
8. 国家审计风险的识别与防范研究。

ARD1904　审计服务生态文明建设的问题研究

该重点研究领域包括的重点研究问题是：

1. 审计服务生态文明建设的内在机理与路径研究；
2. 生态文明审计的对象、目标与范围研究；
3. 生态文明审计与环境审计的关系研究；
4. 生态环境治理与审计问题研究；
5. 碳排放与碳交易审计问题研究；
6. 自然资源资产负债表编制的理论与审计方法研究；

7. 领导干部自然资源资产离任审计的方法问题研究;

8. 领导干部自然资源资产离任审计的评价与经济后果研究;

9. 污染防治的审计机制与策略问题研究。

ARD1905　审计服务"三农"问题研究

该重点研究领域包括的重点研究问题是:

1. 审计服务乡村振兴战略实施的机制与路径问题研究;

2. 精准扶贫审计的关键问题研究;

3. 精准扶贫精准脱贫政策执行效果审计问题研究;

4. 农村生态环境审计与治理的问题研究;

5. 粮食安全的审计问题研究。

ARD1906　审计服务经济高质量发展问题研究

该重点研究领域包括的重点研究问题是:

1. 审计促进经济高质量发展提升的内在机理与路径研究;

2. 经济高质量发展的衡量与审计评价研究;

3. 政策执行效果审计促进经济高质量发展提升的作用研究;

4. 审计方式方法创新对促进经济高质量发展的作用研究;

5. 审计服务区域协调发展战略实施问题研究;

6. 审计如何促进市场在资源配置中发挥决定性作用问题研究;

7. 审计服务供给侧改革问题研究;

8. 审计促进创新能力提升的机制与路径研究;

9. 审计在构建完善的资本市场中的重要作用研究;

10. 科创板审计问题研究。

ARD1907　政府审计与政府会计问题的联动研究

该重点研究领域包括的重点研究问题是:

1. 政府审计与政府会计的互动关系研究;

2. 政府审计与政府会计共同促进政府治理效率提升的机理与机制研究;

3. 政府组织的内部控制体系建设与审计问题研究;

4. 政府审计促进政府会计质量提升的作用研究;

5. 政府综合财务报告编制的理论与审计问题研究;

6. 财政年度(政府会计年度)的确定与改革问题研究。

ARD1908　审计方式方法创新问题研究

该重点研究领域包括的重点研究问题是：

1. 大数据分析导向的审计方式方法研究；
2. 人工智能审计研究；
3. 审计仿真模拟问题研究；
4. 连续性审计问题研究；
5. 政策执行效果审计的目标、内容与方法研究；
6. 制度合理性审计的目标、内容与方法研究；
7. 神经网络模型在审计职业判断中的运用研究；
8. 新IT技术环境下审计职业未来发展形态问题研究；
9. 审计思维培养与审计方式方法创新研究。

ARD1909　新审计报告准则的实施及其影响问题研究

该重点研究领域包括的重点研究问题是：

1. 新审计报告准则实施对财务报告信息含量的影响研究；
2. 新审计报告准则实施对会计师事务所审计风险的影响研究；
3. 关键审计事项对审计质量的影响研究；
4. 关键审计事项对审计收费的影响研究；
5. 关键审计事项披露对企业财务报告行为的影响研究；
6. 关键审计事项披露与审计期望差问题研究。

ARD1910　审计领域国际学术前沿问题研究

该重点研究领域包括的重点研究问题是：

1. 会计师事务所组织模式与监管机制改革对审计质量影响的研究；
2. 会计师事务所治理对审计质量的影响研究；
3. 审计过程、合伙人薪酬方式与审计质量问题研究；
4. 共享审计师与审计质量和审计效率问题研究；
5. 共享审计师对风险防控和治理效率改善的作用研究；
6. 共享审计师审计质量的传染效应研究；
7. 审计师政治关联与风险应对问题研究；
8. 审计师个体特征与行为选择问题研究；
9. 内部控制审计及效用分析；
10. 社会责任鉴证与审计问题研究；

11. 腐败治理、公司监管与审计质量问题研究；
12. 社会文化环境对审计质量与审计行为的影响研究；
13. 审计职业道德建设问题研究；
14. 审计师道德水准对审计质量和审计行为影响问题研究；
15. 大数据时代审计质量和审计效率问题研究；
16. 监管问询函对审计师行为的影响研究；
17. IPO 注册制下审计风险与应对问题研究；
18. 组成部分审计与集团总部审计的关系问题研究。

ARD1911　学科交叉视角的审计创新问题研究

该重点研究领域包括的重点研究问题是：

1. 审计经济学研究；
2. 审计政治学研究；
3. 审计法学研究；
4. 组织治理审计学研究；
5. 审计行为学研究；
6. 审计伦理学研究；
7. 审计社会学研究；
8. 新 IT 审计学研究；
9. 新经济模式审计学研究；
10. 审计哲学与史学研究。

ARD1912　内部审计问题研究

该重点研究领域包括的重点研究问题是：

1. 内部审计在公司治理中的关键作用研究；
2. 增值型内部审计体系的构建与运行方式问题研究；
3. 财务共享与内部审计研究；
4. 内部审计与合规管理的关系研究；
5. 内部审计与隐私保护问题研究；
6. 内部审计对强化内部控制与风险管理体系的作用研究；
7. 内部审计与企业文化建设研究；
8. 内部审计服务外包问题研究。

西南财经大学中国政府审计研究中心
2019 年 3 月 30 日

西南财经大学中国政府审计研究中心
"2020年审计理论研究指南"

经过选题征集、专家论证,西南财经大学中国政府审计研究中心确定"2020年审计理论研究指南"为以下十二个重点研究领域及相关重点研究问题。

ARD2001　重点审计基础理论问题研究

该重点研究领域包括的重点研究问题是:

1. 现代审计的职责边界与功能拓展内在依据研究;
2. 审计元理论的相关研究;
3. 重塑舞弊防控审计目标的研究;
4. 审计基本规定性与基本逻辑研究;
5. 审计的权能属性问题研究;
6. 审计监督在党和国家监督体系中的定位及其功能作用独特性研究;
7. 审计监督与非审计监督的关系研究;
8. 审计对"事"与对"人"的关系研究;
9. 责任履行审计与权力运行审计的关系研究;
10. 权力导向审计机制研究;
11. 政府绩效评价的理论与审计问题研究。

ARD2002　审计管理体制改革问题的深化研究

该重点研究领域包括的重点研究问题是:

1. 国家审计体制组织模式构建的决定性因素与模式选择研究;
2. 构建集中统一、全面覆盖、权威高效审计监督体系研究;
3. 中央审计委员会与地方党委审计委员会的关系与作用研究;
4. 党的领导与法治在审计管理体制上的统一性研究;
5. 完善审计制度体系问题研究;
6. 整合监督力量、优化职责权限后国家审计运行方式研究;
7. 监察体制改革与审计管理体制改革的关系研究;
8. 审计机关"上对下"审计管理方式或体制的研究;
9. 预算制度与预算审计问题研究;
10. 中央预算执行与决算的审计问题研究;
11. 审计全覆盖的推进与实现方式问题研究;

12. 国家审计与内部审计和社会审计的协同效应研究；

13. 审计机关与纪委监察委协同治理机制研究。

ARD2003　审计服务国家治理体系与能力现代化建设问题研究

该重点研究领域包括的重点研究问题是：

1. 审计在国家治理体系与能力现代化建设中的关键作用研究；

2. 审计机制的独特性与不可替代性和国家治理关系的研究；

3. 国家治理质量水平的衡量与审计评价问题研究；

4. 审计结果公告的完善与促进政府透明度的问题研究；

5. "一带一路"国际合作与审计国际协调问题研究；

6. 审计促进民主政治建设的机理与作用研究；

7. 公权运行监督全覆盖与审计作用研究；

8. 经济责任审计对监控公权运行的作用研究；

9. 审计功能与腐败治理问题研究；

10. 权力清单与责任清单制度审计问题研究；

11. 国家治理结构中审计权优化配置问题研究；

12. 国家审计业务类型变化及其风险问题研究；

13. 国家审计法定职责履行的界定标准问题研究；

14. 审计服务营商环境问题研究；

15. 民生审计问题研究。

ARD2004　审计服务重大风险防范与化解的问题研究

该重点研究领域包括的重点研究问题是：

1. 经济高风险领域的审计监控机制研究；

2. 审计监控经济运行风险的机制与路径研究；

3. 审计对社会风险的监控与促进完善社会治理的机制与路径研究；

4. 系统性金融风险与系统重要性机构的审计监控机制研究；

5. 审计维护金融安全的作用与方式研究；

6. 国有企业境外投资风险审计研究；

7. 地方政府隐形债务风险的审计问题研究；

8. 在重大风险防范与化解机制中嵌入审计机制的问题研究；

9. 探讨构建全国和省级(部省二级)双层经济安全/金融风险审计监测与预警体系问题的研究。

ARD2005　审计服务生态文明建设的问题研究

该重点研究领域包括的重点研究问题是：

1. 审计服务生态文明建设的内在机理与路径研究；
2. 生态文明审计的对象、目标与范围研究；
3. 生态文明审计与环境审计的关系研究；
4. 生态环境治理与审计问题研究；
5. 碳排放与碳交易审计问题研究；
6. 自然资源资产负债表编制的理论与审计方法研究；
7. 自然资源资产管理责任的审计、评价与经济后果研究；
8. 污染防治的审计机制与策略问题研究；
9. 政府环境审计与企业环境责任履行及披露关系的研究；
10. 环境法庭设立对微观企业环保投资决策影响的研究。

ARD2006　审计服务扶贫攻坚的问题研究

该重点研究领域包括的重点研究问题是：

1. 审计服务精准扶贫工作的内在机理与路径研究；
2. 扶贫审计的对象、目标与范围研究；
3. 产业扶贫项目运营绩效情况的评估体系建设研究；
4. 精准扶贫精准脱贫政策执行效果的审计问题研究；
5. 农村生态环境审计与治理的问题研究；
6. 粮食安全的审计问题研究；
7. 上市公司参与扶贫对审计师判断行为影响问题研究。

ARD2007　审计服务经济高质量发展问题研究

该重点研究领域包括的重点研究问题是：

1. 审计促进经济高质量发展提升的内在机理与路径研究；
2. 经济高质量发展的衡量与审计评价研究；
3. 政策执行效果审计促进经济高质量发展提升的作用研究；
4. 审计方式方法创新对促进经济高质量发展的作用研究；
5. 审计服务区域协调发展战略实施问题研究；
6. 粤港澳大湾区建设与审计功能发挥问题研究；
7. 审计如何促进市场在资源配置中发挥决定性作用问题研究；
8. 审计服务供给侧改革问题研究；

9. 审计促进创新能力提升的机制与路径研究；

10. 审计在构建完善的资本市场中的重要作用研究；

11. 科创板审计问题研究。

ARD2008　政府审计与政府会计问题的联动研究

该重点研究领域包括的重点研究问题是：

1. 政府审计与政府会计的互动关系研究；

2. 政府审计与政府会计共同促进政府治理效率提升的机理与机制研究；

3. 政府财务信息公开对财政预算审计的影响研究；

4. 政府组织的内部控制体系建设与审计问题研究；

5. 政府审计促进政府会计质量提升的作用研究；

6. 政府综合财务报告编制的理论与审计问题研究；

7. 财政年度（政府会计年度）的确定与改革问题研究。

ARD2009　审计方式方法创新问题研究

该重点研究领域包括的重点研究问题是：

1. 大数据分析导向的审计方式方法研究；

2. 人工智能审计研究；

3. 审计仿真模拟问题研究；

4. 连续性审计问题研究；

5. 政策执行效果审计的目标、内容与方法研究；

6. 制度合理性审计的目标、内容与方法研究；

7. 神经网络模型在审计职业判断中的运用研究；

8. 新 IT 技术环境下审计职业未来发展形态问题研究；

9. 新技术条件下政府审计未来发展研究；

10. 区块链审计研究；

11. 审计思维培养与审计方式方法创新研究；

12. 审计组织方式"两统筹"审计问题研究。

ARD2010　审计领域国际学术前沿问题研究

该重点研究领域包括的重点研究问题是：

1. 会计师事务所组织模式与监管机制改革对审计质量影响的研究；

2. 会计师事务所治理对审计质量的影响研究；

3. 审计过程、合伙人薪酬方式与审计质量问题研究；

4. 共享审计师与审计质量和审计效率问题研究；
5. 共享审计师对风险防控和治理效率改善的作用研究；
6. 共享审计师审计质量的传染效应研究；
7. 审计师政治关联与风险应对问题研究；
8. 审计师个体特征与行为选择问题研究；
9. 内部控制审计及效用分析研究；
10. 社会责任鉴证与审计问题研究；
11. 人力资本可持续发展审计问题研究；
12. 腐败治理、公司监管与审计质量问题研究；
13. 社会文化环境对审计质量与审计行为的影响研究；
14. 审计职业道德建设问题研究；
15. 审计师道德水准对审计质量和审计行为影响问题研究；
16. 大数据时代审计质量和审计效率问题研究；
17. 大数据应用下的审计报告文本分析研究；
18. 大数据应用下的媒体审计报道对公司治理的影响研究；
19. 合伙制会计师事务所中的代理问题研究；
20. 监管问询函对审计师行为的影响研究；
21. IPO注册制下审计风险与应对问题研究；
22. 组成部分审计与集团总部审计的关系问题研究；
23. 审计师轮换的网络研究；
24. 审计师间行为传染效应研究；
25. 公众关注与审计师行为研究；
26. 会计师事务所社会责任履行与审计质量、审计收费的关系研究；
27. 审计准则与会计准则相互作用的关系研究；
28. 政策不确定性与审计师行为研究。

ARD2011　学科交叉视角的审计创新问题研究

该重点研究领域包括的重点研究问题是：

1. 审计经济学研究；
2. 审计政治学研究；
3. 审计法学研究；
4. 组织治理审计学研究；

5. 审计行为学研究;

6. 审计伦理学研究;

7. 审计社会学研究;

8. 新 IT 审计学研究;

9. 新经济模式审计学研究;

10. 审计哲学与史学研究。

ARD2012 内部审计问题研究

该重点研究领域包括的重点研究问题是:

1. 国家审计对内部审计的指导与监督问题研究;

2. 内部审计在公司治理中的关键作用研究;

3. 增值型内部审计体系的构建与运行方式问题研究;

4. 财务共享与内部审计研究;

5. 内部审计与合规管理的关系研究;

6. 内部审计与隐私保护问题研究;

7. 内部审计对强化内部控制与风险管理体系的作用研究;

8. 内部审计与企业文化建设研究;

9. 内部审计服务外包问题研究;

10. 区块链视角下的内部审计方法研究。

西南财经大学中国政府审计研究中心
2020 年 1 月 20 日

西南财经大学中国政府审计研究中心 "2021 年审计理论研究指南"

党的十九届五中全会审议通过了《中共中央关于制定国民经济和社会发展第十四个五年规划和二〇三五年远景目标的建议》,十三届全国人大四次会议通过了《中华人民共和国国民经济和社会发展第十四个五年规划和 2035 年远景目标纲要》,这是对"十四五"时期经济社会发展、对 2035 年目标作出了系统谋划和战略部署。这是开启全面建设社会主义现代化国家新征程、向第二个百年奋斗目标进军的纲领性文件,是今后五年乃至更长时期我国经济社会发展的行动指南。也为我们审计专业领域的创新研究提供并创造了新的更多机会和可能!

西南财经大学中国政府审计研究中心紧紧围绕"十四五"规划和"2035 年远景

目标",经过选题征集、专家论证,确定"2021年审计理论研究指南"包括以下十三大重点研究领域及相关重点研究问题。

ARD2101　重点审计基础理论问题研究

该重点研究领域包括的重点研究问题是:

1. 审计监督的政治属性研究;
2. 国家审计理论框架研究;
3. 国家审计的职能边界与功能拓展研究;
4. 审计的对象范围与审计监督全覆盖的关系研究;
5. 审计元理论的研究;
6. 审计监督与其他监督的贯通协调理论研究;
7. 审计监督在党和国家监督体系中的独特作用研究;
8. 责任履行审计与权力运行审计的关系研究;
9. 权力导向审计机制研究;
10. 审计目标与舞弊防控的内在关系研究;
11. 审计全覆盖的量化与质量标准研究;
12. 审计的基本规定性与基本逻辑研究。

ARD2102　审计服务"十四五"规划和2035年远景目标实现问题研究

该重点研究领域包括的重点研究问题是:

1. 审计服务新发展格局构建内在机理与实现路径研究;
2. 双循环背景下审计功能的定位与作用方式研究;
3. 新时期审计的目标与使命研究;
4. 碳达峰与碳中和审计问题研究;
5. 审计在服务应对贸易摩擦中的方式与作用研究;
6. 2035年远景目标下国家审计功能作用的再定位研究;
7. 数字化时代的审计理论创新研究。

ARD2103　审计学科建设问题研究

该重点研究领域包括的重点研究问题是:

1. 设置审计一级学科必要性和可行性研究;
2. 审计一级学科内涵(研究对象、概念、理论、研究方法)研究;
3. 审计一级学科下设二级学科问题研究;
4. 审计人才培养目标、课程与培养体系研究;

5. 新设审计专业博士学位类别的必要性和可行性研究;

6. 审计专业博士面对的行业职业领域研究;

7. 审计专业博士人才培养目标、课程与培养体系研究;

8. 审计高端人才教育培养体系与平台建设研究。

ARD2104　审计服务国家治理体系与能力现代化建设问题研究

该重点研究领域包括的重点研究问题是:

1. 审计在国家治理体系与能力现代化建设中的关键作用研究;

2. 国家审计促进预算管理制度改革研究;

3. 国家审计促进实现巩固拓展脱贫攻坚成果与乡村振兴有效衔接研究;

4. 审计促进民主政治建设的机理与作用研究;

5. 公权运行监督全覆盖与审计作用研究;

6. 审计结果公告对监控公权运行的作用与效果研究;

7. 审计功能与腐败治理问题研究;

8. 权力清单与责任清单制度审计问题研究;

9. 深化政策执行效果审计/政策跟踪审计与提升国家治理功能水平的关系研究;

10. 审计服务构建良好营商环境问题研究;

11. 国家资产负债表编制与审计问题研究;

12. 中央审计委员会治理模式运行机制的构建与完善问题研究;

13. 国家治理结构审计权优化配置问题研究。

ARD2105　国家总体安全观下的审计问题研究

该重点研究领域包括的重点研究问题是:

1. 审计维护国家总体安全的内在机理、功能定位与实现方式研究;

2. 审计维护经济金融领域安全问题研究;

3. 审计维护政治领域安全的内在逻辑研究;

4. 审计维护社会领域安全的方式研究;

5. 生态安全与生物安全审计问题研究;

6. 粮食与食品安全审计问题研究;

7. 国家安全防控体系构建中审计的特殊作用研究;

8. 国家总体安全观下跨境审计监管协同机制构建研究。

ARD2106　政府财务报告审计问题研究

该重点研究领域包括的重点研究问题是:

1. 政府财务报告审计的审计权归属问题研究；

2. 政府财务报告审计与政府财、政财务收支审计的关系研究；

3. 政府财务报告审计主体、假设和目标研究；

4. 政府财务报告审计对象与内容的规范研究；

5. 政府财务报告审计与政府财务报告信息质量保证的关系研究；

6. 政府财务报告审计报告模式及意见发表方式研究；

7. 政府财务报告审计结果公开机制研究；

8. 政府财务报告审计信息披露的经济后果影响研究；

9. 政府财务报告审计与预算执行（决算草案）审计等审计项目的协调机制研究；

10. 政府财务报告审计的组织方式研究；

11. 政府财务报告审计的技术方法研究；

12. 政府财务报告审计构建研究；

13. 政府财务报告审计与政府会计改革协同研究；

14. 政府财务报告审计与财政风险防控研究。

ARD2107 审计方式方法创新问题研究

该重点研究领域包括的重点研究问题是：

1. 新兴技术发展与审计理论创新研究；

2. 大智移云物区对审计方式方法创新的影响研究；

3. 大数据分析导向的审计方式方法研究；

4. 智能审计创新研究；

5. 审计仿真模拟问题研究；

6. 政策执行效果审计/政策跟踪审计的目标、内容与方法研究；

7. 制度合理性审计的目标、内容与方法研究；

8. 数字化时代的审计方法和模式创新研究；

9. 神经网络模型在审计职业判断中的运用研究；

10. 大数据时代审计质量和审计效率问题研究；

11. 面部识别、社会媒体、卫星遥感等新兴科技在审计中的应用研究；

12. 审计思维培养与审计方式方法创新研究；

13. 新技术对审计师批判性思维和专业谨慎态度的影响研究；

14. 大数据应用下的审计报告文本分析研究；

15. 媒体审计报道对公司治理的影响研究；

16. 信息系统审计问题研究；

17. 区块链审计问题研究。

ARD2108　审计服务经济高质量发展问题研究

该重点研究领域包括的重点研究问题是：

1. 审计促进经济高质量发展的机理与路径研究；

2. 审计促进经济社会可持续发展研究；

3. 审计协同治理与经济高质量发展问题研究；

4. 经济高质量发展的衡量与审计评价研究；

5. 政策执行效果审计促进经济高质量发展提升的作用研究；

6. 审计方式方法创新对促进经济高质量发展的作用研究；

7. 审计服务区域协调发展战略实施问题研究；

8. 审计服务成渝双城经济圈建设问题研究；

9. 审计如何促进市场在资源配置中发挥决定性作用问题研究；

10. 审计在构建完善的资本市场中的重要作用研究；

11. 审计助推"六稳六保"工作落实的路径研究。

ARD2109　审计服务重大风险防范与化解的问题研究

该重点研究领域包括的重点研究问题是：

1. 审计服务重大风险防控的理论逻辑与关键问题研究；

2. 交叉性金融风险的审计监督机制研究；

3. 经济高风险领域的审计监控机制研究；

4. 审计监控经济运行风险的机制与路径研究；

5. 审计对社会风险的监控与促进完善社会治理的机制与路径研究；

6. 系统性金融风险与系统重要性机构的审计监控机制研究；

7. 国有企业境外投资风险审计研究；

8. 地方政府隐形债务风险的审计问题研究；

9. 经济安全、金融风险审计监测与预警的机制与体系构建问题研究；

10. 国家审计在应对重大公共危机风险事件中的作用研究；

11. 国家审计在建立健全国家应急管理体系中的作用研究。

ARD2110　审计服务生态文明建设的问题研究

该重点研究领域包括的重点研究问题是：

1. 审计服务生态文明建设的内在机理与路径研究；
2. 生态文明审计的对象、目标与范围研究；
3. 生态文明审计与环境审计的关系研究；
4. 生态环境治理与审计问题研究；
5. 领导干部自然资源资产管理责任审计研究；
6. 自然资源资产负债表编制的理论与审计方法研究；
7. 自然资源资产管理责任的审计评价与经济后果研究；
8. 农村生态环境审计与治理的问题研究；
9. 碳排放与碳交易审计问题研究；
10. 污染防治的审计机制与策略问题研究；
11. 政府环境审计与环境治理绩效研究；
12. 生态文明审计方法体系构建研究；
13. 生态文明审计评价体系构建研究；
14. 新兴技术在生态文明审计中的作用与运用研究。

ARD2111　审计领域国际学术前沿问题研究

该重点研究领域包括的重点研究问题是：

1. 会计师事务所质量监管与审计市场结构及其审计行为研究；
2. 新冠疫情对审计行为与审计质量影响研究；
3. IPO 注册制、新证券法对审计质量影响研究；
4. 会计师事务所跨区域分所治理问题研究；
5. 审计师晋升路径研究；
6. 审计师政治关联与风险应对问题研究；
7. 审计师个体特征与行为选择问题研究；
8. 审计网络风险抵御能力研究；
9. 审计质量有效性的独立审查报告研究；
10. 共享审计师的相关问题研究；
11. 合伙制会计师事务所中的代理问题研究；
12. 审计合伙人代际传承与审计行为、审计质量问题研究；
13. 审计文化和道德行为与职业审慎性研究；
14. 人力资本可持续发展审计问题研究；
15. 社会文化环境对审计质量与审计行为的影响研究；

16. 组成部分审计与集团总部审计的关系问题研究；

17. 跨国集团审计质量控制问题研究；

18. 业财融合与审计效率研究；

19. 公共关注与审计师行为研究；

20. 政策不确定性与审计师行为研究；

21. 审计准则中非技术缺陷问题的研究。

ARD2112　学科交叉视角的审计创新问题研究

该重点研究领域包括的重点研究问题是：

1. 审计的学科边界与其他学科的交叉融合机制研究；

2. 审计经济学研究；

3. 审计政治学研究；

4. 审计法学研究；

5. 组织治理审计学研究；

6. 审计行为学研究；

7. 审计伦理学研究；

8. 审计社会学研究；

9. 新IT审计学研究；

10. 数字经济审计学研究；

11. 审计哲学与史学研究。

ARD2113　内部审计问题研究

该重点研究领域包括的重点研究问题是：

1. 战略导向内部审计绩效评价机制与路径研究；

2. 内部审计重大项目库建设研究；

3. 数字化时代内部审计价值创造最大化研究；

4. 内部审计作用的变化及其影响研究；

5. 国家审计对内部审计的指导与监督问题研究；

6. 内部审计在公司治理中的关键作用研究；

7. 增值型内部审计体系的构建与运行方式问题研究；

8. 财务共享与内部审计研究；

9. 内部审计与合规管理的关系研究；

10. 内部审计与隐私保护问题研究；

11. 内部审计对强化内部控制与风险管理体系的作用研究；
12. 内部审计与企业文化建设研究；
13. 内部审计服务外包管理问题研究；
14. 区块链视角下的内部审计方法研究；
15. 区块链组织的内部审计研究。

西南财经大学中国政府审计研究中心
2021 年 5 月 6 日

参 考 文 献

鲍勃·瑞安,罗伯特·W. 斯卡彭斯,迈克尔·西奥博尔德,2004.财务与会计研究方法与方法论[M].阎达五,等译.北京:机械工业出版社.

蔡春,2001.审计理论结构研究[M].大连:东北财经大学出版社.

蔡春,蔡利,2012.国家审计理论研究的新发展——基于国家治理视角的初步思考[J].审计与经济研究,27(2):3-10.

蔡春,朱荣,蔡利,2012.国家审计服务国家治理的理论分析与实现路径探讨——基于受托经济责任观的视角[J].审计研究,(1):6-11.

蔡春,李江涛,刘更新,2009.政府审计维护国家经济安全的基本依据、作用机理及路径选择[J].审计研究,(04):7-11.

蔡春,李明,毕铭悦,2013.构建国家审计理论框架的有关探讨[J].审计研究,(3):3-10.

蔡春,杨肃昌,胡松通,2021.关于审计法(修正草案)的修改意见与建议[J].财会月刊,(15):8-12.

蔡利,何雨,王瑜,2013.连续审计在政府审计维护金融安全中的运用研究——基于系统性风险监控的视角[J].审计研究,4(6):45-51.

曹玉庭,1987.浅议审计职能[J].广西会计,(5):38-39.

陈今池,1989.西方现代会计理论[M].北京:中国财经出版社.

陈丽红,张龙平,朱海燕,2016.国家审计能发挥反腐败作用吗?[J].审计研究,(3):48-55.

陈希晖,陈良华,李鹏,2014.国家审计提升政治信任的机理和路径[J].审计研究,(1):18-23.

陈英姿,2012.国家审计推动完善国家治理的作用研究[J].审计研究,(4):16-19.

董大胜,2015.审计本质:审计定义与审计本质[J].审计研究,(2):3-6.

风笑天,2001.社会学研究方法[M].北京:中国人民大学出版社.

冯均科,陈淑芳,张丽达,2012.基于受托责任构建政府审计理论框架的研究[J].审计与经济研究,27(3):9-15.

冯均科,2002.目标导向审计理论体系刍议[J].西安交通大学学报(社会科学版),(3):17-21,44.

冯均科,2003.论国家审计的政治化倾向[J].经济问题,(1):16-18.

高明耀,王林扶,1990.审计职能的再认识[J].军事经济研究,(8):70-71.

干胜道,王磊,2006.基于信息不对称的政府审计风险的控制研究[J].审计研究,(1):25-29.

顾海兵,沈继楼,周智高,唐帅,2007.中国经济安全分析:内涵与特征[J].中国人民大学学报,(2):79-85.

管锦康,1989.对于社会主义审计基本理论几个问题的探讨[J].审计研究,(2):15-17.

韩峰,胡玉珠,陈祖华,2020.国家审计推进经济高质量发展的作用研究——基于地级城市面板数据的空间计量分析[J].审计与经济研究,35(1):29-40.

胡泽君,2019.中国国家审计学[M].北京:中国时代经济出版社.

胡志勇,2010.国家审计管理系统创新研究:基于系统动力学模型视角[M].北京:中国时代经济出版社:23.

黄溶冰,赵谦,王丽艳,2019.自然资源资产离任审计与空气污染防治:"和谐锦标赛"还是"环保资格赛"[J].中国工业经济,(10):23-41.

霍绍周,1988.系统论[M].北京:学技术文献出版社.

雷光勇,崔文娟,2001.现代审计产权论[J].审计与经济研究,(4):18-21.

雷家骕,朱嘉真,2001.经济全球化背景下的国家经济安全问题[J].国际技术经济研究,(1):10-18.

李金华,2003.国家审计的本质和战略思考[J].科学新闻,(15):3-5.

李凯,2009.从公共受托责任演进看国家审计本质变迁——兼论审计"免疫系统"论[J].审计与经济研究,24(1):12-15.

李明,聂召,2014.国家审计促进地方经济发展的作用研究[J].审计研究,(6):36-41.

李明,朱荣,2012.国家审计目标定位及实现机制初探[J].中国审计,(7):37-38.

李若山,1995.审计理论结构探讨[J].审计研究,(3):15-18.

李孝林,李歆,2013.审计产生于奴隶社会早期说新证:兼论国家审计产生于国家治理的需要[J].南京审计学院学报,10(2):105-110.

刘玉玉,蔡春,王爱国,2021.国家审计覆盖率与国有企业治理效率——来自地方审计机关的经验证据[J].审计与经济研究,36(4):10-20.

廖义刚,陈汉文,2012.国家治理与国家审计:基于国家建构理论的分析[J].审计研究,(2):9-13.

林钟高,1986.谈谈审计职能和审计假定[J].财会通讯,(9):38-39.

刘家义,2008.构筑国家"免疫系统"[J].瞭望东方周刊,(13):5-10.

刘家义,2012.论国家治理与国家审计[J].中国社会科学,(6):60-72,206.

刘雷.政府审计维护财政安全的实现路径研究[D].成都:西南财经大学.

刘秋明,2006.基于公共受托责任理论的政府绩效审计研究[D].厦门:厦门大学.

马克斯·韦伯,2011.社会学的基本概念:经济行动与社会团体[M].顾忠华,康乐,简惠美,译.南宁:广西师范大学出版社.

马志娟,刘世林,2012.国家审计的本质属性研究——基于国家行政监督系统功能整合视角[J].会计研究,(11):79-86+95.

马志娟,韦小泉,刘世林,2015.我国国家审计信息需求研究——基于行政权力制衡视角[J].会计研究,(12):81-86+97.

毛泽东,1991.毛泽东选集:第1卷[M].北京:人民出版社.

秦荣生,2003.审计与民主政治[J].中国审计,(Z1):26.

钱学森,1982.现代科学的结构:再论科学技术体系学[J].哲学研究.(3):20.

饶翠华.政府公共权力国家审计监控研究[D].成都:西南财经大学.

孙宝厚,2019.国家审计理论专题研究[M].北京:中国时代经济出版社.

孙文远,孙嫒嫒,2020.资源环境审计对经济高质量发展影响的实证研究——以领导干部自然资源资产离任审计试点为例[J].生态经济.36(1):166-171.

孙永军,2013.国家审计推动完善国家治理的现实要求与路径研究[J].审计研究,(6):57-60.

孙永尧,2006.论国家审计职能和作用[J].会计之友,(11):8-9.

宋夏云,2007.国家审计目标的理论分析及调查证据[J].审计与经济研究,(6):12-15.

谭劲松,宋顺林,2012.国家审计与国家治理:理论基础和实现路径[J].审计研究,(2):3-8.

唐建新,古继洪,付爱春,2008.政府审计与国家经济安全:理论基础和作用路径[J].审计研究,(5):29-32.

王会金,黄溶冰,戚振东,2012.国家治理框架下的中国国家审计理论体系构建研究[J].会计研究,(7):89-95.

王世谊,刘颖,2009.政府审计在维护国家经济安全中发挥作用的途径和方式[J].审计研究,(4):17-20.

文硕,1990.世界审计史[M].北京:中国审计出版社.

吴溪,2012.会计研究方法论[M].北京:中国人民大学出版社.

萧英达,1991.比较审计学[M].北京:中国财经出版社.

阎金锷,1989.审计定义探讨:兼论审计的性质、职能、对象、任务和作用[J].审计研究,(2):7-14.

阎金锷,林炳发,1996.审计理论研究的新起点:审计理论结构探讨[J].审计研究,(3):18-22.

阎新华,1997.审计职能新论:审计职能体系研究[J].当代经济科学,(4):65-68.

杨纪琬,1983.乘胜前进,努力开创会计理论研究新局面:在中国会计学会一九八三年年会暨专题学术讨论会上的发言摘要[J].会计研究,(4):6-10.

杨建荣,2009.经济全球化下我国政府审计与国家经济安全——一个基于新兴古典理论和公共受托责任的分析[J].审计研究,(5):9-14.

杨时展,1997.杨时展论文集[M].北京:企业管理出版社.

易仁萍,2002.全国审计基础理论与方式方法研讨会综述[J].审计与经济研究,(1):7-9.

尹平,2011.政府审计维护国家经济安全的体制寻优与机制构建[J].学海,(3):206-211.

曾广容,易可君,欧阳绪清,彭益民,1986.系统论·控制论·信息论概要[M].长沙:中南工业大学出版社.

中央审计委员办公室,2019.审计署.《党政主要领导干部和国有企事业单位主要领导人员经济责任审计规定》释义.北京:中国时代经济出版社.

张继勋,等,2008.会计和审计中的实验研究方法[M].天津:南开大学出版社.

张立民,崔雯雯,2014.国家审计推动完善国家治理的路径研究:基于国家审计信息属性的分析[J].审计与经济研究,(3):13-22.

参考文献

张立民,许钊,2014.审计人员视角下的国家审计推动完善国家治理路径研究[J].审计研究,(1):9-17.

张立民,郑军,2009.国家审计、产权保护与人权改善:中国特色社会主义国家审计建设历程的回顾与思考[J].审计与经济研究,24(6):3-12.

张庆龙,谢志华,2009.论政府审计与国家经济安全[J].审计研究,(4):12-16.

张士铨,2003.国家经济安全研究的整体思考[J].国际技术经济研究,(3):14-18+47.

张毅,2009.以产权动因论为逻辑起点构建审计理论体系[J].财经理论与实践,30(6):74-78.

章轲,2012.基于国家产权理念的国家审计本质研究[J].审计研究,(6):3-9.

左敏,2011.国家审计如何更好地维护国家经济安全[J].审计研究,(4):8-13.

ANDERSON R J,1977. The external audit:concepts and techniques[M]. Toronto:Copp Clark Pitman.

COASE R H,1937. The Nature of the Firm[J]. Economica,4(16):386-405.

COASE R H,1960. The problem of social cost[J]. Journal of Law and Economics,3:1-44.

FERREIRA L D,Merchant K A,1992. Field research in management accounting and control:a review and evaluation[J]. Accounting,Auditing & Accountability Journal,5:3-34.

GRAY A,JENKINS B,1993. Codes of accountability in the new public sector[J]. Accounting,Auditing & Accountability Journal,6(3):52-67.

GRAY A,WILLIAM I J,1986. Accountable management in British central government:some reflections on the financial management initiative[J]. Financial Accountability & Management,2(3):171-186.

HUSSEY J,HUSSEY R,1997. Business Research:practical guide for undergraduate and postgraduate students[M]. London:Macmillan Press Ltd.

KEVIN P KEARNS,1994. The Strategic Management of Accountability in Nonprofit Organizations:A Analytical Framework[J]. Public Administration Review,(3/4):185-192.

MICHAEL S,DAVID K,1983. Auditing and accountability[M]. London:Pitman Books Company.

MONTESQUIEU DE B, 1900. The spirit of the laws (1748)[M]. Translated by Nugent T. New York: Colonial Press.

MAUTZ R K, Sharaf H A, 1961. The philosophy of auditing[R]. Chicago: American Accounting Association.

REILLY V M O, 1990. Montgomery's Auditing[M]. Hoboken: John Wiley & Sons.

ROMZEK B S, DUBNICK I J, 1987. Accountability in the public sector: lessons from the challenger tragedy[J]. Public Administration Review, (5): 227-238.

SCAPENS R W, 1990. Researching management accounting practice: the role of case study methods[J]. British Accounting Review, 22: 259-281.

SCHANDL C W, 1978. Theory of auditing: evaluation, investigation and judgment[M]. Houston: Scholars Book Co..

INTOSAI, 1977. The Lima Declaration of Guidelines on Auditing Precepts [R].

TOM LEE, 1988. The evolution of audit thought and practice[M]. New York: Van Nostrand Reinhold Co. Ltd.

YIN R K, 1994. Discovering the future of the case study method in evaluation research[J]. Evaluation Practice, 15: 283-290.